组织伦理视域下
我国大学诚信建设研究

黄 艳 著

湖南大学出版社 · 长沙
HUNAN UNIVERSITY PRESS

内 容 简 介

本书从组织伦理的视角研究我国大学诚信建设，基于中国特色社会主义大学的道德责任解析大学诚信的内涵、本质、特征及内容结构；阐释大学诚信的个体价值、组织价值与社会价值；审视我国大学诚信现状，对当前存在的大学组织诚信失范行为进行危害省思和成因剖析；从精神培育、制度安排和环境优化等方面追寻我国大学组织诚信建设的具体路径。

图书在版编目（CIP）数据

组织伦理视域下我国大学诚信建设研究/黄艳著. —长沙：湖南大学出版社，2021.9
　　ISBN 978-7-5667-2314-7

　　Ⅰ.①组⋯　Ⅱ.①黄⋯　Ⅲ.①高等学校—信用制度—建设—研究—中国
Ⅳ.①G641.6

中国版本图书馆 CIP 数据核字（2021）第 196383 号

组织伦理视域下我国大学诚信建设研究
ZUZHI LUNLI SHIYU XIA WOGUO DAXUE CHENGXIN JIANSHE YANJIU

著　　者：黄　艳
责任编辑：肖晓英
印　　装：长沙创峰印务有限公司
开　　本：710 mm×1000 mm　1/16　　印　　张：16.75　字　　数：237 千字
版　　次：2021 年 9 月第 1 版　　　　印　　次：2021 年 9 月第 1 次印刷
书　　号：ISBN 978-7-5667-2314-7
定　　价：58.00 元

出 版 人：李文邦
出版发行：湖南大学出版社
社　　址：湖南·长沙·岳麓山　　　邮　　编：410082
电　　话：0731-88822559（营销部），88821593（编辑室），88821006（出版部）
传　　真：0731-88822264（总编室）
网　　址：http://www.hnupress.com
电子邮箱：464827408@qq.com

序　言

　　诚信是立人、立业、立国之本。近年来，诚信危机在社会各领域蔓延，严重阻碍了人类文明发展进程，超越诚信困境成为亟待解决的伦理难题。令人甚为忧虑的是，被誉为"正义守望者"的大学也频繁出现诚信失范现象。众所周知，现代大学是社会轴心机构，被视为经济发展的"动力机"、先进思想的"辐射源"，理应成为诚信风尚的引领者、诚信建设的示范者、诚信研究的先驱者。加强自身诚信建设，更是以"立德树人"为根本任务的中国特色社会主义大学在新发展阶段面临的重要课题。在已有研究的基础上，将大学组织纳入诚信批判和建设视域，在诚信研究中进一步拓展和延伸诚信主体范围，为新时代我国大学诚信建设提供理论支持，具有十分重要的意义。

　　随着组织化时代的到来，组织对成员的异化及成员对组织的盲从而导致的"恶的平庸"等组织病态学问题引发了学界对组织伦理的思考，组织伦理理论的研究主题和分析框架基本形成。与此同时，作为社会轴心机构的现代大学，已经成为独立于大学教师和学生之外的，一个有着自己利益追求和价值取向的制度性存在。现阶段，中国特色社会主义大学也同样存在着组织伦理异化的现象，其中尤以侵蚀大学本体的诚信失范最具危害性。传统道德哲学习惯于遵从个体至善到社会至善的建构逻辑，将大学诚信等同于大学教师诚信和大学生诚信，具有一定的局限性，难以为消解组织诚信失范提供有效的解决思路。突破传统道德哲学范式的组织伦理理论无疑为此问题的解决提供了崭新的视角，为新时代我国大学诚信建设开辟了新的思路。

大学诚信是大学组织在高等教育实践活动中的诚实守信，既分享其他社会组织诚信的普遍性特征，也具有其自身特殊性；同时，大学诚信不是组织成员个体诚信的简单扩充，两者密切相关又互相区别。中国特色社会主义大学是"立德树人"的德育共同体，也是兼具学术性和教育性的实施高等教育的现代性社会组织，决定了大学诚信"求真知""育真人"的双重本质。这种本质又内在地规定着大学诚信在生成动机上的超功利性、作用机制上的重自律性、运行过程中的易遮蔽性、影响范围上的强辐射性。这构成大学诚信的四重特征。基于我国大学组织总体运行逻辑，大学诚信的内容通过理念、制度和实践三个层面得以体现。

大学诚信具有组织价值、个体价值和社会价值。从系统论的视角，基于中国特色社会主义大学的根本任务和时代使命，分析我国大学诚信对组织自身、成员个体和社会的功能和效用。大学工作以高深知识为基本材料，诚信则是智性活动的首要原则，大学诚信是进行知识创新、发展和应用最基本的伦理需求，决定着大学组织能否维系持存；诚信也是育人的伦理前提，大学诚信不仅是养成个体诚信人格的关键，也是遵循教育规律和人才成长规律提升个体思想政治素质、实现人自由而全面发展的必然要求；对于社会而言，大学诚信在社会诚信建设、文化软实力提升和创新型国家建设的过程中具有重要的意义。

审视并反思当前我国大学诚信实然，是大学诚信建设研究的必要环节。从组织伦理的视角进行考察，我国大学诚信失范目前主要表现为职能履行过程中的教学诚信失范、科研诚信失范和社会服务诚信失范。我国大学诚信失范，可能撼动大学基石、损蚀大学声誉并造成高等教育系统的紊乱；同时，也妨碍大学教师的自我完善，抑制大学生德性完善与智性发展；此外，严重影响大学职能的履行，削减社会发展的动力。造成大学诚信失范的原因主要是宏观层面的社会环境的制约，中观层面的高等教育自身的积弊，微观层面的大学人德性的迷失。正因为大学诚信实然与应然相距甚远，加强我国大学诚信建设迫在眉睫。

通过道德教化建设我国大学诚信，要求创新和发展大学诚信教育。个体道德的养成是培育组织诚信精神的前提，组织开展诚信教育则是孕育大学诚信精神的逻辑基石，而提高教育实效性是科学的诚信价值观念为组织成员个体"共识"和"共享"的必要条件。理念是行动的先导，提升实效性必然要求优化教育理念，以"马克思主义人学"为理论指导，以"现实的大学人"为出发点和落脚点，以"以人为本"为根本要求，建构先进性与科学性并重的教育理念。在具体的教育实践活动中，应优化教育要素与结构，实现我国大学诚信教育功能的最大功效。

通过制度安排建设我国大学诚信，要求实现诚信制度化与制度诚信化的有机统一。诚信制度化，是推进教学诚信、科研诚信和社会服务诚信等基本伦理要求的结构化和实体化，将柔性的诚信伦理转化为刚性的制度规范和行为准则。而制度诚信化，则是在制定、执行和评价大学制度的过程中遵循诚实守信的原则，秉持实事求是的态度，推进制度实体诚信、程序诚信和主体诚信，以保障制度的合法性与合理性，营造自由、公平、民主的制度伦理环境，为新发展阶段我国大学诚信提供可能实现的空间和良好的道德氛围。

通过环境优化建设我国大学诚信，要求推进政治环境、经济环境、文化环境共同发展。优化政治环境，坚持和加强党对中国特色社会主义大学的领导，发挥政府主导主体作用，保障诚信制度供给，进一步完善社会信用体系；优化经济环境，推进经济诚信建设进程，使诚信在经济交往中蔚然成风；优化文化环境，发展先进的社会主义诚信观，营造良好的知识创新氛围。

总而言之，从组织伦理的视角研究我国大学诚信，将大学组织纳入诚信建设和批判视域，是新发展阶段我国大学诚信建设的客观需求，也是推进"双一流"建设进程、实现社会主义现代化教育强国目标的题中应有之义。基于大学诚信的本质、特征和生成逻辑，反思我国大学诚信实然，从道德教化、制度安排和环境优化三方面着手建设我国大学诚信，对推进高等教育现代化进程具有突出重要的理论价值和实践意义。

柳礼泉

2021年8月30日

目　次

导 论

第一节 问题的提出及研究意义

一、研究背景

　　"进学不诚则学杂，处事不诚则事败，自谋不诚则欺心而弃己，与人不诚则丧德而增怨。"[1] 诚信是具有原初性和始基性的道德德目，对于国家、组织、企业，乃至个人的生存和发展都至关重要。然而，20 世纪末，诚信危机开始蔓延至我国各行业、各领域，全社会陷入了诚信缺失的忧虑和恐慌状态。多年来，党和政府高度重视诚信建设：2001 年，中央颁布实施《公民道德建设实施纲要》，明确提出要在全社会大力提倡"明礼诚信"等基本道德规范；2012 年，党的十八大提出，"倡导富强、民主、文明、和谐，倡导自由、平等、公正、法治，倡导爱国、敬业、诚信、友善，积极培育和践行社会主义核心价值观"，强调"深入开展道德领域突出问题专项教育和治理，加强政务诚信、商务诚信、社会诚信和司法公信建设"[2]；2016 年，习近平在全国高校思想政治工作会议指出，"加强师德师风建设，组织开展宣传师德典型、深化学术诚信教育等活动"[3]；2017 年，党的十九大强调，"推进诚信建设和志愿服务

----

[1]　二程集·论学篇.
[2]　十八大以来重要文献选编：上 [M]. 北京：中央文献出版社，2014：25.
[3]　十八大以来重要文献选编：下 [M]. 北京：中央文献出版社，2018：486.

制度化，强化社会责任意识、规则意识、奉献意识"①；2019 年，中共中央、国务院印发《新时代公民道德建设实施纲要》再次强调，"要继承发扬中华民族重信守诺的传统美德，弘扬与社会主义市场经济相适应的诚信理念、诚信文化、契约精神，推动各行业各领域制定诚信公约，加快个人诚信、政务诚信、商务诚信、社会诚信和司法公信建设，构建覆盖全社会的征信体系"②，同时特别提出，"学术界要进一步加强科研诚信建设，增强广大科研人员的诚信意识，让弘扬科学精神、恪守诚信规范成为科技界的共同理念和自觉行动"③。

尽管诚信建设受到愈来愈广泛的关注和重视，但建设诚信的长期努力并未使个人、组织及社会迅速且彻底摆脱诚信困境。"在经济生活领域，有制售假冒伪劣商品、履约率低、弄虚作假、上市公司信息披露失真、公司财务造假、剽窃专利、偷税漏税、坑人骗人等现象；在政治生活领域，有官出数字、数字出官、弄虚作假、谎报成绩、言行不一、以权谋私等现象；在文化生活领域，有传播虚假广告、学人剽窃他人的成果、制售假学历文凭、职业角色不符实等现象；甚至在道德领域也出现了'碰瓷''假慈善筹款'等现象。"④ 日趋严重的诚信问题，不仅造成了民众的恐慌，也极大地破坏了社会和谐，阻碍中国特色社会主义现代化建设进程。同时，诚信缺失也开始侵袭大学，令学术界有识之士大声疾呼我们的"学术道德维护到了最危险的时刻"⑤。现阶段，诚信建设仍旧是全社会共同关注且亟待解决的道德难题。

大学被誉为"正义守望者""思想辐射源"，在诚信建设中担负着重要的道德职责和神圣使命，理应成为诚信风尚的引领者、诚信建设的示范者、诚信研究的先驱者。但现代大学却正在褪去往昔的道德光环，偏离了原有的道德传统，甚至引以为傲的理性也日渐消磨。"就业率注水""学术剽窃""评估造

① 习近平谈治国理政：第三卷 [M]. 北京：外文出版社，2020：34.
② 新时代公民道德建设实施纲要 [M]. 北京：人民出版社，2019：17.
③ 新时代公民道德建设实施纲要 [M]. 北京：人民出版社，2019：199.
④ 肖群忠. 传统道德与中华人文精神 [M]. 北京：中国人民大学出版社，2019：382-384.
⑤ 院士专家："学术道德维护到了最危险的时刻" [N]. 中国青年报，2010-11-02.

假""招生腐败"等失信丑闻残酷地冲击着大学在人们心目中的美好道德形象，无声地啃噬着大学的道德根基，威胁着高等教育的可持续发展。中国特色社会主义大学以"立德树人"为根本任务，同时也是从事高深学问研究的"知识权威"，理应为科研诚信之典范。然而，屡遭披露的学术不端行为，不仅玷污了"象牙塔"的清誉，也侵蚀着中国特色社会主义大学学术公信力的基础。2018年中办、国办印发《关于进一步加强科研诚信建设的若干意见》，强调高校要切实履行科研诚信建设的主体责任，是科研诚信建设第一责任主体。① 加强大学诚信建设，培育大学诚信精神，建立健全大学诚信制度已经成为追寻大学美德、重塑大学形象、发挥大学功用尤为重要的时代课题。

摆脱诚信困境需要科学理论的指导，其重要性和迫切性使诚信研究在本世纪初迅速成为新的理论生长点。大学生是祖国的未来，民族的希望。大学诚信教育关乎现在，更惠及长远。这一问题被广泛纳入各学科尤其是思想政治教育学科的研究视界。研究者们坚持马克思主义基本立场和观点，扬弃中国传统德育资源，借鉴西方先进德育理念，进行诚信教育理论和方法的创新，已获得丰富的成果。"其身正，不令而行；其身不正，虽令不从"，"诚信教育者"的诚信是提升诚信教育实效性的前提和基础，以"立德树人"为根本任务的中国特色社会主义大学是组织和实施大学生诚信教育的组织主体，大学诚信问题实属大学生诚信教育理论创新与发展领域的重要课题。

在诚信研究的发展进程中，因组织化时代的到来，政府、企业等组织主体逐渐进入了研究者们诚信批判和建设的视域。"在组织化的时代，大学作为一个机构，已经成为独立于大学教师和学生之外的，一个有着自己利益追求和价值取向的制度性存在。"② 当前，一个或几个学术大师代表一所大学的时代早已远去，大学已成为区别于教师和学生的组织机构。大学诚信虽然以大学组织成员个体诚信为基础，但绝非个体诚信的简单扩充，两者在生成和发展规律上

① 郑磊. 高校科研诚信建设主体责任的法治建构 [J]. 高校教育管理，2020，14（5）：59.
② 王建华. 道德危机中的中国大学 [J]. 大学教育科学，2010（2）：8.

存在着较大差异。大学诚信研究急需突破传统的以个体为原点的研究范式，以期用系统论的观点，从组织整体的视角，富有创建性地思考大学诚信基本理论问题，并探索大学诚信建设的路径。

　　无论是令人忧思的我国大学诚信现状、大学诚信研究现状，还是推进大学诚信教育创新与发展的理论需求均赋予思想政治教育理论工作者从事大学诚信研究的重要使命和职责。组织伦理是对传统道德哲学范式的突破，从伦理视角对组织进行研究，探究组织对组织成员的异化和成员对组织的盲从等组织病态学问题，并找到建构组织伦理的具体路径。组织伦理理论为本课题的研究提供了新的视角，为大学组织伦理规则体系的构建、大学组织诚信精神的唤醒和培育找到了新的分析框架和解决思路。本书从组织伦理的视角研究我国大学诚信的内涵、本质、价值等基础理论问题，剖析当前我国大学诚信失范的现状、危害及成因，进而有针对性地探寻我国大学诚信的建设路径。

二、研究意义

　　诚信是修身、立业、为政之基，是道德的基础和根本。通过理论创新加强个体、组织和社会诚信建设是当前时代背景下对理论工作者的迫切要求。我国大学诚信研究是诚信主体研究范围的进一步拓展和延伸，探究我国大学诚信的基本理论、现实反思、探索路径，具有十分重要的理论价值和实践意义。

（一）组织伦理视域下我国大学诚信建设研究的理论意义

　　第一，转变传统研究范式，为我国大学诚信建设提供理论支持。"在考察伦理时永远只有两种观点可能：或者从实体性出发，或者原子式地进行探讨，即以单个的人为基础而逐渐提高。后一种观点是没有精神的，因为它只能做到集合并列，但是精神不是单一的东西，是单一物和普遍物的统一。"① 传统的诚信研究范式，往往以个体德性作为逻辑出发点，遵从个体至善到社会至善的

① 黑格尔.法哲学原理 [M].范扬，张企泰，译.北京：商务印书馆，1961：326.

诚信建设路径，疏于从组织整体的视角研究诚信问题。本研究将大学组织整体视为诚信主体，纳入诚信批判和建设视域，探究我国大学诚信与大学组织成员个体诚信的区别和联系，大学诚信、个体诚信与社会诚信的互动关联，大学诚信对于组织自身、个体和社会所具有的功能和效用；基于此，认识我国大学诚信的形成发展规律，并探寻我国大学诚信的建设路径，为解决我国大学诚信问题提供理论参考。

第二，我国大学诚信是诚信主体研究范围的延伸，开拓了诚信研究新视域。关于社会诚信问题的研究，研究者们往往以微观个体或宏观社会活动为主体，关于组织诚信的现有研究也主要集中于政府和企业。大学作为现代社会轴心机构之一，是社会诚信体系不可或缺的环节，且是社会诚信理论研究和实践探索的推动者，在社会诚信生态链上的地位重要且独特。而大学作为社会组织，属于创生性伦理实体，通过制度的选择和设计实现其价值，具有道德的自觉性和自控性。从组织整体研究大学诚信是建设社会诚信不能回避的理论问题。

第三，我国大学诚信是诚信教育研究新的理论增长点，为提升诚信教育实效性提供理论参考。大学是实施高等教育的主体，大学及大学教师组织、协调和管理大学生诚信教育，诚信的大学不仅以良好的伦理环境陶冶熏陶大学生诚信品质，其自身也是对大学生施加诚信教育影响的"活教材"。同时，诚信的大学教师方可在施教过程中与学生建立平等互信的对话关系，使社会倡导的科学的诚信价值理念真正入耳、入脑、入心。探求"诚信教育者"的诚信建设与诚信教育实效性之间的关系为提升诚信教育实效性提供新的理论资源。

（二）组织伦理视域下我国大学诚信建设研究的实践意义

第一，增强大学诚信教育实效性，提升大学人诚信水平的迫切需求。大学人即为组成大学组织的成员个体，主要分为教师和学生两大群体。"大学组织文化通过无形性和软约束性而潜移默化地教化人、塑造人、陶冶人，即通过文化的传承和创造，促进学习者知识、技能和个性品质、道德情操、创造意识、社会责任等不断完善和提高，不断社会化、个体化、文明化，成为社会有用之才。"① 大学的制度环境和伦理氛围制约和影响大学教师诚信，而大学教师作为组织诚信的承载者、践履者和体现者，在大学生诚信品格培养过程中具有举足轻重的地位。可见，大学诚信是提升大学人诚信水平的前提和基础，也是发展完善大学人德性和智性的根本要求。

第二，更好地履行大学职能，实现高等教育可持续发展的客观要求。知识的传承、发展和应用以"求真""求实"为本真旨趣，诚信是学术伦理的核心。它犹如大学之魂，深深地植根于大学教学、科研和社会服务活动之中。大学诚信危机若未能得到及时治理，则会撼动大学的根基，阻滞高等教育可持续发展。"2018 年，习近平总书记在北京大学考察时强调，要抓住培养社会主义建设者和接班人这一根本任务，努力建设中国特色世界一流大学，加快构建充满活力、富有效率、更加开放、有利于学校科学发展的体制机制。……'一流大学'与'一流学科'的建设不仅需要通过改善政策环境来增加教育投入、提升办学条件，更需要完善现代大学制度、优化大学内部治理结构，从而实现一流治理。"② 学术自由是推进大学治理体系和治理能力现代化的价值诉求，然而，自由实现以责任履行为前提，诚信是最基本的学术责任，是建立健全现代大学制度和提高我国大学治理能力对大学组织本身所提出的伦理要求。

第三，推动诚信建设进程，实现社会和谐的迫切需求。大学诚信是社会诚信生态链的关键环节，沟通个体诚信与社会诚信。大学为社会培养诚信人才，并为个体、组织、国家和社会的诚信建设提供智力资源，是实现诚信建设理论创新与实践探索有机结合的最佳场所。然而，实然与应然矛盾冲突，理想与现实相距甚远，充分发挥大学在社会诚信建设中的功能与效用需要将大学自身纳入诚信建设和批判视域。唯其如此，才能实现个体诚信、组织诚信和社会诚信的良性互动，建立互信、互敬、互谅的和谐氛围，推动社会可持续发展。

---

① 慕彦瑾，段晓芳. 大学组织的文化性及其基本功能 [J]. 国家教育行政学院学报，2015（4）：24.
② 学习时报编辑部. 以教育现代化助力强国建设 [M]. 北京：人民出版社，2020：38.

第二节　国内外大学诚信研究现状

一、国外研究综述

诚信自古便是西方哲学、宗教学等学科研究的重要课题。诚信研究在西方国家进入现代化后，受到了伦理学、经济学、社会学、管理学、心理学、教育学等学科的持续关注。

（一）关于诚信的研究

第一，对诚信概念进行多角度透视。第一种视角是把诚信视为一种道德行为。认为诚信是一个独立的概念，涉及个体对规则的认可和承诺，并且与道德维度相关联。T. E. Becker 指出，诚信是个体对合乎道德判断的系列规则和价值观在行动上的忠诚，而道德判断的核心成分是能够推动个体长期生存和使其作为理性个体更为幸福的规则和价值观。[①] 第二种视角是把诚信视为个体的个性特质。持这种观点的学者在早期将诚信等同于诚实性（sincerity），20 世纪六七十年代诚信概念延伸到个性的其他方面，主要集中于"可信赖性"，20 世纪 90 年代后继续延展至"责任意识"。发展至今，个体诚信特质包括责任心、长期工作承诺、一致性、道德推理、敌意、工作伦理、可靠性、动力水平等。[②] 第三种视角结合多学科的观点，认为诚信是关系的概念，只有在社会关系中才能体现；诚信是相对概念，是指个体在何种程度上满足了周围世界对他的合法期望，只有那些被广泛支持或一般被认为对组织发展合适或必要的期望才能视为合法期望；诚信是组织水平上的概念，任何个体的诚信行为后果都表

---

① T. E. Becker. Integrity in organizations: beyond honesty and conscientiousness [J]. Academy of Management Review, 1998 (23): 154-161.

② Sackett P. R, Callahan C. Integrity testing for personnel selection: an update [J]. Personal Psychology, 1989 (42): 491-529.

现为组织的结果和问题。

　　第二，探究诚信的意义及其发生机制。西方学界对于诚信的研究重操守甚于重概念、重制度甚于重教化，具有较强的工具价值，产生的成果相当丰富。如亚当·斯密的《道德情操论》、齐美尔的《货币哲学》、安东尼·吉登斯的《现代性的后果》、马克斯·韦伯的《新教伦理与资本主义精神》、卢曼的《信任与权力》、巴伯的《信任：信任的逻辑和局限》、日裔美籍学者弗朗西斯·福山的《信任：社会美德与创造经济繁荣》、理查德·狄乔治的《国际商务中的诚信竞争》等。探究诚信与市场经济的关系。20世纪90年代，弗朗西斯·福山提出信任是一种重要的社会资本并可以转化为经济资本。信任度越高，经济越繁荣；信任度越低，经济越落后。同时，他认为中国等部分东亚国家和地区受儒家文化的影响，家族观念较强，社会信任度不高，严重阻碍了家族企业向现代化企业转型，不利于经济的可持续发展。探究诚信与社会发展的关系。如英国社会学家安东尼·吉登斯认为，在现代社会，人们对制度系统和专家系统的信任是建立合作关系的前提。而这种信任关系的确立，是以降低人际交往和商业交换的协调成本、保障人的最基本的诸如安全与自由等权利为基础。前现代社会向现代社会转型的过程中，因出现"传统的断裂"与"制度承诺的乏力"以及由此产生的"存在的孤独"，导致了信任危机的普遍存在。① 巴伯认为社会的发展离不开信任，但信任不是万能的，社会还必须用制度来规范。②

　　第三，进行社会诚信建设的理论研究和实践探索。欧洲大陆国家和美国等发达国家在社会信用建设方面起步较早，在理论和实践方面积累了丰富的经验。尤其是美国作为当前世界上征信体系最为完善的国家，其社会信用体系已有160多年的历史。20世纪六七十年代，美国政府开始信用立法，形成了以

① 安东尼·吉登斯. 现代性的后果 [M]. 田禾，译. 南京：译林出版社，2003.
② 伯纳德·巴伯. 信任：信任的逻辑和局限 [M]. 牟斌，李红，范瑞平，译. 福州：福建人民出版社，1989.

《公平信用报告法》为核心的较为完善的信用法律体系，设立了专门的征信、信用评估、信用管理等业务的中介服务机构；并注重建立诚信档案和个人信用制度化建设。

（二）关于科研诚信的研究

这类研究的对象泛指全社会范围内的科研活动，其成果对本研究具有借鉴意义。至今，关于科研诚信的著述甚为丰富，如山崎茂明《科学家的不端行为——捏造·篡改·剽窃》、威廉·布罗德和尼古拉斯·韦德的《背叛真理的人们——科学殿堂中的弄虚作假》、美国医学科学院、美国科学三院国家科研委员会《科研道德：倡导负责行为》等。山崎茂明从"不端行为（misconduct）"着眼，考察了美国和日本学术研究的诚信问题，探讨了科研诚信失范的成因、防治的策略，以及研究道德的具体规范等。《科研道德：倡导负责行为》则总结了科学研究过程中的道德规范，指出了遵守科学道德极为重要的意义，强调了科研机构在营造高尚道德环境方面所起的重要作用，并阐述了科研机构需要为其工作人员提供这方面的培训和教育、政策和程序以及工具和支撑系统，结合自律、他律和法律规范科研人员的诚信道德。[①]

（三）关于大学诚信的研究

西方学界颇为关注高等教育领域的诚信问题，但就大学诚信并没有形成专门论著，关于诚信与学术的关系、诚信与大学的关系等成果均散见于相关论述当中。如约翰·S. 布鲁贝克的《高等教育哲学》、伯顿·R. 克拉克的《高等教育系统——学术组织的跨国研究》、雅斯贝尔斯的《大学之理念》、唐纳德·肯尼迪的《学术责任》、德里克·博克的《走出象牙塔——现代大学的社会责任》、《回归大学之道》、雅罗斯拉夫·帕利坎的《大学理念重审：与纽曼对话》、爱德华·希尔斯的《教师的道与德》等。

① 美国医学科学院，美国科学三院国家科研委员会. 科研道德：倡导负责行为 [M]. 苗德岁，译. 北京：北京大学出版社，2007.

第一，从学术诚信的视角分析诚信与大学的关系。如唐纳德·肯尼迪认为诚实是学术伦理的核心，大学声誉建立在学术诚实的基础之上，提出"在过去的几十年中，高等教育声誉不断下降，其原因是多方面的。而实际上，特别是在自然科学领域，最重要的原因之一就是'不端学术行为'的影响"，并指出"大学要获得社会的信任，就应该让公众认为大学的工作是基于诚实的行为，这一点尤为重要"。① 德里克·博克提出，"大学必须履行文明社会任何一名成员都应承担的基本义务。大学必须杜绝一切欺诈行为，必须遵守法律法规"②。著名历史学家雅罗斯拉夫·帕利坎认为诚实是至高无上的智性美德，提出"'研究法则'中两个基本的智性美德就是自由探究（free inquiry）和智性活动中的诚实（intellectual honesty）"。他认为学术欺骗会带来大学本体危机，"学术欺骗将会摧毁大学的基础，其方式和程度甚至为最恶毒、最讨厌的政治诽谤对国家基础的摧毁所不及"，"如果不坚持学术诚实，大学不仅会伤害自己，而且会走向毁灭；在将来——即现代社会和科技力量正在创造出来的那个将来，大学是否还有资源，包括道德资源，继续衡量自由探究和智性活动中的诚实"。③

第二，从大学教师所承担的学术责任探究教学诚信和研究诚信。爱德华·希尔斯认为诚实是学术活动的基本原则，也是学术责任的核心和基础。在教学中，"各个层次的教师都不应该欺骗他们的学生"，虽然"大学教师不可能完全避免错误。但他的首要责任是尽可能地减少错误，而不能通过蓄意的欺骗来误导学生，哪怕是以他非常重视的某个事业的名义"。在研究中，大学教师与其他研究机构或自由的研究者一样，"从事研究时也不应该伪造自己的成果；像他们一样，他也应该认真、专心和严格地审查自己的工作，公正地评判其他

① 唐纳德·肯尼迪. 学术责任 [M]. 阎凤桥，等，译. 北京：新华出版社，2002：257-264.
② 德里克·博克. 走出象牙塔：现代大学的社会责任 [M]. 徐小洲，陈军，译. 杭州：浙江教育出版社，2001：7.
③ 雅罗斯拉夫·帕利坎. 大学理念重审：与纽曼对话 [M]. 杨德友，译. 北京：北京大学出版社，2008：53-55.

科学工作者和学者的工作，并且大度地承认他所引用的原始资料"。在处理与大学组织的关系时，"大学教师对大学的忠诚不仅仅是指对一所特定的大学的忠诚，也是指对一所大学的真正理念的忠诚；这种忠诚可能已经减弱了，而对专业的忠诚增强了"。①

第三，大学诚信建设的理论研究和实践探索。国外学界主要从制度和教育的视角探究诚信建设的路径。美国政府为有效防治学术不端，于1989年在国家健康研究所内部成立了科研诚实事务办公室，1992年更名为研究诚实事务办公室，该机构在20多年的发展历程中不断变革调整，积累了丰富的经验，并为其他许多国家所借鉴。德国没有专门的防治学术不端的行政机构，主要由学术机构或基金会自身管理，并在研究理事会、大学和研究机构层面建立了相应的机构，并出台了相关规定和措施，马普学会于2000年出版发行了《科学研究中的道德规范》报告。② 大学组织是大学诚信建设的重要主体，麦凯布（McCabe）等学者认为通过实施荣誉准则制度遏制大学生学术不端现象是效果最明显的对策。③ 荣誉制度的运行方式始终遵循美国法律、法庭实施程序。如通过报告、调查、审判、听证、最终审判、申诉等环节。辛曼（Hinman）认为应营造鼓励诚信的氛围，增加经合法惩戒程序处理的诚信失范的案件，并使判决在更广泛、更公平的范围内执行；④ 同时，道德内化的难度虽然较大，但也是诚信建设的最优方法。⑤ 美国在建设荣誉制度的过程中，还相当注重"诚信教育者"的教育；将学生纳入"诚信共同体"进行自我约束和管理，学生拥有对制度提出个人诠释及意见的权力。

---

① 爱德华·希尔斯. 教师的道与德 [M]. 徐弢, 李思凡, 姚丹, 译. 北京：北京大学出版社, 2010：86-93.

② 崔延强. 中外大学生诚信教育比较研究 [M]. 北京：中央文献出版社, 2009：109.

③ McCabe, D. L., Trevino L. K. & Butterfield. K. D. Cheating in Academic Institutions: A Decade of Research [J]. ETHICS & BEHAVIOR, 2001, 11 (3): 219-232.

④ Hinman L. M. How to Fight College Cheating [J]. The Washington Post, 2004 (23): 74-78.

⑤ Hinman L. M. Academic Integrity and the World Wide Web [J]. Computers and Society, 2002, 32 (1): 33-42.

　　从国外研究现状看，研究者们从教育学、经济学、社会学、心理学等不同视角对经济诚信、社会诚信、大学诚信进行广泛的探讨并获取了一定的成果，为本研究提供了可资借鉴的理论资源：第一，不同学科关于诚信意义及其作用机制的研究为本研究奠定了一定的理论基础；第二，对于学术诚信及其作用机制已进行了深入的理论研究和实践探索，具有重要的参考价值；第三，对于以大学为主体的诚信问题虽未专门论述，但在相关研究中已有所涉及，为本研究指引了方向。

　　但总体而言，还存在如下不足：第一，注重探究诚信与学术发展的关系，对于诚信与高等教育功能的发挥、大学组织可持续发展之间的关系未进行深入探讨，有待于系统梳理并进行整体性研究；第二，大学诚信建设的研究重他律甚于重自律、重操作甚于重理念、重结果甚于重过程，虽然在大学诚信机制建设方面积累了丰富的经验，但对于培养主体诚信道德方面的研究还有待深入；第三，大学在职能履行过程中的诚信问题缺乏系统的研究，虽然科研诚信获得了丰富的研究成果，但教学诚信、社会服务诚信等相关问题还有待继续研究，尤其以大学组织为诚信主体的相关研究还相当薄弱。

二、国内研究综述

　　诚信是我国传统道德体系的核心要素，古往今来为国内学者所关注。20世纪末，因诚信缺失迅速在我国经济、政治、文化和社会领域蔓延，严重阻碍了经济发展和社会进步，摆脱失信困境急需理论指导，诚信受到了伦理学、思想政治教育学、经济学、社会学、组织学、组织行为学等诸多学科的普遍关注。

　　（一）关于组织伦理的研究

　　由于20世纪五六十年代组织学、组织行为学等学科的兴起，组织文化和组织伦理氛围等进入学界视域，甚至成为研究热点，关于组织伦理的初步思考可散见于相关著述当中。关于组织伦理的系统研究始于本世纪初，研究成果尚不丰富，较具代表性的著作有王珏的《组织伦理：现代性文明的道德哲学悖论及其转向》；学术论文有李建华、周琼的《我国非政府的组织伦理的地方性建构》，徐战平的《软实力视阈下组织伦理的重构》，姚吉祥的《转型社会中我国公共组织伦理存在的问题与对策》，郗庭瑾的《论单位制下的学校组织伦理——兼以学校社会资本的视角》，余卫东、龚天平的《组织伦理略论》等。其中，王珏对组织伦理问题进行了较为系统且深入的研究，建构了较为完整的组织伦理理论框架，明确了组织伦理理论的研究主题并廓清了相关概念，剖析了组织对成员的异化及成员对组织的盲从等组织学病态问题，提出了培育和唤醒组织伦理精神、构建组织伦理制度的具体路径。关于组织伦理理论的相关成果为本研究提供了分析框架，具有重要的借鉴意义。

（二）关于社会诚信的研究

学者们为满足实践需要重点探讨了宏观视域下诚信与市场经济的关系，及其对社会发展的影响，提出了诚信建设的基本框架，取得了较为丰硕的成果。产生的著作有王淑芹、曹义孙的《德性与制度：迈向诚信社会》，张国臣的《社会诚信建设理论与实践》，王良的《社会诚信论》等；期刊论文有杨慧、吕哲臻的《算法诚信与现代社会信用体系再构》，潘宁、王磊的《网络经济诚信危机与治理》，王淑芹的《探索与创新：社会诚信建设的中国特色》，余玉花的《诚信文化建设的方法论思考》，胡雪艳、尹洁的《社会诚信培育长效机制研究——基于不同群体的实证分析》，袁祖社的《制度理性、社会质量与优良诚信伦理文化的实践-价值共契——基于现代公序良俗社会之卓越治理的理念与逻辑》等。随着研究的深入，学者们对社会诚信问题的研究更为深入、系统。王淑芹结合我国国情提出："中国社会诚信建设坚持立足国情与世界接轨相结合的原则，经过理论与实践的探索，不仅创造性提出了有别于西方国家'征信体系'的'社会信用体系'概念，而且渐进形成了诚信文化与社会信用体系共治互济的建设模式，在世界上是一种社会诚信建设理论与实践的突破，为后发市场经济国家的社会诚信建设贡献了中国智慧。"①

（三）关于组织诚信的研究

学界关于组织诚信的研究尚处于起步阶段，针对政治、经济领域的相关主体如政府和企业的组织诚信进行了初步探讨，获取了一定的成果。

第一，关于政府诚信的研究。以政府为主体的诚信问题近年来逐渐进入研究者们的视域，并形成了系列论述。主要著作有赵爱玲的《当代中国政府诚信建设》、杨秋菊的《政府诚信建设研究——基于政府与社会互动的视角》等；也形成了诸多期刊论文，如李欣隆的《新时代政务诚信建设思想研究》、范根平的《新时代政务诚信的价值意蕴及实现路径》、刘影的《新时代加强地方政府诚信建设的新思路》、陈翠玉的《政府诚信立法论纲》、王建新的《新时期地方政府诚信问题分析》等。赵爱玲较为系统地对政府诚信内涵、本质、价值等基本理论问题进行了分析和阐释，并基于政府诚信现状提出了具体的建设路径。认为"政府诚信是一个把诚信一般应用于考察政府的诚信状况的概念，也就是把人们常说的私法领域的诚信原则应用于考察公法领域的诚信状况，其实质是诚信主体范围上的拓展性研究"②。政府存在的合理性和价值性的唯一源泉便是政府诚信，诚信于民和取信于民是政府诚信的双重本质。还提出政府诚信的结构包括政府理念的诚信、制度和运行机制的诚信、实践活动的诚信三层次。结合实际，从价值建构、制度建设和实践创新三个角度提出了中国政府诚信建设的具体策略。政府诚信与大学诚信的主体分属政治组织和高等教育组织，均以组织及其成员为诚信主体，相关成果对本研究具有重要的借鉴意义。③

第二，关于企业诚信的研究。国内学术界倾向于组织内部诚信管理、企业信用评级等具体问题的实证分析，而基础理论研究则相对薄弱，产生了一定的

---

① 王淑芹. 探索与创新：社会诚信建设的中国特色 [J]. 马克思主义与现实，2020 (3)：175.
② 赵爱玲. 当代中国政府诚信建设 [M]. 济南：山东人民出版社，2007：35.
③ 赵爱玲. 当代中国政府诚信建设 [M]. 济南：山东人民出版社，2007.

成果。博士论文如陈丽君的《个体和组织诚信构思、评价及影响机制研究》等；期刊论文有左锐、马晓娟、李玉洁的《企业诚信文化、内部控制与创新效率》，王迪的《企业诚信文化的解析与培育》，王小锡的《论企业诚信的实现机制》，罗霞、陈维政的《组织人格视角的企业诚信研究》，龙静云、熊富标的《论作为社会资本的诚信与企业诚信治理》等。学者们分析了组织诚信与个体诚信在本质和生成逻辑上的异同，认为个体诚信反映了组织对个体的要求，而组织诚信体现了社会对组织的要求，验证了组织诚信与组织高管人员的诚信经营理念之间的关联，但组织诚信并不等同于高管人员的个体诚信。从多维视角构思组织诚信与个体诚信：个体诚信包括"诚实廉洁""遵规守诺"和"公正公平"，组织诚信体现为"诚实守规""守信履约""持续回报""社会责任"（即组织诚信要求组织必须诚实经营、符合公平竞争规则地经营，遵守承诺和合约，着眼股东的长远利益和可持续发展，对社会、对消费者、对员工等各类利益相关者采取负责行为）。[①] 提出了建设组织诚信的路径："树立组织领导者的个体诚信品德；建设组织诚信制度；建立完善的组织诚信监督机制。"[②] 此类研究中关于组织诚信相关理论的探讨，对本研究具有一定的参考价值。

（四）关于大学诚信的研究

已有的关于大学诚信的研究比较集中于以大学生为诚信主体的相关问题，而关于教育诚信和大学教师诚信的研究相对较少，以大学组织为诚信主体的研究则散见于相关论述当中。

第一，分析大学生的诚信现状、成因，并探究建设路径。本世纪初，大学生诚信问题为学界广泛关注并成为理论热点，产生的成果非常丰富。相关著作如"当代大学生诚信制度建设加强大学生思想政治工作研究"课题组于2009年出版的系列丛书等；期刊论文尤其丰富，较具代表性的有熊达的《培养公

---

① 陈丽君. 个体和组织诚信构思、评价及影响机制研究 [D]. 杭州：浙江大学，2004.
② 陈丽君. 组织诚信：超越个体品德的组织伦理和行为 [J]. 现代哲学，2005（4）：111.

民意识：大学生诚信教育的路径选择与提升策略》、姜晶花的《主体复归与大学生诚信教育》、张红霞的《我国传统美德视域下的大学生诚信教育》、李红梅的《网络场域下大学生诚信教育模式的构建路径》等。

研究者们往往从政治诚信、学习诚信、经济生活诚信、人际交往诚信和就业创业诚信等方面探究大学生诚信现状；认为社会道德滑坡、道德教育乏力、体制机制不健全是大学生诚信缺失的主要成因；提出了制定诚信档案、创新诚信教育、完善监督机制等加强大学生诚信建设的具体策略。

第二，从责任视角探究大学教师诚信。关于大学教师的诚信责任研究集中于科研诚信，而教学诚信和社会服务诚信的成果相对较少。相关著作有王本陆的《教育崇善论》、钱焕琦的《教育伦理学》等；期刊论文有高义吉、王夫艳的《大学教学的道德性：消解与回归》，陈亮的《新时代大学教师的学术责任精神及其培育》，周光礼、马海泉的《教学学术能力：大学教师发展与评价的新框架》，刘恩允、薄存旭的《高校教师社会服务伦理失范的剖析与对策》。关于科研诚信，研究者们主要从学术质量评价体系、教师个体德性、社会道德环境等方面分析诚信失范的原因并提出解决策略，认为治理诚信危机应将道德激励与制度规约相结合，构筑有中国特色的学术诚信体系，提升我国的学术自主创新能力。关于教学伦理，学者们认为，应"凸显大学教学的道德品格，建构专业问责机构，提升大学教学的道德责任；发展教学道德知识，提升教师立德树人的理念与能力；发展教学学术，建构大学教师作为教育者的身份认同"①。大学承担社会责任以大学教师的工作为核心，大学教师的伦理责任是大学履行其职责的前提和基础。已有研究获取了一定成果，认识到大学教师道德培育需要从组织和制度的视角进行探讨。但对于大学教师作为"诚信教育者"在诚信建设中的地位和作用，以及大学教师在教学等其他学术活动中所承担的具体的诚信责任还有待深入和完善。

---

① 高义吉，王夫艳. 大学教学的道德性：消解与回归 [J]. 思想理论教育，2021（2）：68.

　　第三，以大学组织为诚信主体进行研究。将大学诚信问题的主体延展至组织整体的研究还处于起步阶段，仅在相关论述中有所涉及，产生了一定成果。著作有熊丙奇的《大学有问题》，陈平原的《大学何为》等；期刊论文有张洪泰的《组织文化视角下一流大学的精神追求——基于中外一流大学的校训分析》，任少波、吕成祯的《德育共同体：中国特色社会主义大学的新认知》，王向华的《论大学的道德责任》，常艳芳的《大学学术道德失范与整治的制度研究》，侯志军、黄燕的《大学发展的信任基础解析》，王建华的《大学道德危机》等。

　　研究者们对我国高等教育道德现状进行了审视和批判。王建华认为"道德之于大学已越来越成为一种奢侈或装饰"，究其根源不能仅归咎于个体德性滑坡，而是与"整个社会环境的变化有关，与大学组织制度设计中的去道德化的趋势有关，更与大学近代以来只讲科学不'讲'道德的传统密切相关"。[①] 有学者从大学的组织特性出发分析大学成为道德责任主体的必要性和可能性，提出："大学作为一种组织机构，具备一系列的组织机制，有可以确认的道德主体，能作出决策并付诸集体行动，其从事的活动能够导致积极或消极的道德结果。大学具备承担道德责任的条件，能够承担道德责任。大学承担道德责任的合理性是由学术活动道德性及教育的道德性决定的。大学道德责任可以通过加强道德领导、强化道德教育以发挥大学的社会批判功能来实现。"[②]

　　从大学组织发展的视角分析了信任与大学的关系。侯志军认为信任是大学组织发展必备的资源，"大学组织对社会需要和期望逐步满足的过程，就是不断发展逐步获得社会信任的过程。信任能够简化大学组织学术活动和交往合作的复杂性，从而极大地提高大学组织的运作效率。大学发展过程中，学术传承需要信任来维系，学术创造需要信任来激发，学术团队需要信任来凝聚，大学组织的良性运转需要信任来推动。信任是大学组织社会资本的核心要素，是推

① 王建华.大学道德危机［J］.华东师范大学学报（教育科学版），2009（1）：23-25.
② 王向华.论大学的道德责任［J］.教育研究，2018，39（1）：50.

动大学组织发展的隐性力量"①。

（五）关于个体诚信道德养成的研究

传统道德哲学中，个体诚信品质是心理、认知与行为的统一，是建构组织诚信与社会诚信的逻辑基点。研究者们从心理学、思想政治教育、道德教育和伦理学的视角分析个人诚信品格的生成逻辑、发展规律、影响因素等。产生的成果中，著作有吴继霞的《诚信品格的养成》；博士论文有陈劲的《中国人诚信心理结构及其特征》，王东的《论诚信观的培养》等；期刊论文有熊达的《培养公民意识：大学生诚信教育的路径选择与提升策略》，李德显、邸燕鸣的《我国儿童、青少年诚信观发展研究》，王晓妹、李德显的《家庭文化资本与儿童、青少年诚信观的形成》等。这些研究旨在探求个体诚信品德发展的规律，主要获取了如下几方面的成果：第一，明确了诚信观的培养是形成诚信之德的核心；第二，诚信观包括诚信的含义、价值以及判断标准的系统性认识；第三，家庭、学校和社会均是诚信品德养成的重要场所，诚信教育需要三者协同努力。但是，这些研究主要以儿童、青少年为主体。

总的来说，国内学界对社会诚信、个体诚信和诚信教育等相关问题进行了较为深入的研究，对于组织诚信和以大学为诚信主体的相关问题也进行了初步探索，形成了对本研究具有启示意义的观点：第一，大学组织诚信与大学人诚信有联系但不可同日而语；第二，大学智性活动中的诚实由于权力和利益的诱惑而面临失守；第三，相关制度的缺失和错位是中国大学陷入道德危机的根源之一；第四，大学组织诚信是大学获得社会信任并赢得资源的基础和保障。

但从整体看，国内学者的现有研究还存在如下不足：第一，国内学界已进行了社会诚信和组织诚信的相关研究，并取得了较为丰硕的研究成果，但针对组织诚信则主要集中于政府诚信和企业诚信问题的探讨。系统研究大学组织诚信问题，还未有专门论述。虽然政府诚信和企业诚信的已有研究对基本理论问

---

① 侯志军，黄燕. 大学发展的信任基础解析 [J]. 现代教育管理，2010（8）：34.

题进行了一定探讨，但因组织属性不同，大学诚信在分享组织诚信的普遍性特征时兼具特殊性，认识、理解和建设大学诚信有待于进行深入的理论探索。第二，国内学界关于大学诚信问题的已有研究，主要将伦理批判和建设视域局限于大学生和教师个体，疏于分析大学组织诚信与个体德性、组织制度及社会环境之间的互动关系，因而具有一定的局限性和狭隘性。要从根本上解决大学诚信问题，还需要我们从组织伦理的视角寻求新的理论突破口，并基于系统论的观点深刻省思我国大学诚信失范的表现、危害和成因，从教育、制度和环境维度探寻大学诚信建设的有效路径。

第三节　研究方法与逻辑思路

一、研究的主要内容

本书共分七章。

导论简要阐释组织伦理视域下我国大学诚信研究的背景及意义，系统总结、梳理已有的组织伦理视域下我国大学诚信建设相关研究成果及不足，介绍本研究的主要内容及方法。

第一章主要阐述组织伦理与大学诚信之间的逻辑关联，分析从组织伦理的视角研究我国大学诚信的必要性与可能性。随着组织化时代的到来，组织对成员的异化及成员对组织的盲从而导致的"恶的平庸"等组织病态学问题引发了学界对组织伦理的思考，组织伦理理论的研究主题和分析框架基本形成。与此同时，作为社会轴心机构的现代大学呈现高度组织化、制度化特征，有不同于成员个体的独特组织利益和追求。肩负着"立德树人"根本任务的中国特色社会主义大学，同样也存在着组织伦理异化的现象，其中尤以诚信失范备受诟病。组织伦理理论为我国大学诚信建设提供了崭新的视角，突破了传统道德哲学遵从个体至善到社会至善的伦理建构逻辑，为我国大学诚信建设基本理论问题的廓清、现状的审视和剖析提供了分析框架；同时，也为新时代我国大学诚信精神培育和大学诚信制度构建开辟了新的思路。梳理组织伦理与我国大学诚信建设的逻辑关联，为本研究的开展确定主题、明确方向、理清思路。

第二章从组织伦理的视角探究我国大学诚信的基本理论问题。大学诚信是诚信主体研究范围的拓展和延伸，既分享其他社会组织诚信的普遍性特征，也具有其自身特殊的属性；同时，大学诚信不是组织成员个体诚信的简单扩充，两者密切相关又互相区别。研究大学诚信的相关理论问题，必须认识和掌握诚信的基本内涵及其作用机制，同时，又应立足于大学组织这一视角，分析、鉴别大学组织的本质及其职能特征。大学组织具有学术性和教育性，决定了大学诚信"求真知"和"育真人"的本质，是大学组织诚信区别于其他社会组织诚信的根本所在。同时这种本质又内在地规定着大学诚信的四重特征：在生成动机上具有超功利性，在作用机制上具有重自律性，从运行过程看具有易遮蔽性，从影响范围看具有强辐射性。根据大学组织总体运行逻辑，可以从理念、制度和实践三个层面来认识和理解大学诚信的内容结构。解决这些基本理论问题是本研究的起点，也是后续研究得以展开的关键。

第三章阐释我国大学诚信的价值。从系统论的视角，基于中国特色社会主义大学的根本任务和时代使命，分析我国大学诚信对组织自身、成员个体和社会的功能和效用。大学是研究高深学问的场所，大学工作以高深知识为基本材料，教学主要传授知识，科研创新知识，社会服务则主要应用知识，而诚信是智性活动的基本原则。大学诚信关系大学组织的本体价值，是大学组织发展的内生性需求。基于此，结合高等教育实践活动的特点，从我国大学所肩负的使命与职责出发，探究大学诚信与塑造个体诚信品格、提高思想修养和实现人自由而全面发展之间的价值关系；以及大学诚信与社会诚信、文化软实力、创新型国家之间的价值关系。

第四章理性省思我国大学诚信的现状。党的十八大以来，我国大学诚信建设取得较大成效，但仍然存在诚信失范现象。本书主要从教学、科研和社会服务三个方面归纳大学诚信失范的表现。从系统论的视角，分析大学诚信失范对组织自身、个体和社会可能造成的危害。我国大学诚信整体状况良好，但依然存在的失范行为若不及时治理，亦可能危及大学本体，妨碍大学人完善并阻滞社会发展进程。我国大学诚信失范现象依然存在是多重因素共同作用的结果，高等教育自身的弊病诱导我国大学诚信失范的发生，组织成员个体德性迷失和社会环境的制约也是造成大学诚信失范的重要原因。

第五章从道德教化的视角建设我国大学诚信。基于组织伦理理论的分析框架，培养和唤醒大学组织诚信精神，构建大学组织诚信制度是大学诚信建设的基础和核心；同时，大学组织从属于社会大系统，组织诚信建设离不开良好的政治、经济和文化环境。鉴于此，从道德教育、制度安排和环境优化三个维度探寻大学诚信建设的具体路径。本章主要研究大学诚信建设的教育之维。首先分析大学诚信精神与个体诚信道德的逻辑关系，个体诚信道德是大学诚信精神的逻辑基石，大学诚信教育则是诚信道德养成的前提和基础。提升大学诚信教育实效性，需要增强诚信教育理念的先进性和科学性。落实到具体的教育实践中，从主体、内容和方法的角度提出了优化教育要素及功能的路径和方法，并提出深化诚信教育研究的意义与路径。

第六章从制度安排的视角建设我国大学诚信。组织伦理制度创制是组织伦理建设的必要环节，大学诚信建设离不开刚性制度对诚信行为的规范和调节。首先对制度与大学诚信道德养成的逻辑关系进行梳理，明确制度对于组织伦理建设的意义与作用。然后，从制度安排的视角提出诚信制度化和制度诚信化是建设大学诚信的双重要求。诚信制度化是诚信理念的结构化和实体化，而制度诚信化则是诚信的视角对制度的制定、执行和评价所提出的伦理要求。基于此，着重分析大学诚信制度化与大学制度诚信化的具体策略。

第七章从环境优化的视角为我国大学诚信建设提供有力支撑。大学诚信的生成和发展离不开外界环境的支持，需要自由、公正、民主的制度伦理环境，也需要良好的诚信文化环境。同时，大学身处市场经济的大背景下，需要频繁地参与经济活动，经济诚信对大学诚信的养成同样具有重要的影响。本章从政治、经济和文化环境的维度探寻大学诚信的建设路径。

二、研究的主要方法

第一，理论归纳与实际分析相结合的方法。理论联系实际是马克思主义"活的灵魂"，是我们党认识、分析和处理问题所遵循的最根本的指导原则和思想基础，也是组织伦理视域下我国大学诚信研究应当坚持的重要原则和方法。组织伦理视域下我国大学诚信建设需要吸收和借鉴高等教育学、伦理学、思想政治教育、组织行为学等学科已有的研究成果，并对现实生活中的感性材料进行有针对性的归纳和总结。必须坚持唯物史观的基本立场，从理论联系实际的立场出发，解放思想，实事求是，把理论归纳与实际分析方法相结合，以适应大学诚信建设理论创新和实践发展的要求。

第二，历史继承与时代创新相结合的方法。诚信问题由来已久，中西方传统文化中均有丰富的诚信资源。而大学也有悠久的历史，关于大学诚信虽未有专门的理论研究，但各国高等教育均在进行自觉或不自觉的实践探索。因而，本研究要批判地继承历史上已有的研究成果。同时，随着时代的变迁和发展，无论是大学组织模式和结构功能，还是诚信的表现形式均在发生变革。只有在继承传统的基础上，开拓进取，才能在理论上和实践上实现双重突破，真正满足新发展阶段我国大学诚信建设的当代诉求。

三、研究的主要创新点

第一，拓展诚信研究的主体，将大学组织整体纳入诚信批判和建设视域，进行大学组织诚信相关理论的创新。从组织伦理的视角，基于中国特色大学的组织属性和社会职能，提炼大学诚信的内涵，并归纳其本质和特征。此外，根据大学组织整体运行逻辑，从理念、制度和实践层面分析大学诚信的内容结构。关于大学诚信基本理论的研究是本书最大的创新点，也是本课题研究的逻辑起点。

第二，系统梳理并透视我国大学诚信的三维价值，这是以往研究尚未涉足的领域。基于中国特色社会主义大学"立德树人"的根本任务，探析大学诚信与大学组织自身的价值关系、大学诚信与个体的价值关系、大学诚信与社会的价值关系，分析、归纳和总结新时代我国大学诚信的组织价值、个体价值和社会价值。

第三，转换传统的研究范式，突破了传统道德哲学从个体至善到组织至善的组织伦理建构逻辑。基于组织伦理理论的分析框架，从道德教化、制度安排和环境优化三个方面系统地提出大学诚信的建设路径。从制度安排的视角探寻我国大学诚信建设的路径，提出诚信制度化和制度诚信化相结合的观点。

第一章　组织伦理与大学诚信

现代化进程中，随着社会分工的深入，组织已成为连接个人与社会的中介，集体行动对道德的僭越、个体盲从于组织而导致的"恶的平庸"等组织伦理问题随着组织化程度的深入逐渐呈现于世人面前，引发了学界对组织伦理问题的思考，逐渐形成了关于组织伦理理论的研究主题和分析框架。大学作为兼具学术性和教育性的社会组织，被寄予了引领社会风尚的公众期待，扮演着道德教育重要实施者的角色。大学组织对伦理价值的秉持和伦理规则的遵循贯穿于教学、科研等高等教育实践活动中。由于人类文明进步越来越依赖于知识创新，以传递、拓展和应用高深知识为主要职能的现代大学逐渐走向社会中心，发展为多元化巨型大学，成为结构复杂且规模庞大的社会组织。高度组织化、制度化的现代大学有了不同于组织成员个体的价值取向和利益追求。大学在组织特征和组织属性上有别于政府和企业，但同样也存在组织伦理异化的现象，譬如大学诚信失范。大学诚信是大学组织在高等教育实践活动中的诚实守信，本研究试图从组织层级的视角探讨大学诚信，运用组织伦理理论的分析框架探讨大学诚信的基本理论问题，并从我国大学诚信的实际情况出发提出培育大学组织诚信精神、构建大学组织诚信制度的具体路径。

第一节　组织伦理：传统道德哲学范式的突破

诚信是中西方传统道德体系中具有始基性的道德德目，诚信建设从来都是社会道德建设尤为关键的环节。日益组织化和制度化的现代大学，具有自身独特的利益追求和价值取向，大学组织诚信并非大学人诚信的简单扩充，而是有其特殊的形成发展规律，与组织属性及其功能密切相关。已有的诚信研究将伦理批判和建设视域局限于大学生和教师个体，疏于分析大学组织诚信与个体德性、组织制度及社会环境之间的互动关系，因而具有一定的局限性和狭隘性。要从根本上解决大学诚信问题，还需要我们从组织层级的视角寻求新的理论突破。

一、组织的界定

对组织本质特征及其行为方式的探究是组织伦理得以提出的逻辑前提。学界关于组织的研究由来已久，围绕组织展开的智性思考又进一步推动和促进了社会组织的现代化进程。从起源看，组织是人类文明发展到一定阶段的产物，现代社会的任何个体无不从属于家庭、学校、企业、政府等各种类型的社会组织。而且，随着社会的发展、分工的演化，新的组织形式层出不穷，亦有诸多正式或非正式的社会组织由于功能未能满足社会需要而为时代所湮没。人们对不同组织的体验不同且立场各异，对组织的定义也有所不同，但就其基本概念而言，较为普遍的认识是：组织是对完成特定使命的人的系统性安排。就其产生的根源而言，社会组织必然受到目标与使命的驱动。个人能力的有限性促使善于总结经验和集聚智慧的人们在历史发展进程中，学会了按照一定的方式组成人的集合体，并以目标的实现为导向确立组织规则和程序，进而规范个体行为、维系组织秩序、调配组织资源，使组织得以维系持存。发展演进中，制度化的社会组织体现出明显的效率优越性，如学校作为教育组织在从事知识传递的实践活动中优势明显，进而逐渐取代了师徒式的个体化教学模式。

从组织所应具备的条件和特征来看，不同学派观点不尽相同，但就其共性而言大致可归纳为如下三方面：第一，由人所组成的集合体。个人是构成组织的基本单位，离开个人也就无所谓组织；同时，应具备相应的物质资源，由组织中的人来进行物质资源的配置。因此，组织既具备一定社会结构，也具有相应的物质结构。第二，适用于确定的目标需要。任何组织都有其特定的目标和使命，一切组织行为也必然要求服务于目标和使命的实现，如学校以人才培养为目标、医院以治病救人为使命等。第三，通过专业分工和组织协调实现目标。分工和协调是问题的正反两面，有了分工才需要协调，有了协调才能实现分工。为了完成社会需要而仅凭个人又无法完成的目标，形成了一定的组织，为了组织目标的实现又必然要求开展相应的业务活动（作业活动），如学校开展教学、医院进行诊疗、企业进行生产等。业务活动开展，需要进行人力资源、物质资源、财力资源、信息资源的运作和调配，进而使管理活动成为必然。作业活动与管理活动相辅相成，不可或缺。也可以说，作业和管理是组织为实现目标所进行的最为基础的专业化分工。当然，为了提高效率，作业和管理活动内部还应继续进行任务分解，确定每个个体或某一特定群体应承担的工作。在此过程中，组织目标逐步逐级细化分解为各层次、各部门、各职位的工作，形成遵循一定组织规则和活动程序的分工体系。因而，个人、群体和部门在确定的组织中形成了分工关系，与此同时，他们也要密切互动、相互配合才能保证组织整体目标的实现。分工和协调使组织活动形成互相联系的层级网络结构，组织成员根据各自权利、责任制度形成组织层级制内部结构。

二、组织伦理的提出

传统道德哲学在较长历史时期，并未将组织纳入伦理批判和建设视域，认为只有具备自由意志的个体才能承担道德责任，而将组织行为视为与道德无关的中立性行为。因此，传统伦理学只是对个体的人的规范，而缺少对集体的规范。二战结束后，人们开始逐渐意识到，组织在为人类文明带来巨大进步的同时，也存在着组织对成员的异化以及成员对组织的盲从等组织病态，甚至产生了"恶的平庸"等较为严重的社会负面影响，阻碍人类文明进程。组织是否应当承担道德责任？组织能否承担道德责任？组织如何承担道德责任？如何认识组织与伦理的关系？这些问题呈现于道德哲学家面前，从伦理视角对组织进行研究成为亟待解决的理论难题。

　　我国学者对组织伦理的研究始于本世纪初，经过研究和探索形成了相关的研究成果。有学者将组织伦理概括为："蕴藏于管理的组织过程（组织设计）和组织的结构之中的伦理道德价值，它既是一种动态的伦理价值形态，又是一种静态的伦理价值形态。作为动态的，它存在于组织的设计过程之中，表现为一种行为伦理；作为静态的，它又蕴含在组织结构之中，表现为一种道德价值目标及目标伦理，它包含在人们经常谈论的组织文化之中，表现为组织的伦理文化。"[①] 也就是说，可以将组织伦理归结为组织行为伦理和组织目标伦理。组织伦理价值对于组织功效的实现、组织的存在和发展具有重要的意义。第一，就组织内部管理而言，合理的伦理观念有利于提高组织管理效率，凝聚、团结组织成员，振奋组织精神。第二，组织伦理是组织形象的支柱，也是组织形象塑造的核心。通过组织行为体现和反映的优良伦理价值观念，能够树立起富有生命力的组织形象，进而产生良好的社会声誉。第三，合理的伦理价值观念能够提高组织绩效。一方面，能够通过伦理价值观念规范和约束组织及其成员的行为，杜绝非伦理行为的发生，极大地节约组织控制系统的人力、物力和财力，降低组织的运行成本；另一方面，能够通过创造合作效益，使组织绩效得以提升。合理的组织伦理价值观念具有团结和凝聚的作用，使组织内部成员之间形成相互信任、相互尊重、宽容谦让、人人平等的关系，减少成员之间的摩擦，以及组织成员的流动，在良好的环境中组织成员的创造性和积极性也得以调动和提升。[②]

　　也有学者从哲学的视角对组织进行整体的伦理反思，认为组织伦理就是指组织的伦理，也就是从伦理的角度对组织进行系统研究。如王珏的《组织伦理：现代性文明的道德哲学悖论及其转向》是关于组织伦理问题研究较为系

---

① 余卫东，龚天平. 组织伦理略论 [J]. 伦理学研究，2005 (3)：17.
② 余卫东，龚天平. 组织伦理略论 [J]. 伦理学研究，2005 (3)：18-19.

统深入的著作，探究了组织的伦理本质、组织的伦理特征、组织的伦理异化和组织的伦理建设等，构建了一个完整的组织伦理理论，其理论观点和分析框架对本研究具有较大的启示和借鉴意义。

三、组织伦理理论及其分析框架

从伦理的视角对组织进行研究是对传统道德哲学范式的突破。传统道德哲学注重个体，习惯以个体德性作为伦理道德体系构建的逻辑出发点和道德建设的现实着力点，遵循个体至善到社会至善的伦理建设路径。然而，传统道德哲学在回答现代社会相关伦理问题时遇到了瓶颈和困境："其一，在面对有组织、有计划的集体行为方式所产生的道德问题时，其道德责任主体如何认定？其二，组织行为是一种集体行为方式，如何理解这种集体行为方式中所存在的'恶的平庸'？"[①] 这些问题的解决需要我们突破道德哲学既有的研究范式，探究组织的伦理本质，并从伦理视角对组织进行批判性审视，并基于此提出伦理建设的具体路径，以构建一个完整的组织伦理理论体系。

组织能否成为道德责任的主体是从伦理的角度对组织进行研究的前摄性问题。何谓道德责任？《辞海》中这样解释："人们对自己出于意志自由的行为的后果在道义上所承担的责任。"[②] 从词义上看，并不是所有个体或团体都能承担道德责任，不具备意志自由的主体，也不具备条件承担道德行为产生的社会后果。也有学者提出"道德行为的责任主体应当是有自由意识的人、团体和组织，自由选择和自觉承担构成了主体的本质特征"[③]。除个体之外，组织也能成为道德责任的主体，但应当具备主观和客观两方面的条件。首先，从主观看应具有自觉自控的自由品格，"具有自我意识、自我反思、自我批判的思

---

① 王珏. 组织伦理：现代性文明的道德哲学悖论及其转向 [M]. 北京：中国社会科学出版社，2008：17.
② 夏征农，陈至立. 辞海：普及本 [M]. 上海：上海辞书出版社，2009：696.
③ 郭金鸿. 道德责任论 [M]. 北京：人民出版社，2008：156.

维能力"，"具有自我决断、自我选择、自我控制的意志能力"。① 只有当个体的行为是出于自由的选择，才有责任承担行为的道德后果。组织是否具有自觉自控的自由品格，需要从组织及组织行为的特征来进行审视。一定数量的成员是构成组织的基础，除此以外组织目标、组织结构和组织文化则是组织必须具备的三个基本要素。其中，组织目标是组织得以生存和发展的决定性要素，组织行为的选择、管理和评估都是以组织目标为导向的。组织结构是完成组织目标的载体，以目标为导向设置机构、设计程序、分配资源，以实现组织成员之间的分工和协作，以及组织内外的和谐与平衡。组织文化是组织的灵魂，是指组织在长期的生存和发展中所形成的，为本组织所特有的，且为组织多数成员共同遵循的最高目标、价值标准、基本信念和行为规范等的综合及其在组织活动中的反映。组织文化贯穿于组织的全部活动，影响组织的全部工作。可以说，组织文化决定了组织内部成员的精神面貌和整个组织的素质、行为和竞争能力。基于对组织目标、组织结构和组织文化的分析，我们可以发现，现代化的组织已经具备了自觉自控的自由品格，已然满足了道德责任主体应当具备的主观条件。

判断社会组织是否能够成为道德责任的主体，还要看其行为是否在客观上产生了一定的社会影响。假若这种行为只是出于兴趣、爱好或习惯，且并未对他人或外界产生积极或消极影响，那就不能被纳入道德行为的范畴。在人类社会发展进程中，由于社会分工越来越细，功能各异的组织基于不同的社会需求不断涌现并发展演进，扮演着越来越重要的角色。从个人的成长轨迹看，我们无不与家庭、学校、医院、公司等功能各异的社会组织密切交织，现代化的组织成为个体与社会的中介。当然，值得注意的是，在绝大多数情况下，组织对社会产生的影响是积极正面的，但也不能排除某些组织行为会对社会产生负面效应，且一旦发生其危害也必将影响深远。因此，现代社会的组织行为必然产

---

① 王珏. 组织伦理：现代性文明的道德哲学悖论及其转向 [M]. 北京：中国社会科学出版社，2008：650.

生客观的社会影响，虽然它并非天然的伦理实体，但已经具备了承担道德责任的主客观条件。社会组织在确定目标的驱动下选择一定的行为方式，造成积极或消极的社会影响，决定了现代社会的组织可以而且应该成为道德责任的主体。在理论研究与实践探索中，我们应当而且必须将社会组织纳入伦理批判和道德建设的视域。

从伦理特征看，组织是具有创生性的伦理实体。如前所述，组织是人类文明发展到一定阶段的产物，是为了实现特定目标而创设的具有一定结构的集合体，它既是集体意志的展现也是集体智慧的结晶。同时组织也随着社会的进步不断发展演进，它的存在和发展本身即为创生性过程。伦理实体是社会实体的合理形态，是道德主体的对象性表达，而社会实体是伦理实体的托载。组织是为满足社会需求而进行的创设，为了适应环境的变化又进行自我变革，它在伦理生活上同样也具有创生性。现代性组织不仅是创生性伦理实体，也是实体性道德主体。组织是作为整体的个体而存在的道德主体。传统道德哲学对于道德主体的判定以三个假定特性为依据：一是具有自由的道德意志；二是理性原则指导下的行动；三是具有道德情感。道德意志、道德理性和道德情感是成为道德主体的核心要素。组织是否具有道德主体的合法性？从根本上来讲，在于组织能否在实践活动中对其自身行为进行道德上的指导和控制，这不仅要从内部对组织进行考察，还要将其放置于宏阔的社会关系中进行分析。组织是社会分工领域的文化创造，可以根据自身情况进行组织制度的安排，通过管理行为来确保组织目标的实现。在与外界环境进行信息和能量的交流时，组织也能进行自觉理性的调整和变革，以自觉自控的意志自由遁入自然界与人类社会的因果链条。因此，从理论上看，组织已经具备了自由选择行为的能力，同时也具有理性反思能力，能够认识并把握行为与结果的因果关系并以此为依据对后续行为进行指导控制。因此，从理论上来看，现代组织已经能够分享并凝结伦理普遍性，已具备实体性道德主体的合法性。

组织道德主体的生成以对组织伦理规律的遵循为前提，"就是组织这一伦理实体不断扬弃个别性成为普遍性的规律，也是组织这一伦理实体其个体告别偶性汇融于实体的规律"①。因此，组织道德主体的确立应当具备两个逻辑要件："首先，组织应该透过制度的'中介'使其成为特殊性与普遍性相结合的伦理实体，成为'整个的个体'；其次，组织应该具有分享和凝结普遍物的能力，也即组织应当具有道德精神，既具有实体性意识，也具有实体性意志的道德主体。"② 制度是表达实体性意识和实体性意志的载体，是使组织真正成为道德责任主体的关键。马克思指出："制度只不过是个人之间迄今所存在的交往的产物。"③ 从本质上来说，制度是在社会交往关系中形成的，为了制约人与人之间的交往关系和交往形式而进行的规范化表达。当然，随着社会交往关系的发展和生产力的变化，制度也会进行相应的变革；同时，制度具有整合功能，通过规范性体系使社会关系趋于相对稳定；此外，作为一种规范性存在，制度还具有强制性和权威性。制度所具备的上述特征，使它能够为社会共同体提供具有普遍性和稳定性的行为模式，成为具有普遍意识和普遍意志的中介。

因此，建构组织伦理制度是组织伦理建设的首要环节，根本途径是实现实质合理性和形式合理性的统一。实质合理性要求组织伦理规范体系是组织伦理合目的性与合规律性的统一，具体表现为组织制度伦理化与组织伦理制度化的辩证统一。首先，推进组织制度伦理化，就是对组织制度进行理论反思和伦理批判。马克思和恩格斯特别关注制度的合理性，认为应当以能否满足人们生活的基本物质条件作为对制度进行判断的现实基础："每一代都在前一代所达到的基础上继续发展前一代的工业和交往方式，并随着需要的改变而改变它的社会制度。"④ 因此，在制定组织制度的过程中，必须对相应的利益关系进行考量，将伦理价值审视作为组织制度创设的重要环节；同时，也要以客观现实条

① 王珏. 组织伦理：现代性文明的道德哲学悖论及其转向 [M]. 北京：中国社会科学出版社，2008：117.
② 王珏. 组织伦理：现代性文明的道德哲学悖论及其转向 [M]. 北京：中国社会科学出版社，2008：160.
③ 马克思恩格斯选集：第一卷 [M]. 北京：人民出版社，1972：78.
④ 马克思恩格斯选集：第一卷 [M]. 北京：人民出版社，1972：48.

件的变化为依据对已有的组织制度进行伦理反思和批判。其次，实现组织伦理制度化。所谓组织伦理制度化，就是将组织伦理精神渗透于组织利益关系和组织发展战略。确立组织伦理理念是制定组织伦理制度的前提。正如马克思所说，动物的产品属于它的肉体，而人则自由地面对自己的产品。动物只是按照它所属的那个种的尺度和需要来构造，而人懂得按照任何一种种的尺度来进行生产，并且懂得处处都要把内在的尺度运用于对象。① 具体实践活动中，人的意识总是要打上自身的印记，在制定组织伦理制度之前，组织伦理精神应当已经存在于制度制定者的头脑当中，已成为制度选择和设计的重要指导。

　　组织伦理制度的形式合理性主要是指结构合理性和程序合理性。从形式结构的角度看，组织制度的伦理形式合理性首先是指客观普遍性。伦理规范体系在一定的伦理实体和伦理世界范围内是普遍适用的，所有组织成员都应当予以遵循，不允许任何组织内外的成员超脱于伦理规则体系之外。其次，组织制度的伦理形式合理性应体现为逻辑一致性。也就是说组织制度能够客观地体现和反映社会系统中存在的结构性关系状态，使组织制度内部逻辑严密、相互融洽。再次，组织制度的伦理形式合理性还体现为公开确定性。组织伦理规则体系应当公开透明，为人们所知晓和遵循，同时，一旦确立，不会随意更改，规则体系本身具有一定的预期性和持续性。从形式程序的角度看，组织制度的伦理形式合理性则表现为程序参与性和程序自洽性两个方面。程序参与性是指组织成员作为利益相关者能通过公正的程序参与组织制度的设计、制定和执行，如表达诉求、参与论证等。程序自洽性也就是组织制度体系的自足性，"第一，组织伦理制度体系本身独立自治，它有着自己的概念、思考方式，与法律、宗教等相分离。第二，组织伦理制度体系的确立、修订、执行有专门的承担主体（现实中称之为伦理委员会或伦理办公室）。第三，组织伦理制度体系的产生、修订、执行有相应的程序和恒定的机制，这些程序和机制本身也被组

---

① 马克思. 1844 年经济学哲学手稿［M］. 北京：人民出版社，2000.

织伦理制度体系所涵盖"①。

　　培育组织伦理精神，是组织伦理制度建构的基础，也是组织伦理建设的核心环节。"现实生活中的组织不仅是异化的伦理实体，同时也是实体性的道德主体，是在扬弃实体内部个体的特殊性、主观性的基础上形成的道德主体，其伦理精神是扬弃个体的道德精神基础上形成的实体的伦理精神。"② 因此，组织伦理精神的构建要从学理上解决如下两方面的问题：一是要探寻组织伦理精神的合理性根源；二是要把握组织成员的道德精神成长逻辑。组织成员个体道德是组织伦理精神确立和发展的前提，但值得注意的是，组织伦理精神并不等同于组织成员个体道德精神的简单扩充，而是在个体道德精神确立的基础上，扬弃个体道德精神的特殊性、个别性，而达到公共性和普遍性。从发生逻辑看，组织伦理精神的培育要经历自我中心阶段、他律服从阶段，以及道德自律阶段。③

第二节　大学组织：重要的道德责任主体

　　现代大学的起源可以追溯到中世纪的博洛尼亚大学和巴黎大学，最初的大学是由教师和学生所组成的学者行会，是师生共同探求知识、发现真理的智性活动，已具备集体行动的性质，也已呈现高等教育组织之雏形。在我国高等教育发展的历程中，最初具有高等教育组织形态的机构是稷下学宫，承担为统治者培养高层次人才的职责。无论是中世纪大学，还是稷下学宫，从其产生的根源来看都是为了传授知识和培养人才。从古至今，知识的传授从来都与德性的

① 王珏. 组织伦理：现代性文明的道德哲学悖论及其转向 [M]. 北京：中国社会科学出版社，2008：270-272.
② 王珏. 组织伦理：现代性文明的道德哲学悖论及其转向 [M]. 北京：中国社会科学出版社，2008：321.
③ 王珏. 组织伦理：现代性文明的道德哲学悖论及其转向 [M]. 北京：中国社会科学出版社，2008：335.

养成相伴相随。在现代化进程中，为满足国家和社会发展的需要，大学组织及其职能不断发展演化，大学组织行为对外界产生越来越重要的影响。大学作为组织实体所秉持的伦理价值观念，所遵循的伦理规则体系，决定着大学组织及其成员的行为选择，大学组织已经成为现代社会重要的道德责任主体。

一、大学的产生及其本质

大学组织是大学诚信的主体，研究大学组织诚信必然要求了解大学组织的特征和本质，大学组织与组织成员之间的关系，以及大学组织行为与外界环境的互动和交流。大学从来不是孤立的事物，它是对现在和未来产生深远影响的社会组织。从历史的角度追寻大学产生的原初性动力，有利于更深刻地理解大学的本质。在此基础上，分析大学在历史发展进程中社会职能的形成与演变，是对大学组织进行伦理审视不可或缺的重要环节。

"一切文明社会都需要有研究高深学问的机构来满足它们探求知识奥秘的需要，同时它们也为知识的拥有者和探求者提供各种所需条件。"① 中世纪大学产生以前，古代东西方已经存在传授高级学问、培养高级人才的教育机构，这些机构虽未冠以"大学"（university）之名，也不是建立在近代社会严格意义的初等教育和高等教育基础之上，但从传授与研究当时最高层次的知识、培养高层次的人才，并对此后大学所产生重要影响而言，这些机构的确可以称为高等教育机构。据此，有学者认为古希腊柏拉图创办的学园是西方最早的高等教育机构。它不仅是知识拥有者和探求者追寻真理的学术研究中心，也是当时社会培养精英的教育组织。

中国的高等教育机构则可以追溯到战国时期的稷下学宫。当时的齐国统治者为了巩固政权、培养人才创办了官办民营的高等教育机构。稷下学宫通过招募社会贤士讲学论道，旨在为治国施政储备智力资源。汉唐时期兴起的太学和

---

① 伯顿·克拉克. 高等教育新论：多学科的研究 [M]. 王承绪，徐辉，郑继伟，等，译. 杭州：浙江教育出版社，2001：27.

宋代书院也曾盛极一时，成为当时社会高层次文化中心和培育知识精英的重要场所，具有高等教育机构的性质。这些古老的高等教育机构虽然对后世产生了深远的影响，其教育理念和课程内容也为后继高等教育机构所继承和发扬，但它们并未发展成永久性知识机构的组织形态，因而不能与现代大学在意义上完全等同。

在探究现代大学源头时一般追溯到中世纪大学，主要原因是中世纪时期的大学从教育性质和组织角度看已经具备了现代意义高等教育组织的雏形和特征。现代大学的胚胎孕育于中世纪，源于当时特殊的社会历史条件，以及分权的、有着社团思想的时代精神。中世纪时期，因经济发展和社会制度的变革使欧洲的城市得以复兴，手工业者、商人和城市新兴贵族成为当时重要的社会力量，他们要求摆脱封建王权和教权的束缚，获得更多的政治、经济权利，并渴望通过学习世俗文化知识培养本阶层所需的人才以维护阶级利益。同时，封建制度逐步确立使社会格局发生较大变化，纷繁芜杂的社会矛盾为大学产生和发展提供了一定的生存空间。此外，经院哲学的发展造就了名声大噪的学术大师和学者云集的学术中心，形成了良好的文化氛围。

从词源学意义来说，大学 university 一词最早来源于拉丁语 universitas，有"整体""全部"等含义。12 世纪后，university 开始含有社团、共同体、法人团体、行会、协同组织等意义，而大学或学者行会往往被明确称作"学者行会"（university of school）、"学生型行会"（universitas scholarium）或"师生行会"（universitas magistrorum et scholarium）。13 世纪后，university 开始专门用于指代学者们或师生们组成的行会，今天意义的大学在整个中世纪时期用拉丁语 studium general 表示。根据英国学者拉什代尔的研究，这一词语包含如下几方面的意义：教师和学生来自世界各地，而不是特定的国家或地区；传授高深学问，至少设有神学、法学或医学中的某一学部，并开设相应课程；课程由教师集体开设，而不是由某个学者单独传授。① 究其根源，"20 世纪的大学是中世纪巴黎大学和博洛尼亚大学的直系后裔。它们是我们（现代大学）被砍砸打磨出来的那块岩石；它们是我们（现代大学）被挖掘梳理出来的那条壕沟。"② 学术界普遍认为博洛尼亚大学和巴黎大学是现代大学的雏形，分别代表两种不同的高等教育组织形式。前者是"学生型大学"，主要由学生管理学者行会的相关事务并维护相关利益；后者是"教师型大学"，由教师出任校长并管理校务。相较而言，"教师型大学"这种组织形式具有更强的生命力，对后世高等教育产生了更为深远的影响，而由学生掌管校务的组织形式则逐渐被淘汰。博洛尼亚大学和巴黎大学都是自发生成型的大学。博洛尼亚大学的前身是法律学校，地处意大利商业中心，因商业贸易引发的诉讼案件较多，对法学人才的需求以及该地区已有的法学研究传统吸引了诸多教师和学生前来此地研究和学习，因而，学校规模不断扩大，为社会培养了诸多的法律人才。由于其重要地位受到教会重视，公元 1158 年，教会颁发了承认博洛尼亚大学的法令。巴黎大学前身是天主教学校，特殊的地理位置吸引了不少学者在此研究和讲学。当时最著名的学术大师是阿伯拉尔，他教授有方、学识渊博，在当时具有较大的影响力。学者行会为了维护自身利益并获得合法地位，与世俗政权和教权进行了各种形式的斗争，最终不仅得到了教会的承认，获得了合法地位，还通过斗争赢得了各种特权。

中世纪大学在发展过程中，培养了大批当时社会所需要的掌握世俗知识的人才，其重要地位逐渐得到教会和世俗政权的认可，也因此成为教权和王权争夺的对象。教会和国会为了维护自身利益，培养本阶层所需要的人才，纷纷创办大学。同时，因为大学地位日益重要，国王和教会还通过颁发"特许状"，给予大学各种特权，企图通过这样的途径使大学为其所用。除了自发生成型的大学和国会、教会创办的大学，中世纪时期产生了衍生型大学。因为当时的大

---

① 黄福涛. 外国高等教育史 [M]. 上海：上海教育出版社，2003：56-57.

② 查尔斯·霍默·哈斯金斯. 大学的兴起 [M]. 王建妮，译. 上海：上海人民出版社，2007：2.

学并没有现代大学所固有的校舍和图书馆等固定资产，仅是由教师和学生组成"人的组合体"，因而可以根据学者行会自身意愿随时迁徙。中世纪大学为获取自由和权力，多次采取罢课、迁徙等途径与国会和教会及其所在的城市居民进行斗争。巴黎大学的部分英国师生在斗争过程中回到英国牛津，建立了牛津大学，后来又从牛津分离出部分师生建立了剑桥大学。至今，牛津和剑桥仍然是经典大学的代表。中世纪大学追求真理、崇尚自由，在与世俗政权和教权的斗争中成为拥有自己章程的独立法人实体；突破疆域界限，吸引来自不同的国家和地区的教师和学生，促进了学术交流和文化繁荣；更重要的是形成了初步的学科划分和学位制度，为后世的大学奠定了办学基础。

从事物的胚胎中更能直接地探寻出它的本质，由大学的产生过程我们可以得知学术性和教育性是大学组织的本质属性。中世纪大学是学者行会，以学术大师为中心形成由教师和学生组成的学术群体，进行自由的知识探究，并为社会培养人才。大学在千余年的发展历程中应社会需求不断发生着变革，组织目标日益多元、规模不断扩充且结构更为复杂。然而，大学从未放弃过对知识的追求，也未停止培养社会所需要的人才。大学始终作为知识性组织和教育性组织而存在。因而，西方有学者提出，"大学本质上是围绕学科和行政单位组织的矩阵组织。作为从事高深专门知识加工和传播的高校，学科知识是组织形式，是大学结构的基础，是学科而不是行政单位把学者组织在一起。"[①] 在大学组织的相关研究中，我国学者也提出了类似观点，"大学组织的本质属性是学术性，但现代大学组织也有行政性、产业性的属性，现代大学组织是三重属性的综合体"[②]。学术性毋庸置疑是大学组织的本质属性，而人才培养则是大学最根本的使命，人才培养与科学研究在大学组织及其成员的高等教育实践活动中紧密相连。鉴于此，笔者认为大学组织的本质是学术性组织和教育性组织

---

① Kezar A, Lester J, Anderson G. Challenging Stereotypes That Interfere With Effective Governance [J]. Thought & Action, 2006, 22 (2)：121–134.

② 季诚钧. 大学属性与结构的组织学分析 [M]. 北京：人民教育出版社，2006：72.

的辩证统一。

二、大学的职能及其发展

职能是人或组织机构应当具备的作用和功能。大学职能即为大学的职责与能力，是大学在社会分工中所特有的专门职责。大学是实施高等教育的组织机构，人们在研究过程中往往容易混淆高等教育与大学的概念。然而，这两者之间虽然关系密切却存在着质的区别。高等教育是培养高级专门人才的社会活动，具有阶级性、生产性和历史继承性，本质上属于文化活动的范畴。大学是高等教育发展到一定阶段的产物，是现代社会高等教育系统中最为重要的组成部分，包括综合大学和专科大学、学院，是实现高等教育功能的主要载体。

随着社会需求的变化和高等教育自身的发展，大学职能体系不断蔓延和扩张，经历了一元至多元的发展历程。从大学的历史轨迹来看，人们对大学职能的认识在不断地发生着变化，它蕴含在大学理念的探索之中。美国加州大学前校长克拉克·克尔曾如此形象地比喻大学理念的演变，"'大学的理念'是把大学当做一个村庄，有着一批教士。'现代大学的理念'是把大学当做一个城镇——一个单一工业的城镇——有着一批知识寡头。'巨型大学的理念'是把大学当做一个变化无穷的城市"①。克尔所指的"大学的理念"是19世纪60年代由英国红衣主教纽曼所倡导的，认为大学是传播普遍知识的场所，培养良好公民并以此促进社会和谐发展是大学唯一的职能；"现代大学的理念"是20世纪30年代美国教育学家弗莱克斯纳对当时正发生着巨大变化的大学所进行的思考，认为科学研究和人才培养是大学两项独特的职能；"巨型大学的理念"是克尔20世纪70年代所提出的，他认为大学已发生巨大的转型。这三种大学理念，分别体现和反映了不同历史时期大学的特征和职能。

第一，培养人才是大学最基本的职能。知识发展是人类文明进步的重要标

---

① 克拉克·克尔. 大学之用 [M]. 高铦，高戈，汐汐，译. 北京：北京大学出版社，2008：23.

志，而人作为知识的载体必然要求接受教育，传承和发展知识；同时，一定社会的统治阶级也需要培养符合本阶级利益的人才，特别是高层次人才以维护其统治。因而，自大学产生之日起，就以培养社会高层次人才作为它存在的理由。培养高级专门人才是大学区别于其他教育组织和社会组织最本质的特征，其对社会所产生的作用是任何其他组织所不能替代的，是大学的根本职能或本质意义上的职能。

　　培养人才是中世纪大学的唯一职能，也是大学得以存在和发展的重要原因之一。如博洛尼亚大学造就了一批批出类拔萃的人才，丰富了西方文化，为人类播撒了科学的种子；11 世纪意大利北部萨莱诺大学是欧洲最早的医科大学，因为当时社会迫切需要医学人才，有志学医的青年便联合起来，和医生订立合同，规定学生学费和医师传艺的条件，进行知识交易；巴黎大学的前身是教会学校，主要为社会培养神职人员。因此，罗尔夫甚至认为，"严格说来，在 1800 年以前，大学主要从事的是职业教育，神学是为期望从事教职的人员提供的，它教人如何通过生活以拯救灵魂；而法学则迎合了人们处理世俗事务纠纷的需要；至于医学，自然是出于对健康的关注"①。正因为中世纪大学具有实用性和职业性，既培养掌握世俗知识的专门人才，又为教会培养专业神职人员，受到了世俗政权和教权的承认和重视，并能够因此获得多项特权。当然，我们不能忽视中世纪时期的大学还具有学术研究的功能，几乎每一所早期形态大学的形成都离不开某些学术大师的影响，追求真理、探究学问也成为学者集中于某些学术大师周围或学术中心的重要动因。然而，大学功能与大学职能存在着差异，大学职能更侧重于体现社会对大学的需求，在柏林大学理念确立并获得普遍承认之前，培养人才始终是大学唯一的职能，虽然古老大学客观存在着科学研究的功能，但这一功能并未被普遍认为是大学的基本职能。

　　"教会也好，国家也好，都不能不依靠大学的服务和它培养出来的人才生

---

① 谢安邦. 比较高等教育 [M]. 桂林：广西师范大学出版社，2002：32.

存发展。"① 无论社会如何发展演化，政权如何更迭，培养人才始终是大学最崇高的使命，最根本的特征。当然，在漫长的历史进程中，因生产力的发展，作为上层建筑的高等教育必然要求进行相应的调整，统治阶级所需人才的质量和规格也会发生一定的改变。围绕培养什么样的人才，如何培养人才等问题曾进行过激烈的争辩。18 世纪下半叶开始，欧洲社会发生了工业革命和相关政治运动，使掌握科学知识的精英逐渐取代掌握世俗知识的精英成为社会的主导，要求培养符合资产阶级利益的掌握相应科学知识的人才。而当时以牛津和剑桥为代表的英国大学固守传统，排斥科学教育。为满足新兴阶层的利益需求，英国创办了实施科学教育的相关大学和学院，以纽曼为代表的传统派极力批驳这种改革。然而，历史前进的步伐始终无法阻止，大学为社会培养掌握专门科学知识的人才成为不可逆转的潮流。

进入现代社会之后，人力资源日渐成为内生型经济增长的重要动因，"从最低的标准来讲，人力投资能产生很高的经济效益；从最高的原则来讲，人力投资是国家对人民应负的道义责任"②。不同国家和地区往往将经济发展和民族振兴诉诸高等教育的改革。值得注意的是，提高人才培养质量不仅能产生直接的经济效益，同时也是保障个人幸福的必要途径。个人素质主要包括知识、能力和德性三方面的内容，因功利主义价值观的影响，掌握科学理性知识在现代大学人才培养质量观中往往占据主导地位。随着后工业社会的到来，伦理道德问题日渐成为影响社会可持续发展的重要因素，提高大学生德性修养日益成为大学人才培养工作中的重中之重。英国教育学家阿什比曾将大学比喻成为生命有机体，认为所有大学都是遗传和环境的产物，而笔者认为培养人才是大学这一有机体所携带的最为稳固的基因，无论社会环境如何风云变幻，它始终是

① 伯顿·克拉克. 高等教育新论：多学科的研究 [M]. 王承绪，徐辉，郑继伟，等，译. 杭州：浙江教育出版社，2001：31.
② 阿什比. 科技发达时代的大学教育 [M]. 滕大春，滕大生，译. 北京：人民教育出版社，1983：22.

大学最为基本的职能。

第二，科学研究是现代大学的重要职能。19 世纪初期，德国在反法战争中溃败，学者费希特呼吁振兴教育和人文，通过精神力量来弥补物质损失，他的建议得到当时统治者腓特烈·威廉三世的支持，遂任命威廉·冯·洪堡为内政部文化及教育司司长，创办了柏林大学，而费希特则出任柏林大学的校长。洪堡开创性地提出了"教学与科研相统一""学术自由"等新型办学理念并努力践行。德国大学从此成为科学家和科学研究成果的摇篮，对于推动科学进步和德国的迅速崛起产生了巨大的影响。当时，时逢工业革命的兴盛时期，急需科学的发展促进经济社会的进步。因此，柏林大学的办学理念与社会现实需求相契合，迅速成为欧洲其他国家及大学效仿的对象，大学也成为科学研究的中心。

倡导在大学进行纯粹的科学研究，不仅是人才培养的重要措施，而且对于科学技术和经济的发展具有巨大而直接的促进作用。20 世纪 30 年代，美国学者弗莱克斯纳对于当时高等教育所发生的巨大变革进行了理性的思考，为区别于纽曼所提出的大学理念，他将自己的观点称为"现代大学的理念"。他认为大学职能包括四方面的内容："保存知识和观念、解释知识和观念、追求真理、训练学生以'继承事业'。"[1] 这四项工作中，"比起发展知识、高层次训练和批判性地确立行为价值观的工作，保存知识的工作注定是从属性的"[2]。弗莱克斯纳认为学术研究是时代赋予大学的使命，这项工作不仅缘于学者纯粹求知欲望的满足，也是社会摆脱现实困境的需要。"'伟大的社会'想要并且必须理解自身——部分出于纯粹的好奇之心，部分是因为人类现在处于一种困境，非获得更多知识不能自拔。"[3]

---

① 亚伯拉罕·弗莱克斯纳. 现代大学论：美英德大学研究 [M]. 徐辉，陈晓菲，译. 杭州：浙江教育出版社，2001：4.

② 亚伯拉罕·弗莱克斯纳. 现代大学论：美英德大学研究 [M]. 徐辉，陈晓菲，译. 杭州：浙江教育出版社，2001：6.

③ 亚伯拉罕·弗莱克斯纳. 现代大学论：美英德大学研究 [M]. 徐辉，陈晓菲，译. 杭州：浙江教育出版社，2001：7.

虽然柏林大学办学模式的确立和推广，极大地促进了近代科学的进步，并间接地满足了现实经济发展迫切需要科学理论指导的需要，但洪堡所倡导的科研目的是完善理性，是人们对知识和真理非功利性的追求。弗莱克斯纳在一定程度上也是这一观点的拥护者，虽然大学通过科学研究可以为某些现实问题的解决提供理论支撑，但总体而言"大学不是风向标，不能什么流行就迎合什么。大学应不断满足社会的需要，而不是它的欲望"①。因而，大学与社会之间必须存在一定的距离以保持其理性，甚至要求大学远离现实生活的中心。然而，随着社会的发展和科技的进步，政治经济的发展越来越依赖于大学，大学逐渐由社会的边缘走向社会中心，特别是"在后工业社会里，大学成了轴心机构，这不仅是从培养知识精英的这一意义上说，而且是从为整个社会提供知识的意义上说"②。大学履行科学研究的职能，不仅直接为政府、企业等社会组织提供知识服务，还为社会培养具备一定科研素养的人才。科学研究成为大学的重要任务，特别是在研究型大学，科学研究甚至成为大学保持其活力的关键。

第三，服务社会是现代大学职能的拓展和延伸。阿什比认为19世纪的大学理念是英、德、美的混血儿，③大学理念的形成和发展是传统与环境共同作用的结果，顺应时代需求的变化又努力地维系传统。在柏林大学的办学理念逐渐影响其他欧洲国家和美国时，纽曼极力维护英国古典人文主义教育传统，批判教育职业化和专门化，反对在大学进行纯粹的科学研究；而正当柏林大学所倡导的科研理念和模式为欧美大学纷纷效仿时，服务社会的大学理念又开始在美国孕育和发展。大学为社会服务的理念源于美国，1862年林肯总统颁布了《莫雷尔法案》，由联邦政府赠予土地，以其收入作为资金支持鼓励大学直接

① 亚伯拉罕·弗莱克斯纳. 现代大学论：美英德大学研究 [M]. 徐辉，陈晓菲，译. 杭州：浙江教育出版社，2001：3.
② 伯顿·克拉克. 高等教育新论：多学科的研究 [M]. 王承绪，徐辉，郑继伟，等，译. 杭州：浙江教育出版社，2001：47.
③ 阿什比. 科技发达时代的大学教育 [M]. 滕大春，滕大生，译. 北京：人民教育出版社，1983：19.

为社会服务，培养实用型人才，或直接为地方工农业的发展提供知识服务。此类大学逐渐成为所在州的智囊，极大地推动了地方经济的发展，其中尤以威斯康星大学成就斐然。这种大学直接服务于社会的精神亦被命名为"威斯康星思想"，服务社会也逐渐成为大学职能体系中重要的组成部分，这种理念迅速在美国推广，并受世界各国借鉴和发扬。

以牛津大学为代表的英国模式和以柏林大学为代表的德国模式所倡导的大学理念，在一定程度上都要求大学具备遗世独立的精神，与社会保持距离，传统大学以其深邃的眼光和冰冷的理性维系其权威。直接服务于社会是大学对外界环境的有效回应，在一定程度上是对大学传统理念的又一次超越，可以说美国对高等教育最大的贡献在于拆除了大学校园的围墙，国家的边界成为大学的边界，大学由社会的边缘真正地走向了社会的中心。这场变革对世界高等教育发展的影响如此深远，为世界各国大学竞相效仿。二战后，随着知识经济的到来，经济的发展越来越诉诸科学技术水平的提高，大学不可回避地成为国家战略不可或缺的重要组成部分，成为政治、经济和文化活动的直接参与者，大学逐渐由社会的边缘走向了社会的中心。大学职能体系逐步丰富的过程中，特别是市场经济的深入渗透，以及整个高等教育系统和大学组织内部官僚体制的深刻影响，大学日益成为兼具多重属性的庞大而复杂的组织机构。

高等教育作为上层建筑的组成部分受到经济基础的制约，社会发展水平越低，大学与社会的关系越为疏远。随着生产力水平的提高，科学技术的进步，大学与社会的关系更为密切，社会要求大学承担的职能就越多。培养人才、科学研究和社会服务是长期以来关于大学职能所形成的较为普遍的观点，然而，随着大学的发展，也有学者认为大学职能远不止于此。他们提出大学不能被动地满足社会需求，而应引领社会发展；也有学者认为发展知识是大学从事科学研究的目的和宗旨，大学还要注重知识的生产力转化，应具备知识转化的职能；还有学者认为在高等教育大众化的背景下，大学应积极促进学生就业，使学生能够真正学以致用，为社会服务的同时实现个体的幸福。但大学职能体系无论如何发展变化，其始终是建立在大学作为永久性知识组织和教育组织的基础之上，大学所有职能的发挥都以遵循大学自身发展逻辑为基础。

三、我国大学的道德责任

大学组织职能的履行和功能的实现以组织结构体系为载体和依托，大学组织行为与组织属性息息相关。美国学者伯顿·R. 克拉克是大学组织研究的集大成者，其学术思想对我国学界具有重要影响，他的代表作《高等教育系统——学术组织的跨国研究》"从组织的观点把高等教育系统看作由生产知识的群体构成的学术组织，从高等教育内部揭示高等教育本质特征，以工作、信念、权力三者为高等教育基本要素并据以分析高等教育运行的规律。他认为高等教育工作按学科和院校单位构成纵横交织的模式；高等教育的各个部门都有自己的规范和价值观，形成学术理念；又从工作组织及其伴随的信念产生各种权力关系。学科和院校单位通过国家、市场和学者的协调形成复杂的学术系统"①。高等教育系统尤为复杂，但究其本质而言，大学始终是集知识性和教育性于一体的学术系统，组织行为均以高深知识为工作材料，是永久的学术性组织和教育性组织。

（一）大学的组织特性

社会学家涂尔干曾说："很少能找到一种机构，既是那么统一，又是那么多样；无论它用什么伪装都可以认出；但是，没有一个地方，它和任何其他机构完全相同，这种统一性和多样性构成大学是中世纪生活的自发产物的最后证明；因为只有活的东西才能这样尽管充分保持它们的个性，同时使它们自己服从和适应形势和环境的全部变化。"② 统一又多样看似前后矛盾却精辟地指出

---

① 伯顿·R. 克拉克. 高等教育系统：学术组织的跨国研究 [M]. 王承绪，徐辉，殷企平，等，译. 杭州：杭州大学出版社，1994：1.

② 伯顿·R. 克拉克. 高等教育系统：学术组织的跨国研究 [M]. 王承绪，徐辉，殷企平，等，译. 杭州：杭州大学出版社，1994：扉页.

了大学组织的与众不同，即在一方面高度一致，另一方面又变化多端。本世纪初，我国学者开始对高等学校组织特征进行较为深入的研究，如姚启和在《高等教育管理学》中从四方面进行了归纳：第一，组织管理的多目标性；第二，松散连接的组织系统；第三，若干专业化知识集团的密集体；第四，具有学科和事业单位双重权力的矩阵结构。① 很显然，多目标性和松散连接体现了高等学校组织的普遍性特征，而学科和事业单位双重权力矩阵结构则是反映了我国高等学校组织的特殊性，结合我国高等教育实际进行了大学组织特征的分析和阐释。

作为遗传与环境的产物，大学总是通过变革以适应外界的变化，近年来，大学组织的特点也有了新的变化。第一，大学组织的复杂性：利益主体众多。包括个体和团体、正式组织和非正式组织、营利和非营利性组织等。第二，大学组织的自相似性：边界模糊与结构松散。为感知和适应外界环境的变化，大学与其他利益主体联系，交流和分享物质、信息、人才和知识，致使其组织边界趋于模糊，也导致了组织内部结构更为松散，进而在某种程度上消解了层级官僚权力的控制。第三，大学组织的整体性：相互信任依赖。教师、学生和行政人员在高等教育实践活动中逐渐形成了一致的价值观和行为准则；组织成员之间分工和合作更为密切；大学组织中存在承诺与信任的关系，极大地提高了高等教育运行的效率。第四，大学组织的学习性：创新能力提升。② 这些研究成果为我们分析大学组织的特征提供了重要借鉴。

可以从宏观和微观两个视角来把握我国大学的组织特征。首先，可以用"松散结合系统"或"有组织的无序状态"来概括大学组织的整体特征。"松散结合系统"是相对"紧密结合系统"而言，前者是指构成组织的各部分具有相对独立性和可分离性；而后者则是强调组织目标明确、技术路线清晰、决策及操作程序可预见。"有组织的无序状态"并不是说大学可以成为制度缺失

---

① 姚启和. 高等教育管理学 [M]. 武汉：华中科技大学出版社，2000：188-192.
② 赵彦志，周守亮. 网络视域下的大学组织特征与治理机制 [J]. 教育研究，2013，34（12）：84.

的权力真空，而是大学作为独特的组织在制度建设上的合理化体现。大学的权力机构不是一种单一的权力等级制，而是一个由教师、管理人员、学生和校友等共同构成的权力共同体。在我国的大学，从来就不缺乏规章制度，缺乏的正是学术至上、学术自由、兼容并包、大学自治的制度安排和组织文化，以及学术权力与行政权力制约与抗衡的力量。而这正是大学不同于一般性社会机构的独特之处。① 其次，大学组织具有异质多元的特征。从组织成员的构成来看，既有教师、学生作为教育者和教育对象在社会地位、价值观念、行为方式等方面的差异，也有教学科研人员和行政管理人员在行为目标和行为方式上的不同，等等。因此，大学组织是具有异质结构的组织。同时，我国大学在独特的体制环境下发展演进，形成了更为多元的组织特性，既分享了学术组织的普遍性，"又可以看成是行政组织、政治组织或经济组织，是具有多种组织特性的混合组织。具体表现为我国大学在院系、所、中心等学术机构之外，还设置了数量庞大的行政机构、党务机构和企业机构，这些机构的职责并不完全服务学术。大学在履行学术使命的同时，还要履行政治的、行政的和经济的使命。这就使大学在学术价值之外，还要追求政治价值、行政价值和经济价值"②。

其次，可以从要素、结构、文化和权力等方面来认识大学组织的内部特征。第一，从构成大学组织的要素看，包括工作、信念和权力。从工作要素看，大学组织以知识为基本材料进行劳动分工，形成了学科与院校纵横交叉的结构模式；从信念看，以"学术自由""大学自治"为核心的行为规范和价值观激发大学组织的活力，并支配大学组织的行为；从权力看，大学组织普遍存在学术权力和行政权力并存的模式。第二，从大学组织的结构看，体现为矩阵结构。在高等教育系统内部形成了学科和院校两种组织模式交叉的总体矩阵。由于教学与科研的基本材料都是处于已知与未知交界处的高深知识，具有较强的专业性，大学组织的工作具有较大的自由空间，主要依靠内在规则组织行

① 季诚钧. 大学属性与结构的组织学分析 [M]. 北京：人民教育出版社，2006：64.
② 别敦荣. 大学组织文化的内涵与建设路径 [J]. 现代教育管理，2020（1）：1.

为，同时，组织成员对于影响他们工作的相关决策的制定具有较强参与意识。第三，从大学组织的文化来看，学术自由与大学自治是最为核心的价值观。大学文化是在长期的发展过程中积淀而成的，学术性是大学组织区别于其他社会组织最为本质的特征，教学、科研均围绕知识探索和真理追求而展开，使学术自由和大学自治成为大学组织规则体系的基石。第四，从大学组织的权力结构看，体现为行政权力与学术权力的二元结构。所谓行政权力，主要是指大学组织依靠法律、社会要求及学校规章等强制性手段形成的影响和支配大学内部人员和机构的权力形式。所谓学术权力，是指由在教学、科研领域有较强影响力的教授团体，在从事学术研究相关活动中形成的影响他人或组织行为的权力形式。行政权力是一种自上而下的等级森严的结构体系，而学术权力主要扎根于学科和专业。① 第五，从大学组织的管理来看，以自治和民主为价值指向。大学是知识分子的聚集地，也是培养未来知识分子的摇篮，大学教师和学生所从事的工作是具有较强专业性的智力活动，大学组织具有较强的自我管理和自我发展能力。因而，在高等教育实践运行中，要高度尊重大学教师的自主性和能动性，尤其是在制定和执行组织制度的过程中应充分体现自治和民主的理念。

（二）大学的组织属性及其道德责任

自诞生之日起，大学就是由教师和学生组成的行会组织，发现知识和传递知识是大学组织的本原性活动。随着社会的发展，大学职能不断拓展，通过知识创新和培养高级专门人才为社会提供服务。但无论如何，大学由社会边缘走向社会中心，逐渐成为知识经济时代的"社会轴心机构"，其组织职能的拓展和延伸，都必须以本原性活动为依托，离开知识传递和知识创新，大学就犹如无源之水和无本之木。从历时性视角看，无论大学组织如何变革演化，"大学的这些本原性活动都是伦理性的，无论是这些活动的目的、进行过程还是结果都涉及对与错、好与坏，因此承担着道德责任"②。因而，大学的组织属性和

---

① 季诚钧. 大学属性与结构的组织学分析 [M]. 北京：人民教育出版社，2006：69-70.
② 王向华. 论大学的道德责任 [J]. 教育研究，2018，39（1）：53.

组织特性，决定其组织行为必然产生一定的道德后果。同时，大学组织承担相应的道德责任，也是确保其组织职能得以履行和组织目标最终实现的必要保障。

大学组织的学术属性及学术活动的道德性。"大学者，研究高深学问者也。"大学自产生之日起，就是以知识性为核心特征的组织机构。随着知识的分化与整合，又出现了学科建制，进而形成了系、所、学院等内部的组织结构。"在教授和教师的许多特殊活动中，我们可以找到的共同内容就是知识操作，只是发现、保存、提炼、传授和应用知识的工作组合形式有所不同罢了。如果说木匠的工作就是手拿榔头敲打钉子的话，那么教授的工作就是围绕一组一般的或特殊的知识，寻找方式扩大它或把它传授给他人。不管我们的定义是广义还是狭义的，知识就是材料，研究和教学是主要的技术。"① 知识性是大学组织区别于其他社会组织的本质特征，也是大学存在和发展的基础。知识是认识主体对客观世界规律的把握，发现知识就是主观与客观相互沟通并达成共识的过程。高深知识处于已知与未知交界处，具有较强的专业性，这决定了高深知识的发现和传递唯有大学组织方可完成。发现和传递高深知识既是大学的首要责任，也是大学的立身之本。古往今来，追求真理与崇尚道德总是密切相连的，由大学教师和学生所构成的学者群体对真理的探究与对道德的追求是相伴相随的。譬如，古希腊哲学家苏格拉底即认为学习从本质上来讲就是道德活动，通过学习来"关心你自己"，其中，"认识你自己"就是"关心你自己"的重要环节。同时，他还提出"不经过考察的生活是不值得过的"，其实也是提醒人们要自觉地去过理性的生活，实现自身灵魂的完善。无独有偶，我国儒家学说的集大成者孔子也曾说"古之学者为己，今之学者为人"（《论语·宪问》），这里所讲的"为己"并不是指自身物质利益，而是指自身人格的完善，即道德活动。进入现代社会，人们探究真理与完善德性依然唇齿相依。成

---

① 伯顿·R. 克拉克. 高等教育系统：学术组织的跨国研究 [M]. 王承绪，徐辉，殷企平，等，译. 杭州：杭州大学出版社，1994：12.

长过程中，人们为了更好地融入社会，接受系统正规的学校教育；为了推动人类文明繁荣与发展，人们又不断拓展知识的版图，在努力提高物质生活水平的同时，追求德性的完善。因此，高深知识的传递和拓展并非终极追求，而是在教学与研究的过程中遵循理性、完善人格，进而为人类谋福祉。总而言之，学术性是大学组织的本质属性，追求真理的过程以崇德向善为价值指向，道德性浸润于大学组织的学术性活动之中。

大学组织的教育属性及教学活动的道德性。"高等教育属于教育范畴，是教育的一个阶段，因而高等教育和教育有着共同的本质属性和规律。"[①] 大学是实施高等教育的社会组织，培养高级专门人才是大学的立身之本，教育性同属大学组织之本质属性。"教育活动不是一种价值无涉的活动，而是一种广受价值左右的活动。教育从不在道德上保持中立"[②]，教育作为培养人的活动，本质亦为道德实践活动。教育具有明确的价值导向性，通过知识的传递引导人从理性上正确地认知和把握人与自然、人与人、人与社会的关系，在进行事实判断的过程中锤炼价值判断的能力，自觉遵循自然法则和社会规范，成为既符合社会发展需要也符合个人发展需要的道德的人。因而，道德性根植于教育实践当中。高等教育实践活动具有明确的价值取向，其道德性也是根深蒂固。

对于社会整体而言，教育是一项关乎国家和民族的社会事业。习近平总书记在全国教育大会上指出："教育是民族振兴、社会进步的基石，是功在当代、利在千秋的德政工程，对提高人民综合素质、促进人的全面发展、增强中华民族创新创造活力、实现中华民族伟大复兴具有决定性意义。"[③] 培养德智体美全面发展的人是教育的目标和使命，"德"在人才素质的构成中始终居于首位，教育也是以培养德才兼备的人实现对国家发展和民族振兴的价值和意义。因此，无论是从学术性属性还是教育性属性，抑或作为关于国家和民族的

① 潘懋元. 新编高等教育学 [M]. 北京：北京师范大学出版社，2009：5.
② 黄向阳. 德育原理 [M]. 上海：华东师范大学出版社，2000：30.
③ 教育部课题组. 深入学习习近平关于教育的重要论述 [M]. 北京：人民出版社，2019：15.

社会事业，道德性已经深深地根植于大学组织之灵魂，渗透大学组织所从事的科研、教学和服务等实践活动当中。

值得注意的是，即便学者认为群体具有"天然缺陷"而不能成为道德责任的主体，但他们并不否认群体对于个体道德的影响，尤其是在学校这种制度化的特殊群体中，群体自身是道德优异还是道德平庸直接决定其对群体中个体的道德影响。如高德胜提出："在好人是如何变坏的社会学研究与道德恶的伦理学研究中，都发现了群体的影子。指引个人不因群体的压力或诱惑而失去道德坚守，应该是道德教育的一个新课题。"[①] 正因如此，从组织的视角对学校进行伦理审视，是应对当前组织对个体的异化及个体对组织的盲从等组织伦理异化的客观要求。大学虽然是学制体系的最高阶段，但以大学为主体实施的高等教育对大学组织成员个体德性的养成依然具有突出重要的作用。"一个道德优异的群体当然比一个道德低下的群体对群体成员的影响更加正面，作为教育机构的学校，是制度化的群体。学校自身的道德优异，起码具有两个功能，即道德环境功能与道德教育功能。学校的道德优异，为个体，尤其是学生的道德发展提供了一个适宜的道德环境条件，是学校道德发展的支撑力量。不仅如此，道德优异的学校，本身就是一种道德力量，即通过自己的道德优异，给学生以潜移默化的道德教育。"[②]

总而言之，作为社会轴心机构的大学，以崇德向善为价值旨归，承担道德责任是大学组织行为的客观必然。在长期的发展演进中，现代大学已具备了承担道德责任的主客观条件。"大学作为一种组织，是典型的联合性集体。一是大学具备一系列的组织机制，有一套针对个人的强制性行为标准。二是大学机构有一个可以确认的道德主体，它能做出决策并付诸群体性行动。这些决策是群体通过符合理性的群体意向或群体选择自觉地做出来的。大学能够做出和集体责任相关的行动和意向，因为大学机构内部成员具有共同的利益或需要，他

① 高德胜. 道德教育的"群体课题"[J]. 教育研究与实验, 2019 (1): 1.
② 高德胜. 道德教育的"群体课题"[J]. 教育研究与实验, 2019 (1): 1.

们追求的是共同的目标。三是大学所从事的活动能够导致积极或消极的道德结果。由此我们可以看出，大学具备承担道德责任的集体的特征，能够作为集体主体来承担道德责任。"① 一方面，现代大学不仅具有明确的组织目标，也有规范化和制度化的组织结构，还在长期发展中形成了组织成员约定俗成、共识共享的组织文化。同时，现代大学已经具有属于自身的意向性结构，其行动在集体水平上是直接来自集体的意图。"大学组织中有着普遍的价值关系，即存在者利益。大学是教师、学生、管理人员之间以及其他相关利益主体相互依存的共同体，其利益的彰显是大学组织价值选择的直接的、自觉的基础，也可以作为大学组织价值选择的目的。大学作为主体总是把利益作为衡量自己与他者关系的一个尺度，并以此进行道德选择。"② 另一方面，知识经济时代的大学组织行为必然产生积极或消极的道德结果。"大学可以利用自己的自治地位，针对未来社会的各种重大伦理和科学问题展开辩论，还可以同教育系统的其他部分建立联系，向成人提供重新学习的机会，并作为研究、丰富和保护文化的中心发挥作用。"③ 因此，大学的组织特性和组织属性决定着现代大学成为道德责任主体即为客观必然，而组织化和现代化的大学也具备了承担道德责任的主客观条件。

（三）立德树人：中国特色社会主义大学的根本任务

党的十八大以来，以习近平同志为核心的党中央对我国教育改革发展形成了一系列新理念新思想新观点，习近平总书记在全国教育大会上明确指出，"要坚持扎根中国大地办教育。这是对教育事业规律性的深化认识，更是引领我国教育事业发展，办好中国特色社会主义教育的'指南针''定星盘'"④。高等教育必须有适宜的土壤和环境。植根于独特历史文化、制度环境的中国特

① 王向华. 论大学的道德责任 [J]. 教育研究，2018，39（1）：52.
② 张红峰. 大学组织变革中的博弈分析：利益、选择与均衡 [M]. 北京：教育科学出版社，2015：87.
③ 联合国教科文组织. 教育：财富蕴藏其中 [M]. 北京：教育科学出版社，1996：124.
④ 教育部课题组. 深入学习习近平关于教育的重要论述 [M]. 北京：人民出版社，2019：82.

色社会主义大学，具有与西方大学不同的内在逻辑和生成规律。中国特色社会主义大学分享着大学组织的普遍属性，兼具学术性和教育性，履行知识传授、科学研究和服务社会等大学组织的基本职能。但与此同时，中国特色社会主义大学也遵循特殊的规律与逻辑，在组织目标上旗帜鲜明地将"立德树人"作为教育的根本任务和人才培养的核心环节。"立德树人"作为高等教育的立身之本，"事关中国特色社会主义大学的性质，事关中国高等教育发展的方向和人才培养的目标。中国特色社会主义大学为社会主义事业的蓬勃发展提供了源源不断的建设者和接班人，为我国实现创新驱动战略、高等教育强国战略提供了重要的人才支持；社会主义事业的总体布局也为中国的大学指明了目标和方向"①。

中国特色社会主义大学同其他国家的大学一样，代表着国家的发展水平和发展潜力，肩负着培养高级专门人才的神圣使命。同时，中国特色社会主义大学也遵循着自身的逻辑和价值规则体系：始终坚持以马克思主义为指导，始终坚持中国共产党的领导，始终坚持社会主义的办学方向，培育和践行社会主义核心价值观，为社会主义培养合格建设者和可靠接班人。因此，中国特色社会主义大学不仅是学术共同体、教育共同体，也是德育共同体。大学组织肩负着"立德树人"的根本任务，在新的历史阶段以培养时代新人为己任。

"立德树人"是中国共产党作为高等教育最为核心的治理主体对教育提出的明确要求，科学回答了教育的根本问题，即"培养什么人，怎样培养人，为谁培养人"。追本溯源，"立德树人"教育思想是中国共产党对中华民族传统教育思想的继承和弘扬，也是对马克思主义关于人的自由全面发展思想的创新和发展。在新的历史条件下，以习近平同志为核心的党中央围绕"立德树人"提出系列新思想新观点新论断，党的十八大旗帜鲜明地将"立德树人"确立为我国教育的根本任务。党的十九大再次强调："全面贯彻党的教育方

---

① 任少波，吕成祯. 德育共同体：中国特色社会主义大学的新认知 [J]. 浙江大学学报（人文社会科学版），2019，49（5）：6.

针，落实立德树人根本任务，发展素质教育，推进教育公平，培养德智体美全面发展的社会主义建设者和接班人。"[①] 2018 年 9 月 10 日，习近平总书记又在全国教育大会上明确了立德树人工作的要求和努力方向，明确了要将立德树人融入教育各环节各领域，要始终围绕立德树人来设计体系，培养德智体美劳全面发展的社会主义建设者和接班人。2019 年 2 月 23 日，中共中央办公厅、国务院办公厅印发《加快推进教育现代化实施方案（2018—2022 年）》，正式提出"实施新时代立德树人工程"，将其作为推进教育现代化的十项重点任务之一。在新的发展阶段，立德树人已经成为全面建设社会主义现代化强国战略在教育领域的具体目标。

实施立德树人工程，需要我们了解"立德"与"树人"之逻辑关系，还应深刻把握"立德"之"德"的内在张力。在中国传统文化中，始终传承着"立身先立德"的教育逻辑，及"以德率才"的人才培养逻辑。"立德"是"立身"的前提和基础，只有恪守德行才能承担相应的社会角色，才能够安身立命，进而实现自身的社会价值和个体价值。鉴于此，我国遵循高等教育规律和人才培养规律为社会培养高级专门人才，在人才素质的培育和评价上应"以德为先"，明确"立德"为"树人"的前提和基础。同时，"立德"之"德"包括"私德""公德"和"大德"，且三者之间关系尤为密切。"家本位"的观念在我国传统社会长期居于主导地位，社会关系被视为伦理关系的映射，处理伦理关系得当才能在社会上获得信任与尊重。正因如此，在道德评价的过程中，也遵循着私德外推的逻辑，这两种价值逻辑体现在立德树人上则为"明大德，守公德，严私德"。人们较为普遍地认为只有践行私德，才能明大德，守公德。在我国本土语境中，"'德'有着作为人与人之间关系尺度的独特内涵，以及规约人思想行为的内在力量。它使'立身先立德'成为了当今青年成长成才的逻辑遵循，并在社会关系网络由近及远、由紧及松、由家及

[①] 习近平. 决胜全面建成小康社会 夺取新时代中国特色社会主义伟大胜利：在中国共产党第十九次全国代表大会上的报告 [N]. 人民日报, 2017-10-28.

国的分布模式中产生了私德—公德—大德的道德关系维度，缔结了情—理—义的道德精神内核，形成了严私德—守公德—明大德的道德要求"①。大学组织作为高等教育的实施主体，应以习近平关于教育的重要论述为指导，遵循青年学生成长成才规律，引导大学生培育和践行社会主义核心价值观，方可实现立德树人的培养目标。

中国特色社会主义大学从来就有明确的价值导向，以培养"明大德，守公德，严私德"的社会主义合格建设者和可靠接班人为己任。它不仅是学术共同体、学习共同体，还是德育共同体。有学者指出，在中国特色社会主义大学这个德育共同体中，"共同善是个体在自我建构、集体协同基础上产生的，是基于个体善主动生成、同频共振而形成的善的'最大公约数'。由此可见，个体善和共同善是和谐统一的。社会主义核心价值观所倡导的自由、平等、公正等理念，正是个体所追求的价值目标和集中体现，同时社会主义核心价值观也为个体美德的形成和实现提供了良好养分。因此，只有以共同善为目标的德育共同体才能真正培育大学生的个人美德，也只有保证德育共同体的价值目标导向于共同善，才能使德育共同体内部各要素实现相对稳定和良性运转"②。社会主义核心价值观应渗透于大学组织的文化价值理念，在高等教育实践中引导个体分享组织文化并遵循大学组织的规则体系，实现共同善与个体善之间的良性互动。

大学道德责任的履行不仅需要组织成员个体的努力，更需要组织内部各部门的相互协同。第一，坚定目标，实现组织协同。一方面，以人才培养目标为共同愿景，凝聚共识，奠定思想基础；另一方面，根据组织成员个体和组织内部不同群体的实际情况分解目标，如教师和行政管理人员都以培养人为共同愿景，但他们在大学组织内部分工截然不同，大学教师主要从事教学科研，而行

---

① 姚菁菁，张澍军. 论立德树人之"德"的内在规定与外在张力 [J]. 思想教育研究，2021，49（5）：129.
② 任少波，吕成祯. 德育共同体：中国特色社会主义大学的新认知 [J]. 浙江大学学报（人文社会科学版），2019，49（5）：6.

政管理人员则负责资源配置和秩序维系，唯有通过目标分解方可真正实现目标。第二，明确组织内部各系统的职责，各司其职。第三，优化沟通，促进组织协同。信息沟通渠道是否畅通，直接关系到大学组织各部门能否同心同向，关系到教育教学等实践活动的成效。第四，加强理论研究，提供思想指导。大学组织结构复杂、规模庞大，如何从组织的视角来解决大学主体对道德责任的承担还需要进行深入且系统的理论研究，并有效地将其转化为可资借鉴的成果。第五，优化支撑体系，加强政府在政策和资金方面的支持，以公共意志为纽带获得更为广泛的社会支持。[①]

第三节　组织伦理：我国大学诚信建设的研究视角

我国学界关于大学诚信的研究始于世纪之交。由于抄袭、剽窃、造假等学术不端行为屡见报端，科研诚信饱受诟病；同时，代考、就业率灌水等诚信失范现象也频繁地在大学校园发生，昔日的"象牙塔"遭遇前所未有的信任危机，引发人们从多学科视角对大学诚信进行研究。最初，研究者们主要聚焦于大学生群体，着力于剖析论文抄袭、代考等大学生诚信失范的成因，并从教育视角提出解决策略。随着越来越多教师学术不端行为的曝光，大学面临着前所未有的声誉危机，个体德性、组织制度、社会环境等均为研究者所关注，从多角度剖析诸因素与学术不端行为产生的关联性。通过文献检索我们可以发现，目前关于大学诚信问题的研究主要是以大学教师和大学生作为主体，说明了学者们依然比较习惯以个人作为大学诚信问题研究的基础和出发点，将个体诚信作为大学诚信建设的着力点，追寻着从个体诚信到大学诚信的伦理建设路径，而疏于从组织伦理的视角来考察大学诚信问题。当然，随着组织学、组织行为学等学科知识在组织研究中的应用，越来越多的学者从组织层级视角对大

---

① 任少波，吕成祯. 德育共同体：中国特色社会主义大学的新认知 [J]. 浙江大学学报（人文社会科学版），2019，49（5）：9-10.

学进行研究，为本研究奠定了较为坚实的基础。在前文论述中已提到，学界关于组织伦理的研究始于人们对于组织能否成为道德责任主体的追问。这问题又引发了人们的系列思考，开始关注组织对组织成员的异化、组织成员对组织的盲从等组织病态学问题，从伦理视角对组织进行审视。王珏教授提出了较为系统的组织伦理理论框架："组织伦理是指组织的伦理，也即从伦理视角对组织进行研究。组织伦理将组织这一当代社会最常见的社会实体作为伦理研究对象，对组织进行伦理研究。"①

大学是实施高等教育的社会组织，在高度组织化和制度化进程中呈现出多重组织属性。大学诚信是大学组织在高等教育实践中的诚实守信，大学教师、大学生作为组织成员，其诚信行为的发生与大学组织的目标、制度和文化有着千丝万缕的联系。"组织文化包括制度文化、精神文化、物质文化、行为文化等不同的文化范畴，精神文化则是组织文化中最高层次的文化内涵，是组织文化的核心，对组织的思想和精神起统领和引导作用。从高等教育组织来看，大学作为学术组织，需要共同的价值观作为纽带，用以连接组织内的每一名成员。"② 价值是文化的基因，大学组织伦理规则体系从属于大学组织文化，在一定程度上影响和支配着大学组织成员的行为。高度组织化的现代大学已具有其自身独特的利益取向和价值追求。大学诚信失范成因的剖析，以及大学诚信伦理规则体系的构建，大学作为诚实守信的道德主体的形成等问题的解决都需要我们从组织层级的视角来进行探讨。

改革开放以来，我国高等教育驶入快车道，实现跨越式发展。"根据教育部发布的 2020 年全国教育事业统计数据，全国共有普通高校 2783 所，在学总规模 4183 万人，高等教育毛入学率 54.4%。全国普通本专科共招生 967.45 万人，在校生 3285.29 万人。招生研究生 110.66 万人，在学研究生 313.96 万

---

① 王珏. 组织伦理：现代性文明的道德哲学悖论及其转向 [M]. 北京：中国社会科学出版社，2008：65.
② 徐进，王珏. 大学生群体伦理行为的实证研究及其对高校德育的启示 [J]. 江苏高教，2021 (6)：103.

人。高等教育的普及化，对社会和经济发展提供人才储备，高等教育的毕业生成为支撑国家和社会发展的重要社会群体。"① 目前，高等教育已经进入普及化阶段，实现高质量发展已成为新时代赋予大学的新使命。十八大以来，"习近平总书记明确提出了'世界一流大学''办好中国的世界一流大学''办好中国特色社会主义大学'的战略任务"②，2015 年，国务院印发了《统筹推进世界一流大学和一流学科建设总体方案》。一流大学建设是长期而系统的工程，一流的大学离不开一流的大学文化，一流的大学文化离不开大学诚信。众所周知，诚信是学术伦理的核心，因而，大学诚信是大学作为学术性组织必须遵循的具有始基性的伦理规则。中国特色社会主义大学又肩负着培养社会主义合格建设者和可靠接班人的神圣职责，完成"立德树人"的根本任务，不仅要求我们遵循"以德率才"的人才培养逻辑，更要求大学组织作为实施高等教育的主体率先垂范，以大学的诚信精神培育人、滋养人，以大学的诚信规则约束人、教化人。然而，大学诚信实然与应然之间依然存在着较大的差距，从组织伦理的视角研究大学诚信问题是新的时代背景下赋予理论研究者和实践探索者的新课题。

"视角就是人们头脑中的一系列思想或假设，我们可以把视角想象成不同的透镜，我们通过每个透镜去观看，经由观察获得对问题的不同理解，或者发现一种有机的、割舍不断的联系。这种有机性可以体现在不同层次的呼应上，也可以反映在同一层次的相互渗透中。"③ 鉴于此，本研究试图突破大学诚信问题研究的既有范式，从组织伦理的视角对我国大学诚信问题进行研究，将大学组织纳入诚信研究视域，基于组织伦理理论框架，考察当前我国大学诚信的现状及其成因，并提出构建我国大学诚信规则体系、培育大学诚信精神的具体路径。

---

① 徐进，王珏. 大学生群体伦理行为的实证研究及其对高校德育的启示 [J]. 江苏高教，2021
　　(6)：103.
② 教育部课题组. 深入学习习近平关于教育的重要论述 [M]. 北京：人民出版社，2019：168.
③ 张红峰. 大学组织变革中的博弈分析：利益、选择与均衡 [M]. 北京：教育科学出版社，2015：9.

第二章　大学诚信概述：组织伦理的视角

　　大学诚信是诚信主体研究范围的拓展和延伸，既分享其他社会组织诚信的普遍性特征，也具有其自身特殊的属性；同时，大学诚信不是组织成员个体诚信的简单扩充，两者密切相关又互相区别。研究大学诚信的相关理论问题，必须认识和掌握诚信的基本内涵及其作用机制；同时，又应立足于大学组织这一视角，分析、鉴别大学组织的本质及其职能特征。大学组织具有学术性和教育性，决定了大学诚信"求真知"和"育真人"的本质，是大学组织诚信区别于其他社会组织诚信的根本所在。同时，这种本质又内在地规定着大学诚信的四重特征：在生成动机上具有超功利性，在作用机制上具有重自律性，从运行过程看具有易遮蔽性，从影响范围看具有强辐射性。根据大学组织总体运行逻辑，可以从理念、制度和实践三个层面来认识和理解大学诚信的内容结构。解决这些基本理论问题是本研究的起点，也是后续研究得以展开的关键。

第一节　诚信的基本内涵

　　从组织伦理视角研究我国大学诚信问题，是基于组织伦理的基本观点和理论框架对大学组织诚信进行分析和阐释。大学诚信以诚信为逻辑基点，是诚信问题研究在主体上的拓展和延伸，全面深入地把握诚信内涵是本研究的基石。现代诚信内涵既是对传统诚信的继承和发展，也是对西方诚信的借鉴和吸收，它存在于现代与传统、民族和世界关于诚信思想的冲突、融合之中。因而，把握诚信内涵需要追根溯源，探究中国传统文化和西方文化关于诚信的理解。同时，通过比较分析诚信与信用、信任和声誉等相关概念的关系，梳理诚信的作用机制。

一、诚信内涵的历史溯源

从词源学意义上来说，诚信是"诚"与"信"的辩证复合，简单理解即为诚实守信。但我们从事理论研究，必须从根源上探究诚信在中西方文化体系中的形成和演变，才能深入地理解诚信发生作用的范围及过程。在中西方伦理思想体系中，诚信是具有普遍指导意义的基准性伦理原则，是形成个体德性和社会道德规范的基石。从词源学意义上诚信经历了"诚""信"分立、两者互训以至"诚""信"合流整合为完整道德范畴的过程。

（一）中国传统诚信释义

中国传统儒家文化中，"诚"被上升至哲学本体的范畴。"诚身有道，不明乎善，不诚乎身矣。诚者，天之道也；诚之者，人之道也。"① "诚"是宇宙自然的本体特性，不以人的主观意志为转移，是万物存在的基础。而人则被视为天地之精华，天产生人的同时相应地将天性禀赋于人。然而，并不是所有人都能体悟这一真谛，只有圣人才能自然通天性，而凡人必须经过后天修养，至诚于"天理""天道"才能体悟天性，以"诚"贯通天人、实现天人合一。基于此，儒家提出了"诚明"两进之学，"自诚明，谓之性；自明诚，谓之教"，"聪明圣知达天德者"的圣人能做到"不勉而中，不思而得，从容中道"，完全拥有"诚"，实现人性与天道的自然合一；而凡人虽然也具有诚的本性，但往往受到私欲的影响不自知，必须通过"博学之，审问之，慎思之，明辨之，笃行之"②，不断修炼"诚"的德性，遵从天道、忠于天理，才能通天性，实现天人贯通。可见，"诚"在传统儒学思想体系中具有重要的意义和价值，是

---

① 礼记·中庸.

② 礼记·中庸.

宇宙的本体，是道德观念的来源和道德行为的根本，更是人提升自我、完善人性的动力。

"诚"不仅具有本体论意义，也是重要的道德德目，但其具体意涵的明确经历了长期的探索。我国古代典籍中，《易经》《周礼》《春秋》均未出现"诚"，《诗经》中虽有"诚"字，但仅作虚词使用，并无实意。《左传》文公十八年，曰"明允笃诚"，疏云"诚者，实也"，即真实、实在、不欺之意。这是关于诚的最早释义，但还不是作为具体的道德规范和道德要求，至朱熹提出"诚者，真实无妄之谓，天理之本然也""诚者，合内外之道，便是表里如一"①，对诚的理解才得到认同。意指诚就是真实无妄、诚实无欺。所谓"真实无妄"，是指诚就是客观存在的天理，天理蕴藏于人性之中，人应该忠实于自己的客观本性，祛除私心杂欲的干扰，实现主观道德意志与客观道德要求的统一；所谓"诚实无欺"，是指人要真实地对待自己和他人，不欺骗自己本心，做到言如其心，也要不欺骗他人，做到行如其言。可见，中国传统文化中"诚"的内涵非常丰富，作为哲学本体论意义的"天道之诚"有如宋明理学"理"的范畴。同时，"诚"也是重要的道德德目，可从如下三方面理解其意涵：第一，言如所思、心口相应，忠实于自己的内心，引申为诚实的道德品质；第二，言行一致，表里如一，真心诚意践行道德的信念；第三，虔诚、恭敬的态度和心理。

"信"最初意指祭祀时对鬼神的笃信和虔诚，后逐渐摆脱迷信色彩而成为传统伦理思想体系中最为重要的道德规范之一。孔子在《论语》中三十多次论及"信"，提出"人无信不立""民无信不立"。"信"是修身、立业、为政最基本的道德规范和道德要求。孟子提出"朋友有信"，认为"信"是处理五伦之一朋友关系必须遵循的道德规范。西汉董仲舒确立"三纲五常"，将"信"与"仁、义、礼、智"并列为"五常"，使"信"成为社会普遍的道德

① 朱子语类·卷二三.

规范。"信"的具体道德要求包括内在依据和外在表现两个方面。就内在依据而言，"它的核心内涵是真实无妄，即对某种信念、原则和语言出自内心的忠诚"①。正如班固所释："信者，诚也，专一不移也。"② 从外在表现来看则是遵守诺言，言行一致。"有所许诺，丝毫必偿；有所期约，时刻不移，所谓信也"③，概言之，"信"的含义主要有：一是言行一致、信守承诺的品德；二是信实的态度，执着追求的精神；三是修身、立业、治国之道；四是谨言慎行、遵守承诺的精神和态度。

"诚"与"信"虽然联系紧密、可以互训，但相较而言侧重点有所不同。正如朱熹所言："诚是自然底实，信是人做底实。"④ 具体而言，"诚"与"信"存在如下区别：其一，"诚"不仅是具体的道德德目，而且有本体论意义，"信"则始终是一个伦理学的概念；其二，两者的侧重点不同，"诚"意指"内诚于心"，具有较强的主观性，主要调节道德主体与其自身的关系，注重内在的德性修养和内源性道德自觉；"信"意指"外信于人"，它是"内诚"的外化，主要调节与他人及社会组织的关系，体现其客观性和外约性。虽然存在差异，但作为道德范畴，"诚"与"信"始终意义相近且相互依赖，进而整合为完整的道德范畴。查阅古代典籍，"诚信"通常意为人际关系中的诚实不欺、信守诺言。传统伦理思想体系中，诚信相较普通的道德德目具有普遍的指导意义，如《管子·枢言》曰："先王贵诚信，诚信者，天下之结也。"可见，诚信不仅是修身、立业、治国之本，也是人们从事一切社会实践活动必须遵循的基本道德原则和道德规范。

（二）西方诚信及其演变

在中西方传统文化中，诚信均是重要的道德德目，具有普遍指导意义，但

---

① 唐凯麟，张怀承. 成人与成圣：儒家伦理道德精粹 ［M］. 长沙：湖南大学出版社，1999：201.
② 白虎通·情性·论五性六情.
③ 袁氏世范.
④ 朱子语录·卷六.

由于历史背景不同，社会制度各异，对诚信的理解必然存在差异。就其产生的根源而言，中国传统文化主要认为其源于礼教，而西方主流文化则认为是出于功利；就诚信道德的作用机制而言，中国传统文化认为主要依靠自律机制，而西方传统文化则认为应制定相关制度法规形成他律机制。因而，中国传统诚信具有义务论和目的论特征；而西方传统诚信具有功利论和工具论意义。

从词源学看，诚信在拉丁文中表达为 Bona Fides。其中 Fides 为"已经做成"之义，后来转为"信"的意思。西塞罗用词源学意义把"Fide"解释为"行其所言谓之信"①，相当于中文的"言必信，行必果"。Bona 在拉丁文中是"好"的意思，与"Fides"合译为"良信"之义，英语表达为 good faith。因而，西方传统的"诚信"定义可以统一于西塞罗关于"信"的定义，表现为具体的道德现象则是"对承诺和协议的遵守和兑现"。若不履行或违背允诺之事，则是恶意行事。西方传统诚信的产生与契约社会的形成是密不可分的，为维护共同利益人们通过缔结契约组成社会，社会契约即为民主、平等和良好社会秩序的象征，践诺履约、信守诺言象征正义，违背契约则是违背了对社会的承诺。

基于此，西方社会对诚信的认识和研究也具有较强的工具理性，诚信不仅是契约社会得以持存维系的伦理规范，也是基本的法律原则，被视为民法的"帝王条款"。进入现代社会后，因社会诚信问题日渐突出，相关理论研究也延展到诸多领域，西方学者从不同视角阐释诚信意涵：第一，诚信是一种可量化考评的个人特质；第二，诚信是一种不等同于诚实、责任意识的道德行为，它是个体对合乎道德判断的系列规则和价值观在行为上的忠诚，而道德判断的核心成分是能够推动个体长期生存和使其作为理性个体更为幸福的规则和价值观；第三，诚信是关系的概念，单独的个体无法体现其诚信与否，它需要一定的社会关系为载体；诚信是相对的概念，意指个体在何种程度上满足了周围世

① 西塞罗. 论义务 [M]. 王焕生，译. 北京：中国政法大学出版社，1999：22-23.

界对他的合法期望；诚信是组织水平的概念，任何个体的诚信行为后果都表现为组织的结果和问题。①

二、诚信内涵的现代阐释

根据前文的分析，我们可以得知中国传统诚信属于哲学伦理学范畴，其基本思想为现代社会所继承和发扬。《现代汉语词典》对"诚信"的解释是："诚实，守信用。"② 据此理解，诚信仍然是基本的道德准则，尤其是经济交往中应该秉承的基本原则。然而，随着社会实践的发展，各领域的诚信问题不断凸显，单纯从伦理意义上理解诚信已不能满足理论研究和实践探索的需要，学者们开始从不同学科角度认识并研究诚信。

第一，从伦理学角度，诚信是一种道德品质和道德规范。诚信最初属于道德范畴，在中西方伦理思想体系中均居于重要地位。前文我们已探讨了中西方传统诚信思想的发展及演变，比较了中西方传统诚信的差异。诚信内涵在继承传统的基础上，与市场化、全球化相适应，与政治民主化、法制化相统一，与文化多元化及交往方式多样化相结合，内涵不断丰富和发展。一方面，表现为个人参与社会实践活动时具有的真诚无欺、实事求是的态度和信守诺言的行为品质；另一方面，也是"一种社会道德原则和规范，要求人们以求真务实的原则指导自己的行为，以知行合一的态度对待各项工作。在现代社会不仅指公民和法人之间的商业诚信，而且也包括建立在社会公正基础上的社会公共诚信，如制度诚信、国家诚信、政府诚信、企业诚信和组织诚信等"③。因而，现代社会的伦理诚信是个人与社会、心理与行为的辩证统一，本质上是信念伦理与责任伦理，目的论与工具论、道义论与责任论的辩证统一。

第二，从心理学角度，诚信是个体的一种人格特质。20 世纪后，关于诚

---

① 陈丽君，王重鸣. 中西方关于诚信的诠释及应用的异同与启示 [J]. 哲学研究，2002 (8)：35-40.
② 现代汉语词典 [M]. 北京：商务印书馆，2017：167.
③ 王泽应. 论诚信 [N]. 光明日报，2004-11-23.

信的研究逐渐由哲学和伦理学延伸至其他学科领域，其中心理学家是西方学界最先关注这一问题的群体，他们将诚信视为可以量化并进行客观评价的人格特质，随着研究的深入，其内涵日益充实和完善。在研究早期，学者们将诚信等同于诚实性，60—70 年代主要集中于"可信赖性"，90 年代后，发展到"责任意识"，当前则表现为责任心、长期的工作承诺、一致性、对暴力的遵从、道德推理、敌意、工作伦理、可靠性、动力水平等多重因素构成的动态系统。① 我国心理学界对诚信的研究还处于起步阶段，有学者从人格心理学角度界定诚信，提出"诚信是指个体在一定关系中所表现出的以诚实、信用、信任为核心的比较稳定的心理品质和行为倾向"②。人格诚信主要表现在三个层面：首先，待人以诚，获得信用；其次，取信于人；再次，信任他人。因而，可以从诚实、信用、责任和信任四个维度来考察个体诚信特质。

第三，从经济学的角度，诚信是一项基本的经济规律和经济原则。诸多中西方学者较早地意识到经济交往活动中诚实守信的重要意义，自古诚信在我国就被视为商业之道，我国晋商将其发挥到极致；西方学者曾指出遵守契约就是正义的表现，而现代经济学之父亚当·斯密也曾提出诚信是人们进入市场之前就应具备的道德品质。可见，诚信作为商业伦理的重要意义早已被普遍认可，德国学者邓伯格和恩德曼提出，诚实信用从本质上看是一种交易道德，它的根本作用在于使交易得到道德的保障。③ 现代市场经济中诚信首先表现为客观经济规律，其次才表现为伦理性质。诚信不仅是经济伦理的重要范畴，更是现代市场经济的客观规律和黄金规则。

第四，从社会学的角度，诚信是一种社会资本。诚信是除物质资本和人力资本外重要的社会资本，日裔美籍社会学家弗朗西斯·福山认为，信任是在一个社团之中，成员对彼此常态、诚实、合作行为的期待，基础就是社团成员共

① 吴继霞，黄希庭. 诚信心理学研究的理论思考 [J]. 西南大学学报（社会科学版），2010（6）：7.
② 吴继霞，黄希庭. 诚信心理学研究的理论思考 [J]. 西南大学学报（社会科学版），2010（6）：8.
③ 史尚宽. 债法总论 [M]. 台北：台湾荣泰印书馆，1978：320.

同拥有的规范，以及个体隶属于那个社团的角色。社会资本是由社会或社会的一部分普遍信任所产生的一种力量，它不仅存在于家庭这种最小、最基本的社会群体中，还体现在国家这个大的群体中，其他群体也同样体现这种社会资本。

第五，从法学角度，诚信是一项基本的法律原则。古罗马的诚信契约和诚信诉讼最先体现诚实信用原则。后来欧洲近代法继承了这一优良传统，使诚实信用原则成为规避和改造人们违法行为的法定义务和社会调控机制。至当代，诚实信用已作为市场经济的客观规律和黄金规则为人们共知。为满足社会发展需要，诚实信用逐渐成为处理特定社会关系时必须遵循的具有强制性的规范和要求。如在《中华人民共和国民法通则》的"基本原则"一章中，明确指出"民事活动应当遵循自愿、公平、等价有偿、诚实信用的原则"。作为法学范畴的诚信，是伦理诚信内涵的延伸，它是指"主体在经济活动中应本着诚实、信用、善意、和谐的态度，恪守诺言、诚实不欺，在不损害他人利益的前提下追求自己的利益，以及当事人和社会利益的平衡"①。

总而言之，诚信是具有普遍指导意义的道德范畴，它在一切社会领域产生作用和影响。不同学科对诚信内涵的界定在其原初意义的基础上融合了契约精神、理性精神、法治精神和终极人文关怀的精神。我们既可以将诚信理解为道德主体自觉自愿的伦理精神和自由自控的伦理行为；也可以将其理解为建立在价值共识和心理习惯基础上的普遍的社会行为规范、制度和准则。笔者认为可以从如下两方面理解现代社会诚信内涵：一是发源于主体内在的道德品质；二是具有普遍约束力的社会伦理规范，是社会共同体在实践交往中形成的普遍规范、制度和准则。前者是私人领域的德性要求，后者是对公共领域的规范要求。

---

① 赵爱玲. 当代中国政府诚信建设 [M]. 济南：山东人民出版社，2007：27.

三、相关概念辨析

现代诚信内涵非常丰富，发生作用尤为广泛。诚信在各领域发生作用的过程中，往往与信用、信任、信誉和声誉相互影响、相互制约、相互转化，形成了完整的诚信作用体系。梳理诚信及相关概念之间的关系，有利于理解和把握诚信的作用体系，为后继研究奠定基础。

（一）"诚信"与"信用""信任"

《辞海》对信用的解释包括三个方面的内容：第一，以诚信任用人；信任使用。第二，遵守诺言，实践成约，从而获得的信任。第三，价值运动的特殊形式。"信用"既是伦理学范畴，又是经济学范畴。伦理意义的信用基本上与诚信之"信"同义，诚信与信用联系紧密又相互区别：前者在道德要求上具有双重指向性，既指向主体自我，又指向客体他人，是道德主体内在品质与外在行为的统一，而信用则侧重于强调践诺履约的行为表现，这种行为产生的动机可能是内源性的也可能是外约性的；其次，诚信体现在道德主体的每一次精神交往与实践交往中，而信用往往需要对道德主体一定时期内在的诚信表现进行综合性的评价和判断，可以说信用是道德主体一定时期内在诚信方面表现出来的较为稳定的整体样态。正因如此，有学者提出："诚信属于主体之间交互行为与评价范畴，具体是指主体在同其他社会成员交往时，对其所履行的之前承诺的实际行为与其承诺的内容是否一致的评价。若主体的承诺与行为相一致，该主体就会被评价为诚信，否则评价为不诚信。"[①] 当诚信被理解为是主客体间的互动关系时，内在地包含着以践诺履约为核心要件的信用。当信用作为经济学范畴时，《大英百科全书》将其解释为："一方（债权人或贷款人）供应货币、商品、服务或有价证券，而另一方（债务人或借款人）在承诺的将来时间偿还的交易行为。"经济学领域的信用是指价值运动的特殊形式，是

---

① 熊达.论"诚信"的层次性及建设路径 [J]. 中国人民大学学报，2019，33（3）：112.

契约文明的产物，其维系与发展以市场主体诚实信用为前提，以建立在诚信基础上的相互信任为纽带。因而，经济意义上的信用以诚信为价值内核，是以市场主体信守诺言、实践成约为前提和基础，离开诚信，信用经济便成为空中楼阁。

伦理学对信任的解释为："社团成员对彼此诚实、合作行为的期待。表明主体（个人和集团）对他人或社会团体的可靠、忠实、诚意和正直具有坚定的信念，相信他人或集团的行为与承诺，对彼此没有怀疑。信任的对立面是不相信、猜忌、怀疑和戒备。信任产生于人们相互交往的伦理实践中，其基础是共同的事业与利益，以及相互理解、相互尊重与支持。"① 可见，信任是一种美德，可视为行为主体对未来的一种确定性预期，这种确定性预期的给予，以施信者对受信者德性和能力的肯定判断为前提，其中诚信是德性考量最基本的因素，是决定施信者是否给予信任的必要条件，但非充要条件。同时，诚信也有可能是信任的行为结果，施信者因为信任受信者，而相应地在交往中以诚待之。可见，信任具有双向互动性，其产生是一个动态的过程，是长期坚持诚信原则的一种资源获得。

社会学视域下的信任是复杂社会的简化机制，可降低监督和惩罚成本进而促进合作，是一种重要的社会资本，与一国经济的发展密不可分。日裔美籍社会学家福山在其著作《信任：社会美德与创造经济繁荣》中，将信任上升到决定一个国家经济繁荣和社会发展的高度。他认为社会信任度与经济发展水平和速度呈正相关，如意大利南部、中国、法国同属低信任度地区，因而经济发展缓慢。对于中国诚信资源缺乏的问题，德国社会学家马克思·韦伯也曾有同样的论断："儒教的君子只致力于外表的镇定，而不信任他人，就像他也不相信别人会信任他一样。这种怀疑一切的态度，妨碍了所有信用与商业的运作。反之，清教徒信任他人，尤其是在经济上信任他人。"② 韦伯认为信任或存在

---

① 朱贻庭. 伦理学大辞典［M］. 上海：上海辞书出版社，2002：44.
② 马克斯·韦伯. 儒教与道教［M］. 洪天富，译. 南京：江苏人民出版社，2003：193.

于血缘社区，或存在于信仰共同体内部，中国人的信任是建立在血缘关系基础上的特殊信任，难以实现普遍化。福山和韦伯的观点未免偏激，过分强调文化对经济的决定作用，对于中国属于低信任度国家的论断也过于笼统，但他们对传统中国诚信资源缺乏的原因分析却值得国人深思，也值得我们在研究中加以借鉴。

信任和信用往往被视为诚信内涵的扩展和延伸，部分学者在研究过程中也往往将诚信、信任和信用相互通用，但仔细探究，三者之间虽然联系密切却也存在差别。"诚实和信用属于被观察者的属性，而相信和信任属于主体"，就具体关系而言，"信用与信任互为表里：信用是名词，表达静态的属性，即可信任的；信任多为动词，出发点是主体，即判断对方有信用与否"①。诚信倾向于描述主体的道德心理和道德行为，而信用则往往用来表述客体对主体的道德评价，因而信用在一定程度上是诚信的一种行为结果；而且信用作为主体的道德评价，其依据并不是某一次道德行为，而是一定时期内根据观察对主体诚信方面表现出的稳定性特征所做的综合性评价。信用与信任在一定程度上是互为因果的关系，基于对道德对象信用属性的肯定性判断而产生信任的态度和心理，这种态度和心理又成为诚信的重要动因。总之，诚信、信任与信用相互关联、相互依赖、相互转化。只有在把握诚信、信用和信任的互动关系中研究诚信问题，才能更好地把握诚信内涵，并深入理解诚信发挥作用的内在机理。

（二）"诚信"与"信誉""声誉"

信誉是一个复合词，"信"意为诚实、信用；"誉"意为声誉、名誉。"与信用一样，信誉这个概念也是用于表达个人或团体在诚信方面所表现出来的稳定性特征，因而都是诚信的重复性积累。"② 可以说信誉是以信用为基础而形成的社会声誉和抽象价值，是对组织或个体（主要是组织）较长时期内的信用状况及其信用抽象价值所给予的综合性评价。信誉与信用在诚信体系中相互

---

① 郑也夫. 信任论［M］. 北京：中国广播电视出版社，2001：8-9.
② 王良. 社会诚信论［M］. 北京：中共中央党校出版社，2003：13.

作用、相互联系，但也相互区别：信誉的形成虽然需要较长时间的积累，但更为牢固持久；信用主要针对相互作用的交往双方，而信誉则是一定社会领域或整个社会环境中的组织和个体，在社会实践活动中始终坚持其责任感、诚实、可靠、公平等基本价值观，而赢得的良好口碑和社会认可度；信誉更着眼于长期利益和精神荣誉的获得，为维护信誉，能更坚定地遵循道德立场和道德原则。在商业领域中，信誉被视为企业的无形资产和精神财富，学者们进行了大量关于信誉管理的研究。如张维迎提出信誉发挥作用必须具备四个条件：第一，必须是重复的、长期的交易关系；第二，当事人要有足够的耐心，没有耐心的人不可能有长期行为，所以你是没办法信任他的；第三，信息传输的速度要足够快，也就是说不合作的行为能够被很快地发现；第四，受害的一方有积极性和可能性对不讲信用的企业、个人施加惩罚。① 关于信誉的研究主要集中在经济领域，但这些研究成果对于非营利性组织的发展和完善同样具有重要的借鉴意义。

　　声誉即声望、名誉。声誉与信任密切相关，社会学家认为信任是复杂社会的一种简化机制，而声誉则是信任体系中的重要组成部分，"是一个人、一个组织、一个机构的浓缩的历史……声誉简化了'过去'，成为过去与信任之间的媒介。从这个意义上说，声誉仍然是'过去—信任'的心理机制"②。信息在复杂社会中往往无法完全获得，对组织或个体进行客观公正的评价，声誉往往起到非常重要的作用。好的声誉能赢得信任并促进合作，而坏的声誉则能让信任减弱并阻碍合作。此外，声誉不同于诚信、信用、信任，它是在一定范围内社会公众对某行为主体所形成的共识，是一种综合性的事实判断而非价值判断。在诚信体系中，诚实、信用、信誉往往能赢得信任，从而在社会从众心理的影响下形成良好声誉，而良好声誉的获得又容易获取更多的信任并促成合作。可以说，好的声誉是无形资产，是个体或组织实现长远发展的必备条件，

① 张维迎. 信息、信任与法律 [M]. 北京：生活·读书·新知三联书店，2003：9-10.
② 郑也夫. 信任论 [M]. 北京：中国广播电视出版社，2001：108.

必然要求行为主体具有更自觉的道德意识和更为坚定的道德意志。

　　综上所述，一方面，诚信是信用和信任的前提，信任和信誉是诚信的结果，较高的社会信任度和信誉赢得积极的社会评价并形成社会共识，为树立良好的社会声誉奠定坚实的基础；另一方面，为维护社会声誉必然要求行为主体克服困难和诱惑，遵循基本的道德规范。正确认识诚信体系内部诚信、信用、信誉和声誉之间的互动关系，可以更好地理解和认识诚信发生作用的程度和范围。

第二节　大学诚信的内涵与本质

　　大学诚信是从整体上考察大学的诚信状况，是大学在内外活动中所体现出来的诚信意识和诚信行为，以及社会公众对大学所形成的诚信评价。简言之，大学诚信是大学组织及其成员在高等教育实践活动中的诚实守信。基于前文对诚信概念的理解，可以从两方面对大学诚信进行如下定性：第一，大学诚信是一种内在的美德，是关涉大学理念和德性的范畴；第二，大学诚信是一种行为规范和行为准则，是对大学组织及其成员所提出的制度性规范和专业性要求。大学诚信作为美德，如同信仰、期待和感觉植根于大学文化和大学理念当中；作为行为规范和准则，则是概念性的制度或被规范的制度。

一、大学诚信的内涵

　　无论是作为组织德性、价值倾向和理论信仰的大学诚信，还是作为制度性规范、准则的大学诚信，都以某种规范和要求体现于大学理念、大学组织及教师的教学、科研和社会服务等具体活动当中。基于此，笔者认为大学诚信的内涵包括如下几方面的内容。

　　一是实事求是的思想品格和行为方式。诚信是诚和信的辩证复合，主要包括诚实和守信两个层面的含义。诚实是针对道德主体自身所提出的伦理要求，是诚信最基本的构成要素。诚实作为道德品质和道德规范，强调其在精神交往和实践交往中的真实无妄、诚实不欺。从诚实发生作用的范围来看表现为诚己、诚人和诚群；从发生作用的过程来看，包括诚心、诚言和诚行。可见，尊重事物的本来面貌是诚实最核心的思想，针对大学这一组织主体提出诚实的要求则包括呈递进关系的两个层面的含义：一是以求真和求实的态度去认识客观事物；二是根据对事物本来面目的认识，遵循客观规律，解决和处理问题。这两方面的含义均体现了马克思主义实事求是的思想品格和行为方式。

"实事求是"源于班固《汉书·河间献王传》，指做学问时一种求实的治学态度，顾炎武据此提出经世致用的为学态度。毛泽东在长期的革命实践中，吸收中国传统文化"实事求是"的思想，结合马克思主义基本原理将其改造为辩证唯物主义哲学范畴，并赋予其科学的内涵："'实事'就是客观存在的一切事物。'是'就是客观事物的内部联系，即规律性。'求'就是我们去研究。我们要从国内外、省内外、县内外、区内外的实际情况出发，从中引出其固有的而不是臆造的规律性，即找出周围事物的内部联系，作为我们行动的向导。"① 实事求是是辩证唯物主义的重要范畴，毛泽东思想的精髓，被理解为揭示并尊重客观规律，按客观规律办事，或者从客观实际情况出发，正确对待和处理问题。

伦理范畴的诚信内在地包含着尊重事物本真状态的行为准则和按客观规律办事的行为规范，而实事求是虽然常常作为哲学范畴来理解，但是作为认识论和方法论原则它要求行为主体具备真实无妄、诚实不欺的思想意识和心理态度。可见，实事求是也可以作为伦理范畴来理解，其拓展意义和诚实的基本内涵相一致，体现了"唯实求真"的思想精髓。然而，在具体的道德实践过程中，诚信和实事求是对道德主体的规范和要求有所不同，诚实侧重于要求道德主体真实地反映事物的本来面目，并完整地传达信息，主要用以规范和约束社

① 毛泽东选集：第三卷［M］. 北京：人民出版社，1991：801.

会实践活动中个体的行为；而实事求是则是从整体上规定道德主体在认识世界和改造世界的过程中所应遵循的唯实求真的态度和原则，更多地用来规范组织行为，是对组织行为所提出的一种诚实要求。大学作为组织主体，其诚实的内在德性表现为职能履行中实事求是的思想品格和行为方式，构成了大学诚信最基本的组成部分和最核心的思想内涵。

二是言行一致的行为准则和行为规范。诚实是守信的前提和基础，而守信则是诚实的外在表征，体现为言行一致的伦理要求，具体"强调两点：第一，有承诺必须践诺；第二，践诺之行必须符合承诺之言"①。大学诚信是从整体上考察大学的诚信状况，"当诚信概念从个体层面向组织层面扩展时，事实上我们是将组织视为一个行为者，考虑组织相对于各类利益相关者所应该遵循的准则和行为表现"②。大学的言行一致，从总体上来说是以大学履行其职责和使命、满足社会需求为标志的，这一过程包括如下几方面的因素：一是组织目标的确立和制度的设计遵循大学自身发展逻辑，最大程度满足利益主体的合理需求；二是保持组织制度的相对稳定，并坚决贯彻执行；三是组织主体及其成员恪尽职守、忠于使命。组织目标确立和组织制度设计要求依循高等教育基本规律、遵守相关法律法规，实现合理性和合法性的统一；而制度贯彻和职责履行实质上是统一的，具体来说包括如下两方面的要求。

一方面，依法办学和合理办学相结合。高等教育是上层建筑的重要组成部分，国家主要通过制定法律对高等教育进行宏观管理，世界上许多国家都已形成较为完备的高等教育法制体系。1999 年，我国正式施行《中华人民共和国高等教育法》，标志我国高等教育进入有法可依的良性发展轨道。各级各类大学在法律的框架内，结合自身特点制定规章。2012 年 12 月，教育部又印发了《教育部关于印发〈全面推进依法治校实施纲要〉的通知》（教政法〔2012〕9 号），提出"一校一章程"的目标，极大地推进了我国高等教育依法治校的

---

① 王良. 社会诚信论 [M]. 北京：中共中央党校出版社，2003：259.

② 陈丽君. 组织诚信：超越个体品德的组织伦理和行为 [J]. 现代哲学，2005 (4)：107.

进程。章程是高等教育法在大学的具体体现，从本质上说是权利和义务在利益主体之间的分配，被誉为类法律，规范和约束大学组织的行为，体现和反映办学理念。章程一旦制定必须保持其相对稳定性，避免朝令夕改。当然，随着实践的发展，人们对高等教育及大学发展规律的认识不断深化，可遵循规律并结合实际对法律和章程进行谨慎调整。从某种程度上说，法律是高等教育管理者和实施者所达成的协议，章程则是大学内部相关利益主体之间所形成的共识，依法办学和合理办学的本质均为大学对其职责的遵从和坚守。

另一方面，忠于职守与适时超越相结合。组织是为实现共同目标而形成的人的集合体，"这一伦理实体得以存在的前提条件是组织成员忠于岗位、忠于职守"①。大学是世界上存在时间较为久远的组织机构，其强大生命力的形成，离不开组织成员强烈的社会责任感及其高度的伦理自觉。"大学对社会承担学术责任的核心途径是教师的工作"②，学术性是大学的本质属性，因而，我们在本研究过程中所说的组织成员主要是指大学教师。职责不仅是大学自身功能的体现，也是社会需求的反映，大学及其成员忠于职责在一定程度上即是履行对社会的承诺，以具体活动为载体，表现为教学诚信、科研诚信和社会服务诚信。然而，大学作为现代社会的思想库，是理性的象征，不仅要求切实履行当下职能，还要求对社会现实进行深刻审视及反思，以适时地实现对现有职责的超越。也就是说大学职能的履行并不是故步自封地坚守传统，而是要善于根据客观实际的变化批判地继承并发扬传统。

三是诚信大学的范式要求和目标指向。诚信大学是大学整体诚信状况的肯定性评价，体现了大学自身发展的方向和社会公众的期待。从诚信发生作用的机制来看，道德主体的诚信行为是获得肯定性诚信评价的必要条件。当然，在现实生活中可能存在信息不对称或其他因素妨碍公众对大学形成肯定的诚信评

---

① 王珏. 组织伦理：现代性文明的道德哲学悖论及其转向［M］. 北京：中国社会科学出版社，2008：67.
② 唐纳德·肯尼迪. 学术责任［M］. 阎凤桥，等，译. 北京：新华出版社，2002：19.

价。但对于大学而言，诚信应当成为组织主体及其成员自觉坚守的道德底线，诚信大学也相应地成为大学组织发展的目标。德国哲学家费希特在论述学者使命时提出，"如果最优秀的分子丧失了自己的力量，那又用什么去感召呢？如果出类拔萃的人都腐化了，那还到哪里去寻找道德善良呢？所以，学者从这方面看，应当成为他的时代道德最好的人，他应当代表他的时代可能达到的道德发展的最高水平"①，无独有偶，孟子也认为"无恒产而有恒心者，惟士为能"②。"学者"和"士"均是社会的思想精英，代表最先进的思想文化，大学作为知识分子的集结地理应成为社会诚信建设的先锋和楷模。因而，诚信大学是大学发展的目标指向，也是社会对大学组织及其成员最基本的规范和要求。从大学文化建设的角度，欧阳康教授认为三种价值最为重要："大爱之心、责任之体与诚信之德。"③ 爱心要转化为责任，责任才能实现爱心；责任要转化为诚信，诚信才能实现责任。将诚信大学的范式纳入大学组织诚信的内涵，为大学诚信乃至大学文化建设树立了标杆，确定了大学诚信的内在要求和大学文化的发展方向。大学及其成员实事求是的思想品格和言行一致的行为方式均以建设诚信大学为目标指向。

综上所述，大学诚信是大学组织及其成员在高等教育实践活动中的诚实守信，体现在大学及其成员履行大学使命和职责的高等教育实践活动中。总而言之，大学诚信的内涵包括三方面的内容：实事求是的思想品格和行为方式；言行一致的行为准则和行为规范，诚信大学的范式要求和目标指向。

二、大学诚信的本质

本质是事物的内部联系，它由事物的内在矛盾所规定，是事物比较深刻的、一贯的和稳定的方面。大学诚信的本质即为大学诚信区别于其他社会组织

---

① 费希特. 论学者的使命　人的使命 [M]. 梁志学，沈真，译. 北京：商务印书馆，2008：45.
② 孟子·梁王惠上.
③ 欧阳康. 大学·文化·人生 [M]. 武汉：华中科技大学出版社，2008：33-34.

诚信、个体诚信以及其他组织伦理范畴的根本属性，构成大学诚信的内在联系以及大学诚信所包含的一切必然性和规律性的总和。同时，大学诚信的本质还内在地规定着大学诚信的特征。

诚信是最基本的伦理道德规范，其产生源于人们对利益的追求。人类社会早期，生产力水平低下，形成合作关系依靠群体的力量才能生存和发展。正如荀子所言，"人，力不若牛，走不若马，而牛马为用，何也？曰：人能群，彼不能群也"①。合作关系的确立及维系，必须依靠合作双方的彼此信任，而信任则以诚信为前提。在长期的历史发展过程中，诚信逐渐成为一定社会群体约定俗成的规则和习惯，并演化为人类社会基本的伦理道德规范。因而，有学者认为，诚信的本质是一种从道德上整合人们相互间利益关系的现实机制。

大学诚信则是对大学组织整体所提出的伦理道德规范，探究大学诚信的本质不仅要深入分析大学诚信与个体诚信的区别及联系，还要了解大学诚信与其他社会组织诚信的异同。大学诚信不同于组织内部个体诚信，大学虽然是目标模糊且系统松散的社会组织，但毕竟有其特定的目标和需求，大学组织有区别于教师和学生的独特的利益取向和价值诉求，大学诚信与个体诚信在形成机制上也存在较大差异。同时，大学诚信不是抽象的概念，它是具有实践精神的伦理规范，组织内部个体尤其是大学教师往往又成为大学诚信的践履者。可以说，大学诚信以个体诚信为基础，又超越于个体诚信，是组织成员共享的伦理精神和价值共识，体现了具体和抽象、普遍与特殊的统一。分析大学诚信和个体诚信、大学诚信与其他社会组织诚信之间的区别及联系，是把握和了解大学诚信本质的基础。

大学是传递、发展并鉴别文化的教育机构，从本质上看是学术组织也是教育组织。大学诚信与企业诚信、政府诚信虽然同属以社会组织为主体的伦理道德规范，但因组织属性不同而分属教育伦理、企业伦理和政治伦理的范畴。我

---

① 荀子·王制.

国著名教育家涂又光先生提出"三 li 说",形象地阐释了政治、经济和文化单位的区别及联系,他认为政治的原子是"力"(power),经济的原子是"利"(profit),文化的原子是"理"(truth),以游离状态存在的单个原子极不稳定,需要"力""利""理"合成分子才能稳定存在。政治单位的分子以"力"为中心,而"利""理"为"力"服务。经济单位的分子以"利"为中心,而"力""理"为"利"服务。大学属于文化单位,以"理"为中心,"力""利"为"理"服务。"理"表现为知识,就是"知识经济"的"知识之源"。① 赵爱玲在《当代中国政府诚信建设研究》一书中提出政府诚信的本质是"诚信于民、取信于民",诚信行使职权是政府的合法性基础;相对而言,企业诚信的本质则在于履行契约,降低交易成本,实现经济利益最大化。大学作为教育性组织和学术性组织,以探究真理和培养人才为最基本的职责和使命。鉴于此,本研究认为大学诚信的本质在于求真知、育真人。

求真知、育真人是大学存在的合法性前提。"大学者,研究高深学问者也。"② 大学是由教师和学生所组成的研究高深学问的场所。不同的历史时期,大学往往扮演着知识权威的角色,"这一角色的逐步确立可以说既是大学能够得以长存于世的结果,也是大学之所以为大学,大学精神传统以及文化个性得以形成并代代相传的原因"③。知识权威的维护在于对真理的笃诚和不懈追求,而真理则是标志着主观同客观相符合的哲学范畴,是人们对客观事物及其规律的正确反映。探究真理,从事科学研究的活动本身即蕴含着"唯实求真"的伦理本性。"谈到道德的绝对性,法国生物学家蒙诺(Jacques Monod)相信,只有'科学方法'才是人类道德唯一的典范。其他道德则皆不足恃。蒙诺的'科学方法'主要是指对真理追求真诚不欺。无疑的,蒙诺的答案是不周全的,不过,他的说法也非无价值。事实上,一个人对真理与知识有绝对真诚乃

① 涂又光. 文明本土化与大学 [J]. 中国哲学史,1999(2):13.
② 刘琅. 大学的精神 [M]. 北京:中国友谊出版公司,2004:11.
③ 阎光才. 识读大学:组织文化的视角 [M]. 北京:教育科学出版社,2002:35.

至进入宗教感时，则真正达到言行一致，表里无违的天地，这当然是一种德性。能够尊重客观证据，以理性为导引之人，必不会'曲学阿世'。曲学阿世是学界之贼，自不应立足于大学。"① 可见，"唯实求真"是从事科学研究必须遵循的基本原则，若在科研过程中存在欺骗行为则会撼动大学作为"知识权威"的地位，引发大学的合法性危机。

"求真知"是大学诚信的本质，"育真人"也体现了大学诚信作为教育伦理的本质属性。科学研究，就其目标而言仍在于培养人才，就其功能而言在于促进人智性完善和德性增长。如柏林大学创建的初衷在于通过教育培养人的理性，振兴民族精神，以弥补在战争中的物质损失。培养人才仍然是大学作为实施高等教育的社会组织最本真的使命和职责。如陶行知先生所言："千教万教，教人求真；千学万学，学做真人。"教育是"使人向善"的活动，带有明显的价值倾向性，不同于制器，它的"本真任务是真正的人的创造，这应当成为不同历史时期，不同形式的善的教育所必须要遵循的'恒久而真实的原理'"②。这里所说的"真正的人"是指在德、智、体、美等各方面都得到发展的人，而不是有知识无文化、有能力无道德，智性发达而德性滞后的"半人"。诚信是立人之本，成为"真正的人"必然要求养成诚信的道德品质。"教，上所施，下所效也"③，以身示范则是教人崇善的根本。正如我国教育学家梅贻琦先生所言，"学校犹水也，师生犹鱼也，其行动犹游泳也，大鱼前导，小鱼尾随，是从游也，从游既久，其濡染观摩之效，自不求而至，不为而成"。"真教育才能培育真正的人"，诚信的大学才能为社会培养诚信的人才。可见，"育真人"是大学诚信的本质属性，由大学组织的使命和职责决定。

简言之，"求真知""育真人"是大学的双重本质，表现在具体的高等教育实践活动中则是遵循高等教育基本规律、人才成长规律培养人才，遵循学术

---

① 金耀基. 大学之理念：增订版［M］. 北京：生活·读书·新知三联书店，2008：15-16.
② 钱焕琦. 教育伦理学［M］. 南京：南京师范大学出版社，2009：71.
③ 说文解字.

发展的规律传递、发展、创新和应用知识，并在科学研究和社会服务中践履诚信。"'求真务实'是科学精神的核心和灵魂，在大学里积极倡导'求真务实'的科学精神不仅是大学学科性质和中心任务的本质要求，也是大学坚持'教学与研究相统一'，面向社会自主办学的本质要求，是大学特有的文化品位的核心。"① 大学诚信是高等教育实践活动必须遵循的基本原则，失信则可能造成大学严重的合法性危机。忠诚于大学的职能和使命，求真知、育真人，才能真正促进知识的发展、人的发展和社会的发展，获得社会公众的持续信任，维护大学的良好声誉，促进高等教育可持续发展。

第三节 大学诚信的主要特征

大学诚信主要是指大学在高等教育实践活动中的诚实守信，求真知、育真人的双重本质使大学诚信区别于个体诚信和其他社会组织诚信。高等教育实践活动的特点和大学组织的本质属性，决定了大学诚信在生成动机上具有超功利性，从作用机制看具有重自律性，从运行过程看具有易遮蔽性，从影响范围看具有强辐射性。

一、生成动机：超功利性

大学诚信的生成动机具有超功利性，是由大学组织的属性及其承担的使命和职责决定的。大学是研究高深学问的场所，对知识的笃诚、真理的探索理应成为大学教师和学生共同的旨趣，大学诚信从本质上说是大学人在从事学术活动的过程中所形成的伦理共识，并自觉遵守的基本原则。科学研究要从整体上取得长足进步和发展，首先必须夯实基础理论研究，而基础理论研究贵在纯粹性或非功利性，唯其如此，才会获得出其不意的理论成就，为后世理论的发展

---

① 王冀生. 大学本质和科学办学 [J]. 广东技术师范学院学报，2005 (3)：3.

做出杰出贡献。正如我国著名物理学家吴大猷所说："科学发展史中各种基本性的原理发现发明，没有一项是出自有实用目标的研究的。"知识领域的开拓，"不是可以'预订'方式得来的。这个道理很浅显：在我们知道'电'之前，怎样可以想到电的应用"①。作为研究者的大学组织成员，其研究对象是客观事物、是学术、是科学，其目的就是成就学问、发现真理，它必须保持一种为学术而学术的坚定信念。因而，从大学组织知识活动的特征看，诚信产生的动机是实现知识的发展，并非物质利益的获得，具有超功利性。

古人云，"正其义不谋其利，明其道不计其功"，"道"与"义"是大学的目标，"功"与"利"只是副产品，若本末倒置，则会缘木求鱼，必不能"正其义"，也不可能实现育人、求知的根本目标。大学诚信的超功利性在一定程度上决定着大学能否始终保持其知识权威的角色，并充分发挥其引领文化的功能。现代大学不仅是科学研究的前沿阵地，更应成为先进理念的阐释者；不仅是已有知识分子的社区，还是年青一代知识分子的孕育场所。所谓知识分子，不单纯是从事科学文化活动的脑力劳动者，还应具有强烈的社会责任感和使命感，具有自由思想、独立人格和批判精神。正所谓"有恒产者有恒心"，欲使社会组织和个人在长期交往中诚实守信，必须保障其产权，也就是说产权是诚信的前提和保障。然而，大学作为社会先进文化的象征，它在全社会所处的地位，以及大学教师所扮演的知识分子角色，其德性和德行应对现实有所超越，并成为先进文化和社会风尚的引领者。"无恒产而有恒心者，惟士为能。"② 大学诚信产生动机的超功利性是大学思想独立、人格自由的现实表征。

二、作用机制：重自律性

从大学诚信的作用机制看，主要依赖于大学组织及其成员的诚信自觉。"基于学者是高深学问的看护人这一事实，人们可以逻辑地推出他们也是他们

---

① 吴大猷文录 [M]．杭州：浙江文艺出版社，1999：122．
② 孟子·梁惠王上．

自己伦理道德准则的监护人（莫伯累，1949；凯迪希，1969）。那么，谁是这些监护人的监护人呢？没有。只有他们的正直和诚实才能对他们自己的意识负责。"① 大学的组织特性对大学及其成员提出了较高的伦理要求，从事学术研究和教育教学的行为主体必须具有超乎寻常的伦理自觉性和敏感性，能自觉将客观的道德规范转化为主体自身的道德需求，并将道德义务内化为道德良心。唯其如此，大学才能实现可持续发展，并维系知识权威和社会正义守望者的身份。同时，只有自律和自觉的大学，才能成为社会的道德领袖，强烈的道德责任感和使命感驱使其严格规范自身言行，并对社会陋习进行富有建设性的批判，引领社会朝着正确的方向发展。

大学作为先进文化的引领者，不仅具有道德自律的客观必要，也具有强烈的主观需求。"大学之道，在明明德，在亲民，在止于至善。"② 中国传统儒学认为彰明天赋予人的美德，革故鼎新，达到至善、至真、至美的道德境界是为学之需，大学内在地包含着崇善、从善和至善等主观需求。苏格拉底也曾提出"知识即美德"，虽然观点有失偏颇、不尽完善，但理性和德性的相关性我们依然不可全然否定。大学的理性决定其异乎寻常的洞察力，相较于其他社会组织和个人，它对伦理道德的影响更具广度和深度，其理解更为深远，评价更为客观。因而，大学具有伦理自觉的内在动因和主观条件。大学诚信对于大学组织而言是最基本的伦理规范，其作用机制主要依赖于大学及其成员的自律性和自觉性。

三、运行过程：易遮蔽性

探究真理和培养人才均围绕高深知识展开，而高深知识难以为外行所深刻理解和把握，是否在知识生产和传播过程中坚持诚信原则，难以在短时间内为

---

① 约翰·S.布鲁贝克.高等教育哲学 [M].王承绪，郑继伟，张维平，译.杭州：浙江教育出版社，2001：121.

② 礼记·大学.

外界所了解和察觉。"教育阶梯的顶层所关注的是深奥的学问。这些学问或者处于已知与未知之间的交界处，或者虽然已知，但由于它们过于深奥神秘，常人的才智难以把握。"① 高等教育为社会培养高级人才，所传授的往往是高深而专门的学问，仅可能为社会少数人所掌握和理解。因而对知识研究的方法和内容，外界无法真正理解并完全掌握。特别是自然科学领域的某些理论难题，不仅普通人无法理解，就算是学者本身也需要耗费一定的智力成本和时间成本去验证其真实性和合理性。因而，在高等教育实践活动中诚信发生作用的过程是常人难以考察和验证的，"不管是作为材料，还是作为产品，知识都是相对无形的。科研时思想的形成，教书时思想的传播，学习时思想的吸收——所有的这一切都是很难看见的，也是很难在即时即刻加以估价的。科研报告能够提供一些有关研究过程的线索，但是教材、考试和分数只能部分地反映教与学的情况。"② 因而，不仅科学研究活动外界难以有效评价，教育过程的有效性也只能依靠教育者自身对教育事业及学生的热爱而自我约束，因为"大学教师造就人才，恰似艺术家作画和诗人写诗一样，教学质量须多年之后才能做出评价"③。大学诚信对于大学而言是具有普遍指导意义的，它以大学组织及其成员为主体，以大学所从事的实践活动为载体，存在于各项科研和教学活动之中。但从大学诚信发生的过程来看，相对政府诚信和企业诚信具有易遮蔽性，无疑也增强了大学诚信评价的难度。

大学诚信易遮蔽性导致失范行为难以被及时揭露。当然随着科技的进步这一时间在不断地缩短。美国学者雅罗斯拉夫曾经引述一名学术造假罪犯遗孀的控诉："有一个人都死了烂了几百年了，我丈夫在研究时捏造了一点东西。结

① 约翰·S.布鲁贝克. 高等教育哲学 [M]. 王承绪，郑继伟，张维平，译. 杭州：浙江教育出版社，2001：2.
② 伯顿·R.克拉克. 高等教育系统：学术组织的跨国研究 [M]. 王承绪，徐辉，殷企平，等，译. 杭州：杭州大学出版社，1994：263.
③ 阿什比. 科技发达时代的大学教育 [M]. 滕大春，滕大生，译. 北京：人民教育出版社，1983：85.

果，没有人比我丈夫的遭遇更糟糕。难道一小块破纸比我们的生命和幸福还重要吗？"① 遗孀的控诉说明了揭露学术造假需要一定的时间，甚至可能是研究者自然生命结束之后，这就为诚信失范行为的惩戒带来了一定的难度，也在某种程度上纵容了失范行为的发生。正所谓，十年树木，百年树人。从育人的角度来说，人才培养的质量也难以在短时间内进行考量和评价。"学校的某些重要的非实物性资源，如学校的声誉、学校对学生或对重要赞助人的吸引力等，与学校的外部关系网密切相关。这些资源在短期内是不可能改变的。即使经过一个较长时期也是不易改变的。"② 如果将学生视为大学的产品，那么学生自身也充当了顾客的角色，教育质量是否达到其应有的标准只有教育系统内部的成员真正了解，而事实上顾客即便是对大学所提供的教育服务并不满意，也难以对其进行客观公正的评判。

四、影响范围：强辐射性

虽然大学诚信发生作用的过程具有易遮蔽性，但并不意味着大学诚信所产生的影响无关痛痒，截然相反，无论在广度上或深度上大学诚信所产生的影响均大于其他社会组织。大学诚信存在于大学实践活动的方方面面，它的积极影响就如绵绵春雨，滋润着大学组织及其成员的成长；相对而言，大学失信所带来的负面效应虽然在短时间内难以为社会公众所察觉和披露，但它就像肌体内慢慢滋生的病菌，无形地吞噬着大学，并侵害着大学人的思想。

孔子曰："人而无信，不知其可也。大车无輗，小车无軏，其何以行之哉？"③ 个人不讲诚信，会失去其立人的根本，大学不讲诚信则可能撼动其基石，对社会乃至人类文明产生难以估量的灾难性后果。在高等教育实践过程

---

① 雅罗斯拉夫·帕利坎. 大学理念重审：与纽曼对话 [M]. 杨德友，译. 北京：北京大学出版社，2008：55.
② 罗伯特·伯恩鲍姆. 大学运行模式：大学组织与领导的控制系统 [M]. 别敦荣，译. 青岛：中国海洋大学出版社，2003：18.
③ 论语·为政.

中，教育劳动的对象主要是处于青年时期的大学生，此时正是他们人生观、世界观和价值观形成的关键时期，大学校园文化犹如"大染缸""泡菜坛"，染缸的颜色和泡菜坛的味道无形中浸润着置身其中的正在成长的大学生，他们在潜移默化中被打上了某种大学文化的标签，甚至内化为文化基因伴随其终身，影响其后代。德国著名哲学家雅斯贝尔斯曾说："对于德国民族的未来来说，教育比军队更为重要，因为不成功的教育管理所带来的灾难性后果，一直要影响几十年。"① 不仅大学文化整体影响学生成长，大学教师对学生在道德上的影响也是深远的，"如果我们问起教师的影响，而不是他们具体在做什么，那么我们就会认识到，在许多情况下他们是起着道德上导师的作用，影响到学生如何度过自己的一生"②。

从国家和社会的宏观视角，大学诚信对于社会创新能力的提升、科研能力的长足发展也具有重要作用。首先，众所周知，学术创新建立在传承的基础之上，任何研究都需要借鉴和吸收前人研究成果，而这种文化的传承则是以信任为前提。其次，大学诚信对社会整体诚信状况也产生重要影响。2013 年，习近平总书记在致清华大学苏世民学者项目启动的贺信中指出："教育决定着人类的今天，也决定着人类的未来。"③ 教育是人类社会的重要活动，肩负着传承老一辈生产经验、社会实践经验，为当代社会培养人才，为未来社会储蓄人才的神圣使命。改革开放以来，我国高等教育实现跨越式发展，已进入大众化发展阶段的大学教育不再是少数社会精英独享的特权，而成为必要的入职前准备。因而，大学诚信对个体所产生的影响，伴随着他们进入社会，并对其他社会组织和个人产生影响。同时，大学知识中心和道德权威的社会角色，又使大学诚信为其他社会组织的诚信建设提供智力资源。大学不仅通过理论研究回答"什么是诚信"，还通过其自身的实践探索回答"如何建设诚信"。可见，大学

① 卡尔·雅斯贝尔斯. 大学之理念 [M]. 邱立波，译. 上海：上海人民出版社，2007：143.
② 唐纳德·肯尼迪. 学术责任 [M]. 阎凤桥，等，译. 北京：新华出版社，2002：78.
③ 清华大学苏世民学者项目启动仪式在京举行 [N]. 人民日报，2012-04-22.

是社会诚信的倡导者、引领者和参与者，大学诚信相对于个人诚信和其他社会组织所发挥的作用尤其突出，大学诚信从影响上具有强辐射性。

第四节　大学诚信的内容结构

教育是崇善的事业，高等教育同样如此。"大学不仅是一个知识机构，而且是一个道德养成的场所。大学的核心使命是培养高素质的专门人才，高素质的专门人才，既要具备优秀的专业知识和能力，又要具备专业道德。"[①] 崇善求真是理想大学的内在德性，是基于良知、良能、共同心理和认知水平的诚信美德，是非强制、自觉自愿的至高境界的诚信。同时，诚信也是大学组织在运行过程中必须遵循的基本原则，是外铄的伦理规范，具有强制性、义务性和底线性。大学诚信不能停留于观念层面，需要以制度为载体，规范、引导和激励大学组织及其成员，最终在高等教育实践活动中表现为大学组织及其成员的诚信行为。理念层面的诚信是大学诚信的基础，制度层面的诚信则是沟通理念与行为的中介，而实践层面的诚信则是大学诚信的最终旨归。区别于个体诚信认知、诚信情感、诚信信念、诚信意志、诚信行为的形成发展逻辑，大学诚信基本遵循诚信精神、诚信制度和诚信行为的发展路径，当然各要素形成和发展的逻辑顺序并不是固定不变的，而是视情况而定。鉴于此，从理念、制度与实践层面分析大学诚信的内容结构。

一、理念层面的大学诚信

"蜜蜂建筑蜂房的本领使人间的许多建筑师感到惭愧。但是，最蹩脚的建筑师从一开始就比最灵巧的蜜蜂高明的地方，是他在用蜂蜡建筑蜂房以前，已经在自己的头脑中把它建成了。"[②] 意识是人类主体性的象征，理念属于意识

---

① 王向华. 论大学的道德责任 [J]. 教育研究，2018，39（1）：55.
② 马克思恩格斯选集：第二卷 [M]. 北京：人民出版社，1995：178.

的范畴，是指人们对于某一种事物或现象的理性认识、理想追求及其所形成的观念体系。理念决定着行为主体的态度，并引导其行为。理念诚信是大学诚信的前提和基础，是形成大学诚信制度并引导大学诚信行为的根本动力。具体而言，理念层面的大学诚信，是指大学组织及其成员所"共识"和"共享"的诚信价值观念。

大学是实施高等教育的社会组织，主要由教师和学生组成，而教师既包括从事教学、科研等学术活动的教育者和研究者，又包括从事行政管理工作的管理者，组织成员无论是知识、能力结构，还是德性修养都存在较大的差异。诚信虽然是最基本的伦理道德规范，但并不意味着大学组织全体成员都能将诚信规范自觉地内化为自身德性，因世界观和人生观不同，对诚信可能秉持不同的见解。而大学诚信则是对大学组织整体所提出的要求，需要组织成员个体对社会所倡导的主流诚信价值观念进行"分享"，要求教育者、研究者和管理者从知识维度及价值维度对诚信进行理解、选择和吸收，使诚信成为普遍认同的价值观念。在实践的锻炼中，组织的"诚信共识"上升至理性层面，发展为相对稳固的组织诚信精神，推动组织及其成员自觉践行诚信道德规范。

此外，理念层面的大学诚信还内在地包含着大学理念所蕴含的诚信价值。大学理念包括诸多方面的内容，既彰显着大学发展趋势，又昭示着大学应该秉承的宗旨；既规定着大学内部权力的分配原则，又体现了大学在处理外部关系时的风骨。追求至真、至善、至美的大学理念，不仅是大学自身发展的需要，也是社会的期许，它要求大学在教育教学的过程中，坚持以教师和学生为本的理念；在科学研究的过程中，坚持以推动发展学术为己任的理念；在社会服务的过程中，坚持为人类谋福祉的理念。"有理念之组织方能长治久安，有理念之组织方能塑造优质之组织文化，有理念之组织方能凝聚组织之共识，有理念之组织方能分享共同之价值观。"[①] 若没有理念，组织便会迷失方向，成为无

_____

① 黄俊杰. 大学理念与校长遴选 ［M］. 台北：台北通识教育学会，1997：122.

弦之弓，无舵之舟。若大学理念未能涵容诚信价值，则大学诚信的生成和发展随之成为空谈。理念层面的大学诚信引导着大学的诚信行为，推动大学在高等教育实践活动中真正实现人的发展、社会发展和知识发展。

二、制度层面的大学诚信

大学如同其他社会组织，是个人或团体为实现特定目标而组成的社会共同体。为大学组织及其成员"共识"和"共享"的大学诚信理念，要真正转化为组织主体的道德行为，需要以制度为中介。笔者认为制度层面的大学诚信包括两方面的内容：一是诚信伦理规范的制度安排，及将抽象柔性的道德价值观念转化为具体刚性的规则体系，并制定相应的监督保障机制以规范和约束人们的行为；二是大学制度的诚信，即针对大学制度本身所提出的伦理要求，是指大学制度在制定、执行、评价过程中应当秉承实事求是的态度，坚持诚实守信的原则。

第一，大学诚信制度。制度是一定社会结构和社会关系的规范体系，与伦理同根同源，属于上层建筑的范畴，由经济基础决定并为其服务。制度与伦理都具有调节社会利益关系的功能，前者具有强制性、规范性和普遍性，与伦理道德的调节功能互补。伦理的社会调节功能较为柔性，主要依赖于道德主体的自律和自觉，具有较大的风险性，而且大学内部成员个体道德水平参差不齐，难以保障每个人都能自觉自控地履行其诚信义务。而制度具有强制性，其规范约束功能可以弥补伦理调节的缺陷，为诚信理念切实转化为诚信行为提供必要保障。"制度好可以使坏人无法任意横行，制度不好可以使好人无法充分做好事，甚至会走向反面。"[①] 将大学所推崇的抽象的诚信伦理以具体的制度表现出来，是大学诚信从理念走向实践的必要环节。具体而言，大学的诚信精神和诚信行为蕴含于大学职能履行的实践活动中，存在于人才培养、科学研究和社会服务等具体的工作环节中。因而，大学诚信主要体现为教学诚信、科研诚信

---

① 邓小平文选：第二卷 [M]. 北京：人民出版社，1993：333.

和服务诚信。本研究主要从这三方面分析和论述大学诚信失范的主要表现，并探寻大学诚信建设的路径。

第二，大学制度诚信。大学制度是大学理念的有形载体，不仅关系着大学理念的真正实现，也是大学实现其基本价值诉求的工具和手段。大学制度的制定、执行和评价过程违背诚信不仅影响制度执行的力度和效度，从长远看也会导致大学组织的合法性危机。"一种制度可以从两个方面来考虑：首先是作为一种抽象目标，即由一个规范体系表示的一种可能的行为形式；其次是这些规范制定的行为在某个时间和地点，在某些人的思想和行为中的实现。"① 相应地，我们可以从实体、程序和主体三方面来考察大学制度的诚信要求。大学制度实体诚信，是指大学制度的规则体系遵循高等教育基本规律、人才成长规律和学术发展规律，将大学理念转化为兼具公正、自由、诚实等基本精神的大学制度；大学制度程序诚信，指大学制度在制定、执行和评价过程中秉承公正、客观、前后一致的原则；大学制度主体诚信，则是大学制度的行为主体（组织或个人）的诚信。大学制度的诚信不仅关系着大学理念的实现，还影响着制度本身的执行力和有效度，更是大学所倡导的诚信理念内化为组织成员主体德性的必然要求。

三、实践层面的大学诚信

马克思主义认为伦理道德如同科学、艺术是人们把握客观世界的一种方式，本质上体现了某种思想关系，但不同的是伦理道德具有实践性，其目的是指导人们的活动，调节社会利益关系。大学诚信作为高等教育实践过程中最基本的伦理规范，具有实践精神和实践品质，其最终的目的是调节并正确引导大学组织的行为，实现知识的发展、人的发展和社会的发展。简言之，实践层面的大学诚信体现为大学组织及其成员的高等教育实践活动和交往活动，主要表

① 罗尔斯. 正义论 [M]. 何怀宏，何包钢，廖申白，等，译. 北京：中国社会科学出版社，2006：55.

现在如下几方面。

第一，大学在高等教育宏观管理中的诚实守信。诚信是"内不欺己，外不欺人"的辩证统一，在道德交往中才能真正反映主体的诚信品质。大学诚信同样体现在大学与其他社会组织的精神交往和实践交往过程当中，大学对政府的诚信是宏观领域大学诚信的最重要的组成部分。大学自产生以来，便以自由为其最根本的价值诉求。然而，高等教育作为上层建筑的重要组成部分，具有生产性、阶级性和传承性，政府有必要对高等教育进行宏观管理，以调节和规范大学组织的行为。政府与大学的关系，是大学最为重要的外部关系。实践证明，政府与大学关系的处理直接关系到大学组织自身的发展。计划经济体制下，政府主要通过行政手段强制干预大学事务，导致大学发展偏离了高等教育内在的逻辑，大学成为政府的延伸机构，阻碍了高等教育功能的实现和大学组织的可持续发展。20世纪末，我国开始着手对高等教育进行大刀阔斧的改革，尤其是党的十八届三中全会以来，深化高等教育领域综合改革，推进大学治理体系和治理能力现代化，完善治理结构，给予大学充分的自治权。然而，大学自治和学术自由，均建立在大学组织及其成员高度自律和自觉的基础之上。而自律、自觉均以大学组织及其成员对自身使命和职责的忠诚为前提，脱离了大学组织及其成员的诚信，政府便无法对大学事务进行有效的宏观调控，也会扰乱高等教育的正常秩序。

第二，大学组织自身运行过程中的诚实守信。现代社会普遍认为大学具有人才培养、科学研究和社会服务的职能，大学组织实施高等教育的实践活动主要围绕其职能履行展开。"教师是大学的主要学术源泉，教师的质量和责任心决定了大学各方面的优异程度。它影响到大学的学术活动、学生整体的质量、教学本身与学术的优异程度、通过公益服务更广泛地向社会提供服务的能力，以及个人和公共渠道吸引资源的能力。"[1] 虽然，教师和学生均为大学组织的

---

① 詹姆斯·杜德斯达. 21世纪的大学［M］. 刘彤，屈书杰，刘向荣，译. 北京：北京大学出版社，2005：123.

主体是教育界早已达成的共识，但从大学对社会所承担的责任来看，主要通过大学教师的工作得以完成，同时，大学教师也是教育实践活动的实施者和组织者。因此，在本研究的论述中通常情况下将大学教师视为大学组织活动的主体，但并不意味着否定大学生在大学组织中的重要地位。2014 年 5 月 4 日，习近平总书记在北京大学师生代表的座谈会中指出："教师要时刻铭记教书育人的使命，甘当人梯，甘当铺路石，以人格魅力引导学生心灵，以学术造诣开启学生的智慧之门。"① 大学教师在教育教学和科学研究的实践中对诚信理念的秉持，对诚信规则的遵循，必然会潜移默化地影响和感染着莘莘学子。具体而言，大学教师诚信主要表现为教学诚信、科研诚信和服务诚信。第一，教学诚信主要是指大学教师在教学过程中秉承以学生为本的原则，真实、真诚地向学生传授高深知识，采用适当的教学方法与学生进行敞亮、自由、平等、民主的精神交往，使学生在教育教学过程中有效地掌握知识、提高技能、增长德性，实现精神的真正成长。第二，科研诚信主要是指大学组织在申请科研项目、具体研究、研究结果评鉴等过程中的诚信行为。第三，服务诚信主要是指大学组织在育人服务和科研服务中的诚实守信。

实践层面的大学诚信与理念及制度层面的大学诚信是内在一致的。理念层面的大学诚信是制度诚信与实践诚信的前提和基础，制度与实践层面的大学诚信则是切实将求真知、育真人的理念贯穿于高等教育实践活动当中的必要保障。从结构上来说，三者之间并不是单向的决定与被决定的关系，而是相互影响、相互制约的关系。在生成逻辑上，也不一定总是遵循固定的逻辑，如大学诚信实践可能进一步固化大学诚信理念，推动大学诚信制度的改革和创新。因而，在大学诚信建设过程中，需要根据实际情况有效地调节它们之间的互动关系，使诚信精神、诚信制度和诚信行为成为和谐统一的整体，在互促共进中不断提升大学诚信水平。

---

① 习近平. 青年要自觉践行社会主义核心价值观：在北京大学师生座谈会上的讲话［N］. 人民日报，2014-05-05.

第三章 大学诚信的价值阐释

价值是指人的对象性活动及其产物对自己生存和发展的意义，研究大学诚信不能回避大学诚信价值这一重要的理论问题。"'价值'这个普遍的概念是从人们对待满足他们需要的外界物的关系中产生的。"① 同一客体满足不同主体的需求形成不同的价值关系，根据大学诚信与大学组织自身、组织内部个体、社会之间的关系，对大学诚信价值进行三维透视。高深知识是高等教育系统的核心要素，作为大学本体是维系大学组织合法地位的前提和基础。而促进高深知识发展则依赖于主体性实践活动，要求科学共同体及个人在从事高深知识的相关活动中秉承实事求是的原则，坚持唯实求真的态度，促进知识的生产与再生产，方可实现大学组织自身的可持续发展。大学通过知识的传承、发展、创造和应用履行其社会职能，培养高级专门人才，高等教育对于个体具有重要的意义和作用。大学诚信有利于培养个体诚信品格、提升政治素养，促进人的自由全面发展。同时，大学诚信具有重要的社会价值，不仅利用其知识优势和人才优势成为社会诚信建设生态链的关键环节，还能积极推动文化软实力的提升，促进创新型国家建设。

第一节 大学诚信的组织价值

大学履行人才培养、科学研究和社会服务的职能均围绕知识展开，大学诚

① 马克思恩格斯全集：第十九卷 [M]. 北京：人民出版社，1963：406.

信的组织价值蕴含于大学诚信与知识传承、发展、应用和服务的关系当中。教育与知识关系密切，无论哪一层次的教育都是以知识为核心概念，课程则是对值得传授的知识形态的界定。"高深知识既是高等教育诞生的必要性条件，又是高等教育存在、延续与发展的核心支撑材料，也是认识与判定高等教育特殊性的根本所在。也就是说，没有高深知识，高等教育就不可能产生，更遑论其特殊性了；脱离了高深知识，高等教育的发展必将失去根基，最终走向湮灭，或逐渐与其他社会组织同质而'泯然众人矣'。"① 高等教育作为最高层次的教育，与知识的关系尤为密切，高等教育的一切活动都是围绕这些高深知识而展开。大学诚信有效地规范和约束大学组织及其成员的知识行为，使主体在智性活动中秉持诚信原则进行知识的传递、创新、发展和应用，从而推动大学组织的可持续发展。

一、高深知识：大学工作的基本材料

大学是人类文明的产物，虽历经千余年依然基业长青，焕发勃勃生机，在各类社会组织中几乎无出其二。从本质上说，这缘于人们对知识和理性的永恒追求。高深知识是大学工作的基本材料，"在教授和教师的许多特殊活动中，我们可以找到的共同内容就是知识操作，只是发现、保存、提炼、传授和应用知识的工作组合形式有所不同罢了。如果说木匠的工作就是手拿榔头敲打钉子的话，那么教授的工作就是围绕一组一般的或特殊的知识，寻找方式扩大它或把它传授给他人。不管我们的定义是广义的还是狭义的，知识就是材料。研究和教学是主要的技术。"② 大学的工作围绕高深知识展开，无论任何历史形态和任何民族的大学，无外乎传授和研究高深知识，并培养掌握高深知识的人才。

---

① 林杰，苏永建. 高深知识是高等教育特殊性的来源 [J]. 高等教育研究，2015，36（12）：24.
② 伯顿·R. 克拉克. 高等教育系统：学术组织的跨国研究 [M]. 王承绪，徐辉，殷企平，等，译. 杭州：杭州大学出版社，1994：12.

（一）高深知识的内涵及特征

高深知识，顾名思义是知识系统中较为高级和深奥的部分，是相对基础知识或普通知识而提出的概念。通常情况下，基础教育传授的是基础性知识，而高等教育传授和研究的是高深知识。关于知识层次的相关研究中，我国学者葛兆光认为可以分为一般知识和精英知识。一般的知识和思想是指"最普遍的、也能被有一定知识的人所接受、掌握和使用的对宇宙间现象与事物的解释，这不是天才智慧的萌发，也不是深思熟虑的结果"①。英国历史学家柏克则把知识分为通俗或日常生活知识和学术性知识，认为学术性知识是经由深思熟虑的、处理过的或系统化的知识。无论如何界定，精英知识和学术性知识均处于知识之塔的塔尖，仅可能为少数人所理解和掌握，与高深知识具有相通之意。相对而言，在我国传统文化语境中，"大学"即为"大人之学"，是建立在"童蒙之学"或"小人之学"基础上的大学问，"小人之学"是"学其事"，而"大人之学"则"学其理"。正因为如此，近代西方高等教育思想传入我国后学者们将研究和传授高深知识的组织机构"university"翻译为"大学"。无论是西方学者关于高等教育与高深知识关系的研究，还是我国传统文化中关于大学的理解，均可得知高深知识是知识体系中较为高级而深奥的部分，是高等教育与基础教育相区别的本质特征。

根据以上论述，高深知识具有如下特征：第一，高深性。包括比较高级和比较深奥两个层面的意思，高级知识是相对于初级和中级知识即常识性知识而言的，在现行教育体制中，基础性教育主要传授初级和中级知识，而规律性和理论性较强的高级知识的传授则主要在大学阶段进行。深奥的知识，处于已知和未知的交界处，比较深邃、烦琐、不容易理解。因而，学术研究是一项富有创造性且伴随着较大风险的事业，需要研究者具备坚强的毅力和克服困难的勇气。第二，专门化。知识分科越来越细，高深知识内部也不是杂乱无章，而是

① 葛兆光. 中国思想史：导论　思想史的写法 ［M］. 上海：复旦大学出版社，2001：14.

在各自学科领域朝精深的方向发展。由于人们认识能力的提高，以及知识价值观念的变化，高深知识在不同的历史时期和文化中也会发生相应的变化。高深知识在学术发展的早期具有综合性的特征，但随着知识的不断积累和发展而逐渐分化。因而，伯顿·R.克拉克认为专门化是高深知识的重要特征之一，随着专业日趋增多，高深知识专门化及自主化程度不断增强，在不同专业之间高深知识与普通知识的距离逐渐增大，进入研究领域的学者往往要经过长期训练和熏陶，才可能掌握基本的学术方法和学术知识，为学术职业奠定必要基础。第三，默会性。高深知识的高深性和专门性，内在地蕴含着默会性。高深知识往往在人们的实践性活动中不断创新更替，某些内容和方法并不能明确地进行言说与传授，甚至权威的专家和研究者对其也还处于假设性的探索阶段。这与我们日常生活中所说的"只可意会不可言传"的说法有相通之处。因而，对默会知识的理解需要研究者有相当程度的积淀，犹如我们所说的顿悟、灵感，往往是对某一问题进行长期深入的思考后所产生的意识。相对而言，默会知识的传授也往往在不经意的、隐性的过程中实现。①

（二）大学工作围绕高深知识展开

高等教育实践中教学、科研和服务均围绕高深知识展开，可以说，高深知识是高等教育实践活动无形但基本的材料。美国学者布鲁贝克以高深知识为基点，从哲学上探讨高等教育相关问题，认为"研究高深学问"是高等教育区别于初等、中等教育的基本特征，"在某种意义上，所谓'高深'只是程度不同。但在另一种意义上，这种程度在教育体系的上层是如此突出，以致使它成为一种不同的性质。教育阶梯的顶层所关注的是深奥的学问。这些学问或者还处于已知和未知的交界处，或者虽然已知，但由于它们过于高深和神秘，常人的才智难以把握"②。布鲁贝克围绕高深知识，较为全面地探讨了高等教育的

---

① 李明忠. 论高深知识与大学的制度安排 [D]. 武汉：华中科技大学，2008：25-29.
② 约翰·S. 布鲁贝克. 高等教育哲学 [M]. 王承绪，郑继伟，张维平，译. 杭州：浙江教育出版社，2001：2.

相关问题，为高等教育理论研究提供了一个较为完整的分析框架。"在 20 世纪，大学确立它的地位的主要途径有两种，即存在着两种主要的高等教育哲学，一种哲学主要是以认识论为基础，另一种哲学以政治论为基础。"① 前者趋向于把"闲逸的好奇"精神追求知识作为高等教育的目的，后者认为人们探讨深奥的知识不仅出于闲逸的好奇，还因为它对国家有着深远的影响。

伯顿·R. 克拉克也是以高深知识为基点研究高等教育的组织结构及特性。"只要高等教育仍然是正规组织，它就是控制高深知识和方法的社会机构。它的基本材料在很大程度上构成各民族中比较深奥的那部分文化的高深思想和有关技能。"② 克拉克关于高深知识概念及高深知识与高等教育关系的理解与布鲁贝克相似，不同的是布鲁贝克的研究相对较为全面，几乎涉及高等教育领域的所有问题，而克拉克从组织的视角来研究高等教育系统。"在任何社会里，学术工作都是围绕着特殊的理智材料组织起来的。从整体上说，高等教育的材料不同于企业组织、政府部门和许多非营利性机构。但并非所有各方面都有所不同：实际上，由于其他机构组织以知识、科学和专业为基础，它们与高等教育越来越相似。但学术活动所具有的特征促使学术组织形式与众不同，并给它们带来了一些特殊的运行问题和权力问题。"③ 克拉克认为高深知识是高等教育的基本材料，大学的所有工作都围绕它展开。而高深知识的特殊性决定了围绕它展开活动的组织具有"目标模糊性"和"系统松散性"。

我国学者批判地借鉴布鲁贝克和克拉克关于高深知识与高等教育关系的学术思想，如薛天祥教授提出高深知识的教与学是高等教育理论体系的逻辑起点，并建构了相对完整的理论体系。他认为，"高等教育是培养完成完全中等教育后的人，使他们成为具有高深知识的专门化的人才的社会活动。这就是

---

① 约翰·S. 布鲁贝克. 高等教育哲学 [M]. 王承绪，郑继伟，张维平，译. 杭州：浙江教育出版社，2001：12.
② 伯顿·R. 克拉克. 高等教育系统：学术组织的跨国研究 [M]. 王承绪，徐辉，殷企平，等，译. 杭州：杭州大学出版社，1994：11.
③ 伯顿·R. 克拉克. 高等教育系统：学术组织的跨国研究 [M]. 王承绪，徐辉，殷企平，等，译. 杭州：杭州大学出版社，1994：11.

'高等教育'最一般、最普遍、最基本的属性"①。无论是将高深知识视为高等教育的基本材料，还是将高深知识的教与学视为高等教育理论体系的逻辑起点，都体现了高深知识与高等教育的相互锁定关系，都是以肯定高深知识作为大学工作的基本材料为基础和前提。高等教育与高深知识的密切关系，决定了大学组织学术性和知识性的本质特征，也是我们认识诚信伦理之于大学组织的意义及价值的理论基础。

二、诚实守信：智性活动的首要原则

智性活动以知识为材料，而知识的特性规定着智性活动的主体应遵循诚实守信的基本原则。知识是人们在实践过程中对客观事物所形成的认识和观念，实现主体的思想、行动与客体的本质、规律相符合是知识探究的终极旨趣。因此，智性活动要求主体遵循实事求是的基本原则，认清并尊重客观事实，方可实现主观与客观之辩证统一，诚实是学者和科学家从事学术研究活动必须具备的首要的伦理品质。同时，信任与信用也是学者们必备的素质：一方面，科学的发展是不断继承与创新的过程，继承意味着对原有知识体系和专家研究成果的信任，当然这种信任并不是绝对的，绝对的信任等同于全盘接受，无异于扼杀创新，但基本的信任则是进行知识积累、为创新奠定知识基础的前提；另一方面，科学研究逐渐依赖于团队合作，对学科的忠诚和合作伙伴的信任是实现合作的基础。可见，诚信作为具有普遍指导意义的伦理道德规范，是从事科学活动的主体必须遵循的首要原则。

（一）求真——科学之鹄的

探究客观事物背后的原因和根据是从事科学活动的根本动力，真理是主观与客观相符合的哲学范畴，追求真理始终是科学精神的核心。然而，真理的追求必须以客观存在的事实为依据，可以说客观事实是科学的生命所在，唯实与

---

① 薛天祥. 高等教育学［M］. 桂林：广西师范大学出版社，2001：65.

求真在知识探究中须臾不离，是科学精神的价值核心。

第一，从发生学意义来说，科学是一种"为知识而知识"的纯粹的思想方法，其根本目的在于追究事物内在固有的根据。"科学有思想方式和社会建制两个方面，作为社会建制的科学是近代以后的事情，作为思想方式的科学源于古代希腊。"① 亚里士多德认为求知是所有人的本性，在他的经典著作《形而上学》中把"知"放在了突出重要的位置，将其分为经验、技艺和科学三个层次。他认为感觉和记忆生成经验，而经验造就技艺。经验是个别事物的知识，技艺是普遍事物的知识。经验者知其然而不知其所以然，而技艺者既知其然又知其所以然，故技艺者相较于经验者更富有知识和智慧。"如若人们为了摆脱无知而进行哲学思考，那么，很显然他们是为了知而追求知识，而不以某种实用为目的。"② 具有超功利性和非实用性的科学是高于经验和技艺的"纯粹"知识，是知识的最高层次。

第二，从概念的理解来说，"求是"与"求实"是科学精神的核心。20世纪初，科学的概念由严复等人从日本引入中国，他们认为科学乃是一种新的生产知识的方法，这种方法的特征是依据大量事实找出普遍性原理。随后，梁启超与任鸿隽等学者对科学概念进行了深入阐发，认为科学精神和科学方法才是科学本身，而科学知识不过是科学本身的产物。《现代汉语词典》对科学的解释包括两层含义："反映自然、社会、思维等的客观规律的分科的知识体系；合乎科学的。"③ 前者意味着科学之本体即为真实而确切的知识，而后者则侧重于体现生产知识的方法和追求知识的精神。虽然对科学概念的界定和理解随时代的变迁有所不同，但无论是将其理解为符合客观规律的系统性知识本身，还是某种科学精神与科学方法，追求真理始终是科学精神的核心。

第三，从科学自身的发展来说，客观与真实是维系知识系统可持续发展的

① 吴国盛. 科学精神的起源 [J]. 科学与社会，2011，1 (1)：94.
② 亚里士多德全集：第七卷 [M]. 苗力田，译. 北京：中国人民大学出版社，1993：30-31.
③ 现代汉语词典 [M]. 北京：商务印书馆，2017：735.

需求。科学是人们对客观事物及其规律的正确认识，客观存在的事实是从事科学研究的前提和基础，正如巴甫洛夫所言，"要研究事实，对比事实，积累事实。无论鸟的翅膀多么完善，如果不依靠空气支持，就决不能使鸟体上升。事实就是科学家的空气。没有事实，你们就永远不能飞起来，没有事实，你们的'理论'就是枉费心机"①。建立在客观事实基础上的真理探究，则需要付出更多艰苦卓绝的努力。研究者依据长期积累的事实经验进行去粗取精、去伪存真、由此及彼、由表及里的归纳和总结，形成对本质和规律的正确认识，并在实践中进一步检验认识的真实性和客观性。"在绝对的总的宇宙发展过程中，各个具体过程的发展都是相对的，因而在绝对真理的长河中，人们对于在各个一定发展阶段上的具体过程的认识具有相对的真理性。无数相对真理之和，就是绝对的真理。"② 基于个体认识能力的有限性和认识外在的无限存在，一定条件下人们对客观事物及其发展规律的正确认识总是具有局限性。但实现科学的发展需要研究者始终坚持客观性和真实性的原则，才能推动认识的深化和扩展。

（二）诚信——学术伦理之核心

知识是智性活动或学术活动的核心，已有的合乎客观规律的知识体系奠定了智性活动的基础，而实现知识创新与发展则成为智性活动最基本的价值旨趣。人是智性活动或学术活动的主体，学术研究的过程既包含作为主体的人与客观自然之间的关系，也体现了人与知识以及人与社会之间的关系。已有知识体系是既往研究者智慧的结晶，而未能确证的知识领域则期待后继者去探究和发现。因而，人与知识的关系也可理解为人与自然、他人及社会的关系。对于科学家来说，诚信是必备的首要道德品质，若诚信缺失，则自然科学与社会科学均无生命力可言。

智性活动本身负载着诚信内容，不仅具有目的性价值，也具有工具性

---

① 巴甫洛夫全集：第一卷 [M]. 北京：人民卫生出版社，1959：16.
② 毛泽东选集：第一卷 [M]. 北京：人民出版社，1991：295.

价值。

首先，学术活动或智性活动中的诚实关涉学术的合法性，是学者和科学家的底线伦理。"如果说科学研究旨在探求真理的话，那么科研人员的道德底线应该是诚实。"① 求真是科学与学术之旨趣，若研究者在研究过程中自欺欺人，则会产生与客观规律相悖的谬误，影响知识水平的提高和科学技术的进步。一旦社会公众意识到这种欺骗，则会引发整个知识系统或专家系统的信任危机。因此，诚实不仅是学者和科学家的底线伦理，还是学术活动中其他伦理精神得以彰明的基础和前提。如批判源于主体对知识的笃诚，以及对真理的不懈追求；自由作为学术活动另一项基础性伦理原则，也有学者称之为学术的元规则，它的实现必然也以学者的诚实为预设前提。

其次，学术的继承性和合作性决定了基于诚实的信任也是学者必备的伦理品质。知识的进步源于创新，而创新是建立在前人已有研究成果的基础之上，学术知识的积累以及学术能力的培养都需要主体对既有知识体系或专家体系保持较大程度的信任。同时，学术研究特别是自然科学的研究，不再依靠单独的个体即可完成，而是按照不同的标准形成形式各异的学术团体，团体内各成员之间以及不同团体之间的合作往往是实现学术创新的关键。因而，信任又成为研究者们必备的道德品质。"科学的进展首先建立在科研人员之间相互信任的基础之上，其次才是社会公众对科学事业和科研人员的信任。"② 诚实是信任的前提和基础，科研工作中的信任同样建立在诚实的基础之上。也就是说，科研人员之间的相互信任是以科研人员诚实的品格为基本前提。

再次，信用是处理知识主体与社会公众之间关系的伦理规范。科学是拓展人类知识疆域的事业，也是社会实践活动的重要组成部分，其目的固然是探究真理，但无疑最终以科学知识指导人们能动地改造世界为归宿，使人类在与自

---

① 美国医学科学院，美国科学三院国家科研委员会. 科研道德：倡导负责行为 [M]. 苗德岁，译. 北京：北京大学出版社，2007：1-2.

② 美国医学科学院，美国科学三院国家科研委员会. 科研道德：倡导负责行为 [M]. 苗德岁，译. 北京：北京大学出版社，2007：1.

然界的关系和各种社会关系中实现最大程度的自由。现代社会已进入知识经济时代，科学不再远离世俗生活，而与经济发展、民族兴盛以及国家综合国力的提升密切相关。同时，学术也逐渐成为一种职业，学术职业伦理逐渐进入人们批判和建设的视域。从社会分工来看，"职业伦理规范是各种社会建制之间以及它们与整个社会之间的一种契约，其目的在于获得一种普遍性的相互信任。这种普遍性的相互信任无疑建立在普遍性的诚实和职业信用之上"①。科学及科学职业的独特性和重要性，决定了学者的信用在专家系统赢得社会公众信任的过程中至关重要，关系到整个社会信任体系的维系持存。

三、组织发展：大学诚信的内在价值

高深知识是高等教育行为的无形材料，其传递、创新、发展和应用是大学安身立命的根本。然而，维护高深知识的合法地位，必然要求遵循其学术发展的逻辑。根据前文论述，高深知识具有深奥性、专门性和默会性，这些特征使它蒙上了神秘的面纱，远离于社会公众的视野。只有具备一定智力基础且经过长期学术训练的人才可能成为学者，并扮演高深知识监护人的角色。"在教学和研究中要坚持真实想法的标准以及与要做到这一点相联系的方法赋予了学者在学术问题上的自由权利，这反过来也使他们必须承担一系列责任。"② 自由固然是追求真理的必要条件，但高深知识的特性也决定了学者们必须在自觉履行伦理责任的基础上享受其自由权利，尤其是诚实和正直。

保存、传递、发展和应用知识是大学组织与生俱来的使命，只是在不同的历史时期各有侧重。20 世纪 90 年代初，当教育界正为"教学与科研孰轻孰重"争论不休时，美国著名教育家欧内斯特·博耶发表了题为"学术反思：教授工作的重点领域"的报告，大学学术包括四个不同但联系紧密的方面：

---

① 刘大椿. 科学伦理：从规范研究到价值反思 [J]. 南昌大学学报（人文社会科学版），2001（2）：4.
② 爱德华·希尔斯. 学术的秩序：当代大学论文集 [M]. 李家永，译. 北京：商务印书馆，2007：278.

第一，探究的学术。对学术的探究是学术生命的核心，必然处于研究工作的中心，学术探究不仅能扩大知识疆域，还能点燃教师的激情。第二，整合的学术。针对学科分化、知识分解使学科之间建立联系，在更大的背景中考察专门知识，用合适的方式启发人们对于数据的理解，并为非专业人员提供相应的解释。第三，应用的学术。学术不应该为学术而学术，学术是在服务于国家、社会，乃至世界的过程中实现其价值。第四，教学的学术。"教学支撑着学术。没有教学的支撑，学术的发展将难以为继"，因此，"我们还要给教学的学术以新的尊严和新的地位，以保学术之火不断燃烧"[①]，没有教学则知识的连续性会中断，并妨碍人类知识的积累。博耶的观点是高等教育和学术发生历史性变化的反映，但无论如何学术性始终是大学的本质属性，各项工作的开展均以知识为基础。

首先，知识的传递需要大学诚信。诚信是学术伦理的核心，虽然大学学术已不仅仅是"为知识而知识"的纯粹的科学，但在围绕知识展开的教学、科研和社会服务活动中，实现知识自身的发展亦是大学组织之目的，大学诚信则是实现知识发展对学术主体所提出的伦理要求。"学科、专业和课程是大学最直接、最重要的知识性平台，也是高深知识最主要的附丽或寄居平台。大学以高深知识为基本的加工材料，大学的发展过程一直伴随着高深知识的生成、分化、交叉、渗透、融合、综合和整合，伴随着旧课程的泯灭和衰减、新课程的生成和发展以及新旧课程的博弈和更迭。"[②] 大学通过课程教学进行高深知识的凝结和传授，如何在浩如烟海的知识体系中进行课程教学内容的选择？如何运用适当的课程教学方法有效地传递知识？对知识提炼和传授的效果应该如何评价？教育组织和教育者的诚实守信是解开这些问题的关键。教学制度的设计、教学方法的选择应从本国国情出发，遵循受教者身心发展规律；教师应具

① 欧内斯特·L. 博耶. 关于美国教育改革的演讲 [M]. 涂艳国，方彤，译. 北京：教育科学出版社，2002：78.
② 李枭鹰. 从高深知识到大学课程：一个学术性的生成过程 [J]. 大学教育科学，2018 (2)：40.

备优良的职业素养，忠于学生，忠于真理；同时，学生作为受教过程的主体，发挥教学有效性应建立师生间平等互信的对话关系。这种信任主要是建立在教育组织和教师诚信的基础之上。也就是说，高度组织化和制度化的现代大学，应遵循基本的教育规律和人才成长规律，用"诚信"的教育行为才能培养诚信的人。

其次，知识的创新和发展需要大学诚信。"大学是个公开追求真理的场所，所有研究机会都要为真理服务，在大学里追求真理是人们精神的基本要求，因此，它给大学带来了勃勃生机，是大学进步的条件。"① 柏林大学提出"科研与教学相结合"的理念，无疑是高等教育历史性进步的标志，为大学组织的发展带来新的契机，科研逐渐成为大学学术的重要组成部分。至今，高等教育观念中科学研究的重要性甚至凌驾于教学之上。大学是学者云集的场所，且能将科研与教学完美地结合，因而成为高深知识的集散地，承担着绝大部分知识发展和创新的任务。诚信是学者的底线伦理，在大学科研的过程中教师指导学生从事科学研究，教师的道德品质连同学识潜移默化地遗传给后继的研究者。"如果我们问起教师的影响，而不是他们具体在做什么，那么我们就会认识到，在许多情况下他们是起着道德上导师的作用，影响到学生如何渡过自己的一生。"② 因而，科研过程中学者的诚实对于实现知识的可持续发展至关重要。

最后，知识的应用需要大学诚信。大学组织主要利用其知识资源来履行其服务社会的职能。随着知识经济时代的到来，这一职能不断地得到强化，产学研一体化也逐渐成为高等教育发展理念之一。对于学生的社会服务而言，"应包括如下几个方面的内容：一是推动社区物质文明和精神文明建设，学生应按教学计划为社区提供各种服务，这种服务主要以学到的知识为基础。二是进行各种勤工助学活动，这些活动因工种不同所需知识和能力也不一样，但其中不

---

① 卡尔·雅斯贝尔斯. 什么是教育 [M]. 邹进，译. 北京：生活·读书·新知三联书店，1991：169.
② 唐纳德·肯尼迪. 学术责任 [M]. 阎凤桥，等，译. 北京：新华出版社，2002：78.

少勤工助学需要高级别专门知识。三是参与各种营销工作等。四是为公司、企业做改革与发展的资讯工作。五是其他各种勤工助学活动，它们本身虽然不需要高深专门知识，但有助于学生更好地学习高深专门知识。"① 从辩证唯物主义的观点看，服务社会作为"应用的学术"，是理论与实践相结合的过程。实践是理论的来源，知识领域的扩展需要学者们在实践中发现问题；理论指导实践，探究真理的最终目的就是要指导人们认识世界和改造世界，为全人类谋福祉；同时，实践是检验真理的唯一标准，理论是否符合客观规律，需要在实践中进行检验。因而，"应用的学术"不仅有益于国家和社会的发展，对大学学术自身也具有深远的意义。在为社会提供知识服务的过程中，大学组织及其成员应以公正客观性和公众利益优先性为前提，坚持诚实信用的原则，将理论与实践相结合，在为社会提供知识服务的过程中促进大学学术自身的发展。

综上所述，大学诚信能满足知识发展的需要，有效地调节知识提炼和传承、知识发展和创新以及知识服务过程中人与知识的关系、社会与知识的关系以及人与人之间的关系，进而推动大学组织的可持续发展。高深知识是高等教育系统的基本材料，大学诚信通过规范和约束学术行为有效地推动和促进知识的发展，有利于实现高等教育发展知识的目的，维护和巩固大学知识权威的合法地位。因此，促进大学组织自身的发展，是大学诚信的内在价值。

第二节　大学诚信的个体价值

大学诚信对个体德性完善、知识增长及能力提升所具有的功能和效用即为大学诚信的个体价值。培养人才始终是高等教育最基本的使命，大学作为实施高等教育的主体，必然以实现人自由而全面的发展为终极价值追求。在高等教育实践活动中，教育者根据一定的社会要求对受教育者实施有目的、有计划、

---

① 薛天祥. 高等教育学 [M]. 桂林：广西师范大学出版社，2001：13—14.

有组织的影响，使受教育者的思想和行为发生预期变化。施教与受教构成了完整的教育过程，从施教过程来看，大学组织和大学教师是教育实践活动的组织者与管理者，处于主导地位。但大学生并不是完全被动的，充分发挥其主动性才能形成符合社会要求的知识结构、能力水平和道德素质。基于此，本节主要从个体诚信的养成、思想政治素养的提升，以及自由而全面发展的实现三方面探析大学诚信的个体价值。

一、塑造个体诚信品格

诚信是立人之本，"诚者自成也，而道自道也。诚者物之终始，不诚无物。是故君子诚之为贵"①。大学生是宝贵的人才资源，是祖国的未来，民族的希望，其诚信品德的培育不仅关系大学生自身的生存与发展，还与国家和民族的振兴休戚相关。诚信教育是高等教育不可忽视的重要内容。大学组织及大学教师是高等教育实践活动的组织者和管理者，在施教过程中居于主导地位。康德说："人只有靠教育才能成人。人完全是教育的结果。更可注意的是，只有人才能教育人——换言之，即只有自身受过教育的才能教育人。"② 施教者自身的素质和品质对教育效果至关重要。大学诚信是大学组织作为施教主体在高等教育实践活动中发挥其主体功能的前提，是引导受教育者形成正确的诚信认知、凝聚诚信意志，并铸就诚信行为的基础。

第一，大学诚信引导个体诚信认知。诚信教育最基本的目标是提高个体的诚信认知，形成正确的诚信观念。正如毛泽东所说，"不论做什么事，不懂得那件事的情形，它的性质，它和它以外的事情的关联，就不知道那件事的规律，就不知道如何去做，就不能做好那件事"③。要使受教育者形成社会所期望的诚信品质，首先就必须让他们形成基本的诚信认知，从知识维度和价值维

① 礼记·中庸.
② 瞿菊农. 康德教育论 [M]. 北京：商务印书馆，1930：5.
③ 毛泽东选集：第一卷 [M]. 北京：人民出版社，1991：171.

度把握和了解诚信规范、义务和原则。唯其如此，才能明确诚信实践的具体方向，并为外在的诚信规范内化为诚信品质奠定基础。

完整的诚信观包括知识维度和价值维度的诚信认知。知识维度的诚信认知离不开必要的知识传授与灌输，而价值维度的诚信认知则重在引导，需要调动受教育者的主观性、能动性和创造性，通过自主的伦理思考形成相应的价值判断。大学生是具有独立思维能力的群体，其价值观念的形成是各种因素综合作用的结果。课堂和教材所倡导的价值理念固然具有一定的权威性，但并不意味着大学生会将其全盘接纳。大学生思维活跃，明辨是非能力较强，对环境的影响尤为敏感。"对于生活在文化环境中的个体，文化环境向他提供特定的文化规范及其经验，使其掌握社会规定的技能、信仰和价值。"[①] 诚信教育的课堂，并不局限于教室，而广泛地存在于大学生活动的空间。其中，教育环境中教师的道德水平和大学的道德氛围对于大学生诚信认知的形成尤为重要。"教师是人类灵魂的工程师，是人类文明的传承者，承载着传播知识、传播思想、传播真理，塑造灵魂、塑造生命、塑造新人的时代重任。"[②] 师生关系是大学最基本的人际关系，教师的言行潜移默化地影响着学生，学生在与教师的交往中塑造个体的人格。假若教师德性遭遇怀疑，容易造成师生间信任关系的断裂，学生会重新审视在教育过程中业已形成的价值观念，还可能导致积极的价值观念向消极转换。同时，大学生具有较强的学习能力和可塑性，从外界获取信息的能力较强，大学校园的伦理氛围对于大学生诚信认知的形成也能产生引导和推动作用。在环境的影响下，大学生自发地形成价值判断并进行价值选择。总之，大学诚信对个体诚信认知的形成不仅具有显性的推动和促进作用，还能产生隐性的引导作用，使个体理解和把握知识，并形成社会倡导的价值观念。

第二，大学诚信凝聚个体诚信意志。理性的道德认知并不意味着道德行为的最终发生，知行合一需要以道德意志为动力和保障。道德意志是道德心理机

---

① 张耀灿，等. 思想政治教育学前沿 [M]. 北京：人民出版社，2006：418.
② 教育部课题组. 深入学习习近平关于教育的重要论述 [M]. 北京：人民出版社，2019：27.

制的重要组成部分，是道德认知与道德行为的中介环节。道德个体在道德认知的基础上形成向善的动力，推动其在具体的道德情境中克服困难、抵御诱惑，将价值目标转变为具体的道德行为。因而，道德意志是一种自觉的精神力量。这种精神力量的形成与发展，既不是遗传基因决定的，也不是灵感和顿悟的结果，而是主体在社会实践特别是道德实践的过程中，主客观因素共同作用的结果。

诚信是最基本的道德规范，个体诚信品德的形成必然遵循道德发展的基本规律，要求个体在道德实践中形成坚定的诚信意志。大学诚信为凝聚个体诚信意志创造良好的条件，有利于个体形成诚信决断能力与克己精神。诚信决断能力的形成要求个体将诚信知识内化为指导自己行动的能力，而这种能力的形成要求个体在诚信实践中反复锤炼，将理论与实践相结合，大学诚信使学生个体在诚信的校园中接受正面刺激，有利于激发其求善意识并形成向善能力。道德根本特性在于使人的行动实现"现有"向"应有"的跨越，具有一定的超前性，这种超前性意味着道德主体既要克服自身的困难还要抵御外界的诱惑，要求具备一定的克己精神。大学诚信对个体克己精神产生重要的推动和促进作用。当个人在诱惑面前摇摆不定，在困难面前踌躇不前时，诚信的教育者和教育环境犹如灯塔为其引航，激励个体趋善避恶。

第三，大学诚信铸就个体诚信行为。道德行为与道德品质关系密切，道德品质是道德行为的前提和基础，而一系列的道德行为铸就了稳定、持久的道德品质。大学诚信引导个体形成正确的诚信认知，并凝聚其诚信意志，为社会实践活动中稳定诚信行为的发生奠定心理基础。然而，"伦理德性是一种选择性的品质，而选择是一种经过考虑的欲望"①，道德是人类精神的自律，是一种可选择性义务，诚信行为的最终发生是行为主体在实践中进行价值考量和利益评估的结果。它具有不确定性，受到诸多可变的客观因素的制约。因而，诚信

---

① 亚里士多德. 尼各马科伦理学［M］. 苗力田，译. 北京：中国社会科学出版社，1990：116.

行为的产生不仅要受到个体主观条件的制约，还要求在实践活动中提供必要的社会支持。

大学诚信为个体在道德实践中践行诚信伦理规范奠定基础。首先，大学诚信有利于提升诚信教育的实效性。在诚信的教育实践活动中，教育者首先践行诚信义务，先正己后教人，并引导受教育者践行诚信道德，使教育实践活动达到事半功倍的效果，有利于形成个体诚信行为，进而巩固和发展个体的诚信品质。其次，大学诚信为诚信教育营造了良好的舆论氛围。在实践活动中，人们往往会根据舆论导向调节自己的行为，在风气良好的环境中往往会自觉抑制不良思想和行为，促使个体向正面而积极的方向发展；反之，在风俗败坏的环境中，则会抑制正面的思想和行为，促使人们向消极和落后的方向发展。大学诚信营造诚信文化氛围，批判和鞭挞失信行为，培育个体诚信品质，并敦促个体实践诚信道德规范。

诚信是道德的基石，宋朝周敦颐曾对这一问题进行精辟概括，"诚，五常之本，百行之源也"①，诚信是道德规范和道德原则的根本。"君子养心，莫善于诚"②，"意诚而后心正，心正而后身修"③，唯有至诚，才能达到自我的高度统一，提升个体的德性修养。诚信不仅是"向善"的动力，也是"择善""守善"的必要条件，有利于提高个体明辨是非的能力，在道德实践中提升其道德境界。可见，诚信不仅是最基本的伦理道德规范，也具有提升个体整体道德境界的作用和功能。总而言之，大学诚信是个体诚信的源泉，是培养大学生道德品质的前提和基础。

二、提高思想政治素养

高等教育具有实现个体社会化的功能，引导大学生形成符合社会发展需要

---

① 周子通书·诚下.
② 荀子·不苟.
③ 礼记·大学.

的道德规范、政治思想和法制观念是大学思想政治教育不可推卸的责任。我国思想政治教育具有优良的传统,在人才培养过程中曾取得瞩目的成就。然而,随着时代变迁和社会发展,大学生思想政治教育正面临新形势、新任务和新挑战,思想政治教育遭遇一定程度上的信任危机,威胁教育的有效性。在新形势下,建立思想政治教育信任机制是应对危机、迎接挑战、提高思想政治教育实效性的新课题。大学作为组织、协调和控制大学生思想政治教育的施教主体,其诚信品质与诚信行为是思想政治教育信任机制得以确立的前提,是切实提高思想政治教育实效性、提升大学生思想政治素质的必备条件。

其一,从思想政治教育主体有效性看,大学诚信是发展思想政治教育人际信任的原动力。"所谓思想政治教育信任,指的是思想政治教育的受教育者在接受思想政治教育过程中对思想政治教育本身属性的一种接受和信赖,表征着教育者、受教育者以及教育内容之间的一种稳定的信赖关系。"[1] 关于思想政治教育主客体关系,学术界普遍认同"双主体说",即教育者和受教育者可以互为主体,主体既可以是个人也可以是社会群体或组织。现代思想政治教育理论认为,从授教过程看,教育者是思想政治教育的组织者、协调者和控制者,与受教育者形成教育者(主体)—受教育者(客体)的关系;从受教过程看,激发受教育者的内在动机,调动其积极性、主动性和创造性,促使其形成社会发展需要的道德规范、政治意识与法治观念,形成受教育者(主体)—教育者(客体)的关系。教育者和受教育者之间不是控制与被控制、支配与被支配的,而是平等互动的关系,两者在思想政治教育过程中互为主体。思想政治教育信任,包括教育者作为主体对受教育者的信任,也包括受教育者作为主体对教育者的信任。还存在第三种情况,即将教育者与受教育者均视为主体时,对思想政治教育相关要素的信任。因而,思想政治教育信任主要包括人际信任和要素信任。

---

[1] 王学俭,杨昌华. 思想政治教育过程中的信任因素研究 [J]. 教学与研究,2017 (6):86.

人际信任包括教育者对受教育者的信任，也包括受教育者对教育者的信任。根据具体内容不同，人际信任又可分为认知信任和情感信任。"所谓受教育者认知信任是指受教育者通过自己的理性判断对思想政治教育本身（作为客体）和教育者（作为客体）产生的信任关系。"在教育者与受教育者之间的认知信任关系中，"教育者认知信任应对受教育者认知信任进行正确的引导，帮助受教育者树立正确的认知信任关系"①。情感信任包括教育者情感信任和受教育者情感信任。教育者情感信任是指教育者对受教育者的关爱与尊重，以及对自身职业的热爱与忠诚。受教育者的情感信任是指受教育者对教育者及思想政治教育本身的尊重，以及形成的信任关系。认知信任与情感信任是相辅相成，辩证统一的。前者是后者的前提和基础，而后者则是前者进一步发展的动力。

思想政治教育工作者的人格魅力和教育艺术决定着思想政治教育的信度和效度。无论认知信任，抑或情感信任，教育者与教育机构作为思想政治教育的组织者、协调者和控制者，对思想政治教育信任机制的建立起着关键性的主导作用，其专业素质和人格修养是完善思想政治教育、积累信任资源、赢得尊重与支持的前提和基础，而教育者和教育机构的诚信则是诸多可信资源中的核心要素。"当促进者是一个真实的人，坦诚无疑，同学生建立关系时没有一种装腔作势或者一种假面具，这个时候，他总是能富有成效的。"② 诚信是道德之基，更是教育者与教育机构应秉承的基本原则，敦促教育者与教育机构坚持实事求是的基本原则、与时俱进的基本方法、谦虚谨慎的学习态度，获取能力与资源，改善方法和途径，是提高思想政治教育吸引力和感染力的根本动力。

其二，从思想政治教育过程有效性看，大学诚信是促进思想政治教育内化与外化相转化的助推器。"内化与外化是表示思想政治教育发展过程性质和阶段的范畴。所谓内化是指在思想政治教育过程中基本矛盾转化的第一次飞跃，

---

① 范碧鸿. 思想政治教育主客体信任关系初探 [M]. 理论探讨，2006（6）：163.
② 方展画. 罗杰斯"学生为中心"教学理论述评 [M]. 北京：教育科学出版社，1990：151.

即将社会发展所需要的思想品德转化为受教育者的认识。所谓外化是指在思想政治教育过程中基本矛盾的第二次飞跃，即将受教育者所产生的新思想道德认识转化为行为实践，是一个由内（思想道德认识）向外（行为实践）的发展过程。"① 内化是将社会发展所需要的思想品德转化为受教育者的认识，而外化则是将受教育者所产生的新的思想道德认识转化为行为实践。

内化和外化是思想政治教育过程不可分割的两个环节，内化是前提和基础，外化是目的和归宿。内化是一个接受的过程，即受教育者接受社会主流意识和思想形态，而接受的前提则是对这种意识和思想的信任，即认为它们能够满足个体自身发展的某种需要。同时，外化的过程也离不开教育信任。受教育者已经内化的思想和观念，只有在充分信任这种思想和行为能为自身带来某种利益的情况下，才可能切实地转化为具体的行为。思想政治教育信任是沟通内化和外化的纽带，促进内化与外化的相互转换。这种信任不仅包括对教育者的信任，还包括对思想政治教育本身的信任。思想政治教育内容的信任是当前思想政治教育面临的一大困境，它的解决依赖于教育机构和教育者联系实际进行深刻的理性反思，实事求是地审视困境产生的原因，并积极主动地寻求解决困难的有效路径与方法。思想政治教育内容的可靠性与价值性，是思想政治教育最为重要的可信资源，任何虚拟的、伪造的、与现实相悖的思想政治教育内容均不可能获得受教育者的认同及肯定。对教育者和教育自身有了充分的信任和了解，受教育者才可能将教育所传递的与社会要求相符合的思想道德意识内化为自我认识，并将这种自我认识在实践中外化为具体的行为。内化是"言必信"的过程，而外化是"行必果"的过程，内化向外化的转化即为言行一致的过程，是受教育者诚信的具体表现。

马克思曾说，如果你想感化别人，那你就必须是一个实际上能鼓舞和推动别人前进的人。大学是大学生思想政治教育的施教主体，承担着培育大学生思

---

① 陈秉公. 思想政治教育学原理 [M]. 北京：高等教育出版社，2006：106.

想政治素质的重要职责。大学教师的人格素质和专业修养，对于教育主体作用的发挥、思想政治教育的完善和发展，具有至关重要的作用。从思想政治教育过程的有效性看，教育者的诚信是施教主体和教育自身获得尊重、支持的尤其重要的信任资源，是内外化相互转换的动力机制；而受教育者的诚信，则是实现思想政治教育过程第二次飞跃，实现知行转化的前提和基础。

三、促进人的自由全面发展

人是社会的本体，人的发展是社会发展的最终旨归。马克思、恩格斯把人的自由全面发展作为社会主义和共产主义的根本目标，在经典文献《德意志意识形态》中，马克思以一种浪漫的笔调对未来社会人的发展状况进行了较为抽象的概括，"在共产主义社会里，任何人都没有特定的活动范围，每个人都可以在任何部门内发展，社会调节着整个生产，因而使我有可能随我自己的心愿今天干这事，明天干那事，上午打猎，下午捕鱼，傍晚从事畜牧，晚饭后从事批判，但并不因此就使我成为一个猎人、渔夫或批判者"①。社会发展至这一阶段，生产力水平高度发达，社会制度不再成为束缚人的力量，人"以一种全面的方式，也就是说，作为一个完整的人，占有自己的本质"②。然而，实现人的全面发展是联结共产主义远大目标和现实的桥梁，是一种理想，一种追求，一种人和社会的信念。在现实的社会生产条件下，人们仅可能朝着这个目标和方向不懈努力并无限靠近，以实现个人的完整发展、和谐发展、多方面发展和自由发展。

马克思主义认为生产劳动与教育相结合是实现人的全面发展的唯一途径。我国在社会主义现代化建设和改革开放的进程中，将马克思主义"人的全面发展学说"作为确定教育目的的理论基础。能正确认识"人的全面发展"，是实现教育可持续发展的重要前提。从发展动力来看，人的全面发展是内在与外

---

① 马克思恩格斯选集：第一卷［M］．北京：人民出版社，1995：85.
② 马克思恩格斯全集：第四十二卷［M］．北京：人民出版社，1979：123.

在、主观与客观的统一，既体现了人自身追求丰富、完善、和谐的内在本能，又体现了促进社会发展的外在需求。从发展含义来看，则是相对于片面发展而言的。"'人的片面发展'的实质是指人在发展上受强制、遭奴役、被凝固，以及由此而造成的人在发展上的分裂、失衡、扭曲和畸形。在片面发展的状态下，人所感受到的是痛苦、折磨和摧残，是自由和自主的沦丧。与之相对应，'全面发展'的实质是指人在发展上的自由、自主、和谐、丰富以及流动和变化。在全面发展的状态下，人所感受到的是幸福和愉悦，是自我价值和尊严的实现和确立。"① 由此可见，"人的全面发展"并非一个绝对的概念，而是人们朝这个方向不懈努力又永无止境的目标，它的实现仅是相对于当时特定的社会条件和个人的主客观条件而言的。同时，"人的全面发展"要反对取向上的替代性和平均性，它是完整发展、和谐发展、多方面发展和自由发展的统一，各种最基本和最基础的素质得到完整、和谐和统一的发展是"全面发展"之要义，而"自由发展"的本质则是"个性发展"。实现人的自由全面发展，不仅要实事求是地以现有的社会历史条件为前提，还应遵循个人成长发展的客观规律，并尊重个性，使每个人的才能尽可能不受约束地得到发展。

　　高等教育是教育发展的高级阶段，是追求个人幸福和完善自身的重要途径和方法，我国高等教育人才培养目标的确立也是以马克思主义人的全面发展学说作为理论基础。然而，在教育改革和发展的进程中，人们往往容易误解"人的全面发展"，导致教育目的与功能的异化，甚至有学者忧患地提出我国高等教育陷入"制器"而非"育人"之僵境，还有学者针对我国教育弊端，倡议超越"半人时代"发展"全人教育"。无论是"育人而非制器"的提出，还是"全人教育"观念的倡导，都体现了我国现有教育体制和教育环境有待改革和创新。如何在高等教育改革的进程中切实解决上述问题，无疑应坚持实事求是的基本原则和言行一致的行为方式。大学作为高等教育系统的核心机

---

① 扈中平. "人的全面发展"内涵新析 [J]. 教育研究，2005，26（5）：4.

构，是改革的主要推动者和实践者，更应秉承诚信原则，遵循高等教育运行和发展的规律、人才成长的规律，以促进人的自由全面发展和社会的可持续发展。

首先，从高等教育系统宏观运行的角度，大学诚信是实现高等教育可持续发展的客观要求。习近平总书记在全国教育大会强调："我们要坚持我国教育现代化的社会主义方向，坚持教育公益性原则，把教育公平作为国家基本教育政策。"① 随着高等教育大众化时代的到来，越来越多的适龄青年有机会分享社会的高等教育资源，如何公平公正地分配资源关系到个人幸福的实现和人的自由全面发展。高等教育系统具有多层次性，存在着特色各异和发展水平参差不齐的大学，进入与个人主客观条件相适应的大学进行学习和深造，是实现人自由全面发展的重要方面。这一目标的实现，要求大学组织诚信地对待其利益相关者。大学应依法办学，在接受相关部门管理的过程中，传达确切、真实的信息，以确保高等教育宏观管理的有效性，以及高等教育资源分配的公正合理。大学应坚持诚实信用的原则处理与利益相关者的关系。如在招生宣传的过程中，大学应诚实地介绍其现状和发展前景，让学生和家长获得可靠信息，以便进行正确的决策，并确保高等教育竞争的公平和公正。

其次，从组织发展的角度，诚信是大学可持续发展的必然条件。大学是高等教育系统的核心机构，其自身的发展和完善与组织内部个体尤其是大学生的自由全面发展息息相关，可以说大学的可持续发展是实现大学生自由全面发展的条件和保障。大学自身的发展，则以自由为其生命的源泉，而自由以诚信为前提。在人类历史的进程中，大学被誉为人类文明之花，是智性和德性的象征，以其出淤泥而不染的道德形象获得世人的赞誉，也因此得到维系其发展所需的资源。在现代社会，大学在德性和智性上仍然具有权威性，被认为是复杂社会中最为圣洁的领地。可以说智性和德性是大学的两翼，两者相辅相成、缺

---

① 习近平谈治国理政：第三卷［M］. 北京：外文出版社，2020：348.

一不可。而诚信则是道德之基。它不仅是学术发展的伦理核心，也是大学最为重要的德性资源。如果大学诚信缺失，则容易导致其信誉坍塌，大学无法获得维持其发展的物质资源和人力资源。这种行为无异于作茧自缚，最终会导致其生命的衰竭，而大学生作为教育对象必然成为首当其冲的受害者。高质量的教育教学无法保障，大学生个体的自由全面发展便无从谈起。

再者，从人才成长的角度，大学诚信是实现人全面发展的重要前提。大学组织及大学教师是高等教育的主要组织者和实施者，具有高度的自由度和自觉性，把握着人才培养质量的命脉。习近平总书记在北京大学师生座谈会上提出："大学是立德树人、培养人才的地方，是青年人学习知识、增长才干、放飞梦想的地方。借此机会，我想就学校培养什么样的人、怎样培养人，同各位同学和老师交流一下看法。我先给一个明确答案，就是我们的教育要培养德智体美全面发展的社会主义建设者和接班人。"[1] 大学的诚信自觉关系着大学人才培养目标的实现，关系着大学生身心和谐，真、善、美的统一，乃至德、智、体、美等方面的全面发展。大学生身心相对成熟，大学组织目标的确立应遵循其发展规律，考量其发展现状，并确保各种基本要素得到充分的发展。大学生已经具备相对独立的人格和自由的个性，在高等教育实施的过程中，不能一把尺子量到底，按照某一标准或固定模式来培养学生，应尊重每一个体独特的个性，并给予自由发展的空间，使大学生的创造性和独特性得以彰显。此外，大学目标的践行也以大学诚信自觉为前提，唯其如此，才能在高等教育实践活动中选择适当的教育内容与有效的教育方法，创设规范、民主和公平的教育环境，充分调动学生的主动性、积极性和创造性，使每个人的才能得到淋漓尽致的发展。

---

[1]　习近平. 在北京大学师生座谈会上的讲话［N］. 人民日报，2018-05-03.

第三节　大学诚信的社会价值

"建设教育强国是中华民族伟大复兴的基础工程，必须把教育事业放在优先位置，深化教育改革，加快教育现代化，办好人民满意的教育。"① 现代大学已成为社会的轴心机构，与国家发展与民族振兴休戚相关。"一个国家的实力有两个方面，一种是'硬的力量'（hard power）……；另一种是'软的力量'（soft power）。进入二十一世纪，这种软的力量显得尤其重要，大学更加成为这种软的力量的发源地，诸如新知识、新观念、新方法、新的组织形式、新的制度结构，都属于软的力量。"② 大学是"知识的仓库"，是"智慧炼丹师的实验室"，科学与人文在此融合，知识与智慧在此转换。它不仅是国家形象的象征，更是国家力量发展与壮大的动力机。大学诚信是调节大学组织行为的伦理道德规范，是大学自身完善和发展的价值追求；同时，大学诚信也是大学履行其社会职责、完成其历史使命的必要条件。因而，大学诚信既具有目的性价值，又具有满足社会需求的工具性价值，是工具理性与价值理性的辩证统一。基于此，从如下三方面探讨大学诚信的社会价值：大学诚信是社会诚信生态链的关键环节，是社会诚信建设的示范者和引领者；大学诚信是提升国家文化软实力的必要条件，是软实力发展对大学所提出的伦理要求；大学诚信与建设创新型国家休戚相关，不仅能促进大学知识创新的速度和水平，还能提升大学所培养的创新型人才的智性与德性。

一、社会诚信生态链的关键环节

诚信是具有原初性和始基性的伦理道德规范，在历史发展进程中，诚信是人们永恒的伦理期待。20 世纪末，诚信缺失现象波及政治、经济、文化和社

---

① 习近平谈治国理政：第三卷 [M]. 北京：外文出版社，2020：35-26.
② 丁学良. 什么是世界一流大学？[M]. 北京：北京大学出版社，2004：31.

会各领域，产生了巨大的负面效应，建设社会诚信成为迫在眉睫的社会问题。党领导人民不断推进社会诚信建设，颁布并实施系列政策举措，取得了较大成效。2012 年，习近平总书记在党的十八大报告中明确："倡导富强、民主、文明、和谐，倡导自由、平等、公正、法治，倡导爱国、敬业、诚信、友善，积极培育和践行社会主义核心价值观。""深入开展道德领域突出问题专项教育和治理，加强政务诚信、商务诚信、社会诚信和司法公信建设。"① 党的十八大以来，社会诚信建设在各领域全方位开展。2017 年，党的十九大强调，"推进诚信建设和志愿服务制度化，强化社会责任意识、规则意识、奉献意识"②。2019 年，中共中央、国务院印发《新时代公民道德建设实施纲要》再次强调："诚信是社会和谐的基石和重要特征。要继承发扬中华民族重信守诺的传统美德，弘扬与社会主义市场经济相适应的诚信理念、诚信文化、契约精神，推动各行业各领域制定诚信公约，加快个人诚信、政务诚信、商务诚信、社会诚信和司法公信建设，构建覆盖全社会的征信体系，……重视学术、科研诚信建设，严肃查处违背学术科研诚信要求的行为。"③ 社会诚信建设是一个复杂而系统的工程，需要全体社会成员在实践过程中付出艰苦卓绝的努力。大学是社会诚信建设的思想库和人才储备库，社会诚信建设需要诚信的大学为其保驾护航，为其提供可资借鉴的智力资源，并源源不断向社会输送诚信人才。

一方面，大学为社会诚信建设提供智力资源。1998 年，联合国教科文组织在巴黎召开了首届世界高等教育大会，通过了《世界高等教育宣言——为了 21 世纪：视野与行动》《高等教育变革与发展的优先行动框架》两个重要文件，明确了高等教育的根本任务是推动社会可持续发展和进步。"大学可以利用自己的自治地位，针对未来社会的各种重大伦理和科学问题展开辩论，还可以同教育系统的其他部分建立联系，向成人提供重新学习的机会，并作为研

---

① 十八大以来重要文献选编：上 [M]. 北京：中央文献出版社，2014：25.
② 习近平谈治国理政：第三卷 [M]. 北京：外文出版社，2020：34.
③ 新时代公民道德建设实施纲要 [M]. 北京：人民出版社，2019：17.

究、丰富和保护文化的中心发挥作用。"① 大学在社会道德建设中所承担的职能，是由其"知识权威"的社会角色所决定的，尤其是知识经济时代的大学，已经成为知识的生产商、批发商和零售商。作为"理性的象征"，大学是社会主流价值取向的引导者。"因为我们个人或社会行为的成功最终都建立在我们对自然、宇宙的认识之上；建立在我们对历史长河中的人类的命运的真实信念之上；建立在关于善与恶以及如何区分善恶，关于真理以及区别真理与谬误的认识之上。在以往的时代，这些问题的答案看管人是牧师和各王朝的国王、皇帝、朝臣、官吏和部长。但今天，所有这些人都必须让位给全体学者。"② 大学不再是与世隔绝的象牙塔，它在为各类社会现实问题提供知识咨询的过程中显示其独有的价值。

　　理论是行动的先导，社会诚信建设作为一项长期而复杂的社会实践活动离不开道德理论的正确指导；同时，知识与德性密切相关，"无知识的德性，仅仅依据于教育、习惯、权威、正确的意见的德性是一种盲目的摸索，它也可能偶然找到正确的道德，但只有对善的科学知识能使人的意志正确、确实和稳定"③。社会诚信建设需要从认知层面回答何谓社会诚信，明确具体历史条件下社会诚信的独特内涵以及社会诚信建设的方向；从价值层面思考社会诚信建设的意义；从实践层面探究解决问题的具体途径；等等。大学作为学科融会的中心，是知识与智慧转化的场所，对于回答上述理论问题具有不可推卸的责任。这一责任的承担又以大学诚信为前提，诚信的大学才可能为社会诚信建设提供可靠的理论建议。反之，谬误或无效的理论不仅无益于问题的解决，还可能影响社会诚信的整体状态。

　　另一方面，大学为社会诚信建设培养人才。社会是个人的集合体，个人诚

---

① 联合国教科文组织. 教育：财富蕴藏其中 [M]. 北京：教育科学出版社，1996：124.

② 约翰·S. 布鲁贝克. 高等教育哲学 [M]. 王承绪，郑继伟，张维平，译. 杭州：浙江教育出版社，2001：140.

③ 金耀基. 大学之理念：增订版 [M]. 北京：生活·读书·新知三联书店，2008：193.

信是社会诚信的前提和基础，而大学承担着培养公民诚信意识的神圣职责。德性的完善是教育永恒的追求，"不论东方、西方，传统上教育的目的都是在培育人的德性……希腊哲人亚里士多德讲教育，最主要目的是要给市民培养一种有德性的生活。欧美教育一向以来也是重视德性和知性两方面的，也即是德育和智育"。同时，"大学的本质要求它自身不能只是作为职业训练场所而存在，还应该在培养具有道德水平的人方面发挥自己的责无旁贷的责任"①。我国高等教育在实践过程中，以"立德树人"为根本任务，始终将大学生诚信教育放在大学生思想政治教育的重要位置。精英化高等教育阶段，大学主要为社会选拔精英，并将他们培养成为社会各领域的领袖，高等教育资源仅为少数人所享有。进入大众化阶段，高等教育几乎成为个体职业生涯的前奏，社会精英与绝大部分普通劳动者都要经历大学阶段的学习，大学时期所形成的诚信观念将伴随其走入社会并影响终生，大学生诚信教育是社会诚信建设的必要准备。然而，大学生诚信教育的有效性与大学诚信呈正相关，诚信的大学使大学生耳濡目染、潜移默化，自觉形成诚信认知、磨炼诚信意志、实践诚信行为；而大学的失信极易导致学生对大学的不信任，甚至对大学所组织的教育活动产生抵触心理，不仅难以形成社会所期望的诚信品质，还可能降低大学生已有的道德水平。

由此可见，大学诚信是社会诚信建设的基础与前提。社会诚信既是对社会整体诚信状况的宏观评价，也是对中观社会组织诚信水平的总体概括，还是微观个体诚信品质的综合考量。诚信在本质上是一种关系性的存在，在主客体的互动中得以表征，而社会诚信亦是社会成员之间诚信互动的产物。可以说，社会诚信是一个完整的道德生态系统，某一社会组织的失信行为可能引发其他社会组织和个体的失信效仿，并产生无法控制的系列连锁反应。在社会诚信生态链条中，政府和企业的诚信状况占据非常重要的地位。政府作为公众利益的代

---

① 蒋凯. 跨越知识与道德的鸿沟：关于大学培养目标的思考 [J]. 现代大学教育，2003（3）：13.

理人，是社会诚信建设的基石和灵魂，为社会诚信建设提供制度保障，政府诚信对社会诚信产生极大的示范效应，可以说政府诚信是社会诚信生态链的始基。企业是市场经济的主体，企业诚信对本行业及相关行业的诚信状况产生直接影响，也可能广泛波及不同社会群体的诚信状况，对社会诚信风尚的形成产生决定性的作用。那么，大学作为实施高等教育的社会组织在社会诚信生态链中处于何种位置？这是由大学在社会中的地位和作用所决定的。

知识经济时代，大学已成为社会轴心机构，是经济发展的"动力站"，社会进步的"推动器"，肩负着人才培养、科学研究和社会服务的职能。已成为社会轴心机构的大学，是推动社会发展不可或缺的组织机构，大学诚信不仅是社会诚信的表征，也是推动社会诚信发展的动力。大学被誉为"社会的良心""海上灯塔""社会之光"，在社会道德建设中肩负神圣使命和职责，指引着人类文明的方向。应充分发挥大学在社会道德建设中的引领和示范作用，加强大学诚信建设，为社会诚信树立标杆；同时，还要发挥其"智力中心"和"人才储备库"的优势，深入诚信建设相关理论研究，为社会诚信建设提供理论依据；此外，还要通过教育教学为社会培养诚信人才，为诚信社会的建设和发展奠定坚实的基础。然而，无论是智力资源的提供，还是诚信人才的培养，均以大学自身的诚信为前提和基础。若大学失信则危及大学本体，学术发展与教育教学均不可能达到预期目标，甚至可能对社会诚信建设产生巨大的负面效应。总之，大学诚信是社会诚信的源头活水，是社会诚信生态链的关键环节。

二、提升文化软实力的有力杠杆

"文化自信是一个国家、一个民族发展中最基本、最深沉、最持久的自信。"① 基于对当今世界文化发展战略意义的深刻认识，党的十九大再次强调："文化是一个国家、一个民族的灵魂。文化兴国运兴，文化强民族强。没有高

---

① 习近平谈治国理政：第三卷 [M]. 北京：外文出版社，2020：18.

度的文化自信，没有文化的繁荣兴盛，就没有中华民族伟大复兴。要坚持中国特色社会主义文化发展道路，激发全民族文化创新创造活力，建设社会主义文化强国。"① 大学是科学与人文交汇的场所，知识与智慧转换的空间，在提升国家文化软实力、实施文化强国战略进程中承担着重要的使命与职责。大学诚信能内化为大学人的精神力量，有利于增强文化的吸引力、传播力和影响力，是提升国家文化软实力、实施文化强国战略的有力杠杆。

首先，大学诚信有利于推动文化发展进程，增强我国文化吸引力。文化是人类在长期的劳动实践中创造的，它是人本质力量的外化，也是人本质力量的体现和证明，可以说人的本质与文化的本质是相互规定的。然而，文化一旦经人创造，便成为独立于人的"异己"力量，制约和影响着人类自身的发展。文化与人是既对立又统一的矛盾关系，一方面，人创造和丰富着文化的内涵，文化与人是统一的；另一方面，文化对人的发展又产生重要影响，文化与人是相互对立的。教育实践活动是形成这种对立统一关系的中介，它通过选择和传递文化，使人占有并适应文化，也使文化适应人的发展；同时，文化通过教育得到传承，并在教育过程中创造了新的文化成果，使人与文化之间形成了新的矛盾。"不论是在哪一个历史时期、哪一个国家，教育都起着选择、传递、创造文化的作用。"② 教育的这种中介作用，使文化与人始终在适应与超越的矛盾统一中互促发展。

高等教育是建立在普通教育基础上的较为高级的教育形式，传授和研究高级而专门的学问，培养掌握高深知识的专门人才。高等教育也是文化与人共同建构的过程，对文化的变迁和发展有着突出重要的作用，其作用方式主要体现为选择文化、批判文化，传承文化、传播文化，适应文化、创新文化。大学是实施高等教育的主体，大学的观念和行为与大学在文化变迁和发展中所发挥的作用密切相关。大学通过选择和传播文化，培养社会所需要的人才，使传统文

① 习近平谈治国理政：第三卷 [M]. 北京：外文出版社，2020：32.
② 张应强. 文化视野中的高等教育 [M]. 南京：南京师范大学出版社，1999：32.

化得以延续；同时，通过建设性的批判完善和发展文化，创造符合社会发展规律的先进文化，引领社会主流文化的发展方向。传承与批判是大学在文化变迁和发展中的基础性工作，而诚信则是传承与批判中必备的伦理品质。大学秉承实事求是的精神，公正客观、科学合理地对待已有文化成果，撷取精华、去除糟粕，是促进文化发展的重要条件。可见，文化的变迁和发展离不开大学，而大学对文化的促进作用则是以诚信为前提和基础。因此，大学诚信有利于推动先进文化的发展进程，提升我国主流文化的吸引力。

其次，大学诚信有利于促进文化交流融合，增强我国文化内聚力。在现代社会，大学已经成为文化创新的主要策源地，成为新文化精神的培育基地。西方教育家倾向于认为，大学的本质，在于把一群优异的年轻人聚在一起，让他们创造力相互激励，产生使他们终身受益的智慧。大学不仅是创造和发展文化的重要的社会组织，也是文化交流与融合的主要平台。流水不腐，户枢不蠹，思想的火花往往在交流和碰撞中产生，守旧与封闭容易导致思想的停滞和文化的衰落。大学作为知识分子和未来知识分子聚集的场所，崇尚自由与独立，追求卓越与个性，因而成为文化创新的圣地，文化交流的主要平台。

文化以价值观为核心，任何国家和民族都有占据主导地位的价值观，并以这种价值观团结民心并凝聚民力。"大学承担着文化的研究、积累、传承、创造、融合、引领功能，是追求真理、担当正义的化身，是公众的头脑、道德的楷模、社会的良心、人类文明的寓所、象征和希望，是社会的灯塔，被西方社会称为世俗的教会、'精神中心'，发挥着为社会问题寻求对策，为社会发展提供导向和道德理想，充当社会认知的裁判等特殊功能。"① 在全球化和多元化的文化背景下，意识形态的斗争愈演愈烈，图谋不轨的不法分子和敌对势力从未放弃对我国进行思想的渗透，而大学往往成为意识形态斗争的主要阵地。大学巧妙应对多元文化的挑战，维护文化安全和社会稳定成为首要的任务。专

---

① 郭秋平. 大学精神与大学责任 [J]. 国家教育行政学院学报, 2014 (9)：49.

断容易造成思想闭塞和文化停滞，放任则会引发价值体系紊乱和崩溃。现有社会条件下，以社会主义核心价值观为主导，鼓励多元文化发展是实现文化繁荣的必然选择。然而，文化是有意识的人类活动，是对客观实际的能动反映，大学与大学人能否遵循社会发展的规律，把握社会未来发展的方向，往往成为制约文化发展的决定性因素。大学诚信是大学与大学人认清社会形势、把握客观规律的重要条件，也是解决大学文化繁荣与维护文化安全、提升文化内聚力的客观需求。

再次，大学诚信有利于实现文化有效传播，增强我国文化辐射力。文化软实力为一国的文化内容对他国形成的吸引力，提升国家文化软实力不仅要苦练内功，加强本民族文化自身的发展，还要进行有效的文化传播，使其价值观念和文化传统为他国所认可和接受。大学是将软实力资源转化为软实力的重要平台，往往成为文化软实力竞争的主要阵地。因而，在高等教育日益国际化的现代社会，吸引留学生往往成为提升文化软实力的重要手段。最早提出"软实力"概念的约瑟夫·奈在总结美国软实力发展的历史经验时，指出"美国每年有 50 万在各大学深造并回国的外国留学生，美国向他们以及那些在硅谷成功后回国的亚洲创业者们所灌输的美国思想和价值观越来越能达至掌权的社会栋梁。许多中国领导人将子女们送至美国深造，他们所描述的美国的现实与中国官方宣传的不一样"①。

高等教育是进行文化传播的平台，促进高等教育国际化是提升国家文化软实力的必要途径。大学生是思想最为活跃的群体，正处于人生观、世界观和价值观的形成时期，对大学生进行意识形态的影响是文化软实力竞争最富远见卓识的途径，决定能否在未来文化软实力竞争中取得有利地位。因而，提升国家文化软实力有必要提高高等教育的国际竞争力。大学声誉是构成高等教育国际竞争力的重要因素，它的形成是长期积累的过程，是对大学各种力量综合权衡

① 约瑟夫·奈. 软力量：世界政坛成功之道 [M]. 吴晓辉，钱程，译. 北京：东方出版社，2005：13.

的产物。大学诚信并未有精确的标准，而是人们在长期观察中对大学印象的累加。根据声誉理论，信任是声誉形成的主观条件，而信任的形成则以大学和大学人的诚信为基石。若大学失信，可能引发大学的信任危机，甚至导致大学形象的坍塌，这一问题在后文还会进行详细论述。总之，大学诚信不仅是构成大学自身软实力的重要因素，也是提升国家文化软实力不可忽视的必要环节。

三、建设创新型国家的客观要求

创新是一个民族进步的灵魂，是国家兴旺发达的不竭动力。特别是现代社会科学技术日新月异，新发明、新创造层出不穷，知识生产、知识传播不断加速，知识和人才成为社会发展进步的第一资源，知识经济、创意产业成为重要经济形态，创新能力成为综合国力和国际竞争力的核心因素。习近平总书记在庆祝改革开放 40 周年大会上的讲话中指出："我们要坚持创新是第一动力、人才是第一资源的理念，实施创新驱动发展战略，完善国家创新体系，加快关键核心技术自主创新，为经济社会发展打造新引擎。"[1] 少年强则国强，大学兴则国兴。大学作为科技第一生产力和人才第一资源库的重要结合点，在创新型国家建设中承担着重要的职责和使命，既要促进知识创新以实现科学技术的进步和发展，还要源源不断地为社会培养具备良好创新意识和创新能力的人才。

（一）研究型大学：建设创新型国家的必由之路

社会的现代化，关键是科学技术的现代化；国家的创新，主要在于科学技术的创新。创新型国家已成为世界各国竞相追逐的目标，它至少包括如下四方面的特征："一是创新投入高，国家的研发投入占 GDP 的比例一般在 2% 以上；二是科技进步贡献率达 70% 以上；三是自主创新能力强，培养和汇集了大批创新型人才，国家的对外技术依存度指标通常在 30% 以下；四是创新产出高。目前世界上公认的 20 多个创新型国家所拥有的发明专利数量，占全世界总数的

---

① 习近平谈治国理政：第三卷 [M]. 北京：外文出版社，2020：186.

99%。"① 根据创新型国家的评价指标，科技进步贡献率、自主创新能力和创新产出均与高等教育密切相关，大学已成为科学创新和技术创新的核心机构。早在十多年前，"2/3 的 *Nature* 和 *Science* 论文，3/4 的诺贝尔科学奖是由大学发表与获得的。其中，前 100 名大学在 *Nature* 和 *Science* 上发表的论文占大学在这两个刊物上发表论文总数的 3/4 左右，前 100 名大学获得的诺贝尔科学奖占大学获奖总数的 94%"②。

　　高等教育与国家创新能力密切相关，大学不仅是知识创新的主要基地，还是科技进步和人才培养的结合点。习近平总书记在全国科技创新大会、两院院士大会、中国科协第九次全国代表大会上的讲话中指出："科研院所和研究型大学是我国科技发展的主要基础所在，也是科技创新人才的摇篮。要优化科研院所和研究型大学科研布局。……研究型大学要加强学科建设，重点开展自由探索的基础研究。要加强科研院所和高校合作，使目标导向研究和自由探索相互衔接、优势互补，形成教研相长、协同育人新模式，打牢我国科技创新的科学和人才基础。"③ 研究型大学是以创新型知识的传播、生产和应用为中心，以高水平的科研成果和培养高层次精英人才为目标，在社会发展、经济建设、科技进步、文化繁荣、国家安全中发挥重要作用的大学。建设创新型国家，不仅需要进行持续不断的知识创新，更要注重培养具备实践能力和创新能力的拔尖人才。知识创新与真理探索是研究型大学的立身之本，是其存在和发展的意义所在。同时，培养具备创新思维、创新意识与创新能力的人才更是研究型大学的传统。研究型大学将科学研究与人才培养完美地结合起来，学者带领青年学生漫步于科学的殿堂，体验研究的艰辛，分享真理探究的奥妙与乐趣，并进行精神的交往，既提高了研究能力、拓宽了知识视域，也形成了受益终身的学术品质。大学是一个勃发的学术世界，相对于其他研究机构更富有生机和活

---

① 周其凤，王战军，郭樑，等. 研究型大学与高等教育强国 [M]. 北京：科学出版社，2009：11.
② 周其凤，王战军，郭樑，等. 研究型大学与高等教育强国 [M]. 北京：科学出版社，2009：11.
③ 十八大以来重要文献选编：下 [M]. 北京：中央文献出版社，2018：338.

力，研究型大学的学术氛围是任何其他研究机构所不可媲美的。而且，现代社会任何研究机构的研究者均不可避免地在大学接受必要的学术训练，毕竟在知识爆炸的现代社会鲜有自学成才者。可见，研究型大学是国家创新体系的核心要素，加强研究型大学的竞争力是走向创新型国家的必要途径。

（二）大学诚信：建设研究型大学的内在要求

科技进步是扎根在教育中的，科学技术作为第一生产力，其长足发展诉诸教育的兴盛，尤其是高等教育的兴盛。而研究型大学在一国高等教育系统中又居于领军地位，对整个高等教育的进步起着关键的作用。研究型大学是创新型知识的发源地，尤其是拔尖创新人才的孕育场所，在国家创新体系中的功能和作用超越于教学型大学。然而，研究型大学的形成与发展并非纯粹主观意识所为，它是内外因共同作用的结果。"教学与研究相结合""学术自由"等传统的大学理念，是研究型大学实现知识发展与人才培养目标的重要推动因素。无论是创新型知识的生产、传播和应用，还是拔尖创新人才的培养都要以大学组织及大学教师在高等教育实践活动中的诚信为前提。可以说，大学诚信是研究型大学保持其生命活力的源泉。

首先，创新型知识的生产、传播和应用需要大学诚信。创新型大学通过传播和应用知识成为社会知识的源泉，而传播与应用以创新型知识的生产为前提。具有原创性的知识产生是一个漫长而持久的过程，尤其是基础性知识的创新，需要研究者付出加倍的努力，很可能经历无数次失败。1867 年，约翰·霍普金斯大学的成立是美国研究型大学正式形成的标志，校长吉尔曼在就职典礼上阐述了这所大学的办学思想："最慷慨地促进一切有用知识的发展，鼓励研究，促进青年人的成长，促进那些依靠其能力而献身科学进步的学者的成长。"[1] 遵循科学发展的客观规律，营造自由、宽容的学术环境是建设一流学科，促进知识创新的重要前提。任何急功近利的思想，都可能延误学术的发

---

[1] 周其凤，王战军，郭樑，等. 研究型大学与高等教育强国 [M]. 北京：科学出版社，2009：21.

展，容易使学者陷入浮躁的泥淖，甚至诱发造假、剽窃等学术失范行为。追求卓越的大学更应遵循学术发展的客观规律，将依法办学与合理办学相结合，制定科学合理的现代大学制度，为学术创新创造条件，营造氛围。

其次，拔尖创新人才的培养需要大学诚信。人是生产力中最革命、最活跃的因素，培养高质量、高水平、高境界的拔尖创新人才是研究型大学的主要任务，也是建设创新型国家的必要条件。拔尖创新人才是品德、知识和能力全面发展的人才，尤其具有超群的创新能力和创新思维，能够产生一定的社会影响，具有引领社会发展方向的使命感和责任感。也就是说，拔尖创新人才既需要掌握精深的专业知识，还应该具备丰富的人文情怀，是对工业经济时代知识型和工具型人才的超越。大学在人才培养的过程中，应当秉承"育人"而非"制器"的理念，遵循人才成长规律。诚信是立人之本，德才兼备的拔尖创新人才更应具备诚信道德。可以说，诚信是学术创新对研究主体所提出的最基本的伦理需求，离开诚信，创新的源泉必将枯竭，建设创新型国家也会成为虚空的符号。

第四章　我国大学诚信的现状审视与成因剖析

　　"如果没有那些非公正的事情，人们就不知道公正的名字。"① 结合前文关于大学诚信相关理论问题的论述，从社会现实的视角梳理当前我国大学诚信失范的主要表现，分析其可能带来的严重危害，并深入剖析问题产生的原因，是建设我国大学诚信的基础和前提，也是理论工作者不可回避的职责和使命。失范属于社会学范畴，代表社会秩序紊乱和道德规范失衡的反动倾向，就正常的社会秩序而言，失范是可以治愈的反常现象或病态现象。② 大学诚信失范，即为大学组织及其成员对高等教育诚信伦理的僭越，主要表现为教学诚信失范、科研诚信失范和社会服务诚信失范。党的十八大以来，我国大学诚信建设取得较大成效，但仍然存在诚信失范现象，若不及时治理也可能危及大学本体，且影响和制约个体及社会的发展。究其根源，我国大学诚信失范现象依然存在是多重因素共同作用的结果，本文主要从系统论的视角分析宏观、中观和微观层面的原因。

第一节　我国大学诚信失范的主要表现

　　大学诚信是高等教育伦理应然，是大学良性运行必须遵循的基本原则，也

---

① 周辅成.西方伦理学名著选辑［M］.北京：商务印书馆，1987：12.
② 渠敬东.缺席与断裂：有关失范的社会学研究［M］.上海：上海人民出版社，1999：138.

是社会公众对大学最基本的伦理期待。组织层面的大学诚信失范和个体层面的教师诚信失范与大学所承担的道德责任及千百年来大学努力塑造的道德形象严重背离，已成为高等教育遭受批判和质疑的焦点。现代大学已是高度组织化的制度性存在，具有超越于个体的利益诉求和价值取向，在日益功利化的社会环境影响下，大学道德探索与德性实践的传统逐渐失落，道德危机与财政危机、质量危机并称为高等教育三大危机。党的十八大以来，我国高等教育实现跨越式发展，把诊问脉高等教育发展进程中尚且存在的诚信失范现象，是加强我国大学诚信建设的前提和基础，也是新发展阶段推进"双一流"建设的题中应有之义。诚信失范是大学道德滑坡的集中表现，在高等教育实践活动中主要表现为教学诚信失范、科研诚信失范和服务诚信失范。

一、教学诚信失范

培养人始终是大学最基本的使命，而教学则是实现人才培养目标的主要途径，是把教育思想转变为教育结果的重要环节和中介。"教师在教学生活中对发生在课堂中、课堂外的道德问题进行引领与示范，发挥道德领导力，就是一种有力的德育。"① 大学教学被誉为一项传授高深知识的"良心活"，大学教师是教育教学活动的组织者和实施者。因而，教学诚信主要通过大学教师的教学工作得以体现和表征。在教学中，教师要恪尽职守，遵循职业道德和伦理规范，例如负责、热情、公平等。大学应该是一个诚实守信的社会组织，大学教师是"一个可靠的学者"②。虽然，当前大学教学整体状况表现良好，但与教育规律和人才成长规律相悖的教学价值取向依然存在，践踏师德并僭越职业道德操守的行为屡见报端。深化大学教学改革，提高高等教育质量，有必要对当前大学教学中存在的诚信失范现象进行归纳和总结。

第一，教学取向诚信失范。在大学教学过程中，"教授们承担一项特殊的

---

① 高德胜. 向教学生活要德育 [J]. 上海教育科研，2019（6）：1.
② 唐纳德·肯尼迪. 学术责任 [M]. 阎凤桥，等，译. 北京：新华出版社，2002：90.

任务，就是培养学生，发展学生的智力与独立性，这终究是他们首要的工作"①。教学应以学生的全面发展和社会的长远利益为最终目标。然而，部分大学在课程设置过程中，过于注重短期效应，盲目迎合市场与学生的需求，使教学的价值取向背离其本质。如应用性课程受追捧便纷纷大量开设，而基础理论课程易受排斥，则减少课时量，全然不顾这门课程在教育教学中的隐性功能。人才成长是教育教学最基本的价值取向，而"人"是知识、能力与德性全面发展的完整的人，教学的目标不仅仅是训练学生掌握某种技能，它还包括涵养人的精神、培育人格、发展个性，不仅要教授学生"以何为生"，还要引导学生体悟"如何生活"。然而，随着高等教育扩招，生师比陡然增长，教学设施难以在短期内得到补充，大班授课、跨专业开设课程等不规范、不合理的现象层出不穷。教师、学生、教学内容和教学方法是构成教学系统的主要因素，教学目标的实现需要系统内各要素全面协调。违背教学规律的价值取向，会导致大学背离其本质，师生间缺乏必要的关怀与信任，育人的原初使命也容易为办学者所遗忘。

第二，教学过程诚信失范。教学和科研均属学术活动的范畴，具体而言教学主要从事高深知识的传递，科学研究着重于知识的创新和发展。教学本应是教育事业和教育改革的核心内容，是高等教育活动的关键环节。但近年来，部分大学在履行其职能的过程中过分重视科研，忽视教学的发展，出现了科研与教学关系错位的现象。"研究而不是教学能力被看作是基本的声望货币，所以前者对晋升和变为终身教授的影响实际上已经增加。"② 为了升格与排名，很多学校强调科研而忽视教学，在资金支持和绩效评估方面过度向科研倾斜。在这种评价体系的引导下，教师们为了职位晋升和获得资金支持，往往将主要精力集中于科研，以敷衍态度对待教学。水平高、资历深的大牌教授，则周旋于跑课题、争项目、做咨询。虽然有学校明文规定教授必须完成一定的教学任

---

① 唐纳德·肯尼迪. 学术责任 [M]. 阎凤桥，等，译. 北京：新华出版社，2002：132.
② 唐纳德·肯尼迪. 学术责任 [M]. 阎凤桥，等，译. 北京：新华出版社，2002：38.

务，但执行起来却形同虚设，考上名校却难以在课堂上遇见名师也往往成为大学新生的困惑。

课程的设置和教学行动是人才成长的能量源泉，与人才培养的质量息息相关。教学工作责任重大，长期从事科研和教学工作的斯坦福大学前校长唐纳德·肯尼迪曾对此有感而发，"一堂课是很难讲的，特别是如果想准备好充分的材料。对学生的作业作出认真的批改是一项要求很高和很困难的任务。此外，还有组织考试、评分、写评语等工作。学校以外的人几乎没有人能够知道这个工作究竟有多繁重"①。大学教学的工作需要大学组织及其主体绝对地忠诚于自身的使命和职责，才可能使教学行动达到预期的效果。然而，高等教育现有的条件无法使教师的责任意识得到保障。"1999年扩招以来，全国大学生招生规模增加了五倍，但教师数量增加不足两倍，目前包括哲学、社会、科学等学科在内的教师数量严重不足。"② 生师比过大严重影响了教学效果，开设一门课程需要面对成百上千的学生，辗转于不同的教室，已经让教师们心力交瘁，教学准备和教学总结难以得到保障，更谈不上深入的教学学术研究。因此，有学者曾对当前大学教学的现状进行了形象的描述，"大学教学的生命日渐衰微，传播真知、激发人性、充满情趣的教学变成了某种形式的等价交换，上课、命题、考试、阅卷、讲座等均被折合为兑换货币的工作量。大学教学中蕴含的最珍贵的创新精神被严重蚕食"③。责任感是教师工作热情的源泉和课堂教学质量得以保障的前提，离开了教师的责任自律，教学实效性的目标必然无法真正实现。在现有的条件下，切实保障教学责任并未得到应有的重视，教师自身也缺乏必要的自律意识。2015年7月，北京市某高校英语新闻专业的一名学生在《中国青年报》撰文《"水课"消磨了我们的大学》，形象描述何为"水课"："老师上课基本照本宣科，很少联系当下实际，对于学生提出的

---

① 唐纳德·肯尼迪. 学术责任 [M]. 阎凤桥，等，译. 北京：新华出版社，2002：79-80.
② 郭少峰. 高校扩招十年教师严重不足 学生增5倍教师增2倍 [N]. 新京报，2010-11-28.
③ 冯军. 论大学教学学术的培育 [J]. 教育发展研究，2010 (7)：34.

问题也不能给出合理的回答，课堂教学案例陈旧，每次上课班上同学不是在玩手机就是打瞌睡。"同时，这名学生还反映："我校另外一名外教声称自己下学期将教授'新闻摄影'一课，然而他对此方面一无所知，所以需要花费大量的时间备课。于是他在微信朋友圈中请求学生不要选择他的另外一门新课程（他同样一无所知），以保证每天能有一定量的睡眠时间。"① 2018 年，教育部印发了《关于狠抓新时代全国高等学校本科教育工作会议精神落实的通知》，明确提出淘汰"水课"，打造"金课"。加强本科教育教学过程管理，提高教学质量成为迫在眉睫的问题。

第三，教学评估诚信失范。教学评估分为宏观管理层面的大学教学评估和微观管理层面的课程教学评估。首先，宏观层面的教学评估是教育行政部门对大学整体教育质量的评估，即"本科教学工作水平评估"。教育部于 2003 年下半年开始根据《普通高等学校本科教学工作水平评估方案》在全国推行高等院校教学工作的综合评估。教学评估过程中存在的造假和形式主义多年前即备受诟病，《中国青年报》曾刊发文章："每当教学评估专家组走进高校，学生和老师都会变得非常忙碌。学生要将不符合要求的实验报告重新誊写，做行政的老师则汇总着名目繁多的材料，安排迎来送往，搞教学的老师这个时候则'退居二线'，晚上熬夜补教学档案。""教学评估临阵磨枪，在学生中早已不是秘密。以至于不少学生感叹，本以为脱离了初、高中停课搞卫生或临时做早操等虚伪现象，可没想到在大学依然存在各种各样令人沮丧的形式主义。"② 以评促改是教育评估的目标指向，旨在提升教育质量，优化教育管理。然而，在实际的教学评估过程中，高校为了升格、排名，不惜动员师生集体造假，制造虚假繁荣，甚至贿赂评估专家，使教育行政部门无法获得真实的信息，评估的功能也因此异化。同时，以大学组织和教师为主体的失信行为对学生成长产生巨大的负面效应，尤其不利于学生的德性养成。其次，以课程为单

① "水课"消磨了我们的大学 [N]. 中国青年报，2015-07-13.
② 杨慧明. 别让教学评估扰乱了课堂 [N]. 中国青年报，2015-04-28.

位的教学评价，是对教学效果的考量。对课程进行评估的主体主要是学校和教育行政部门，为获得荣誉和利益，课程评价中也存在弄虚作假的现象。早在2010年5月14日，《中国青年报》题为《南京大学一桩公案扯出的学术"江湖"》的报道，便谈到了国家精品课程教学评估中存在的申报材料造假现象，有教授甚至指出"我敢打赌99%以上都有各种不实在"①。该教授的观点可能过于悲观，但却反映了高校的造假现象在当时已到了非治不可的地步。经过多年整治及相关制度的出台，当前已有明显改善。

二、科研诚信失范

大学不仅为社会培养人才，还持续不断地进行科学技术的创新。随着民族国家的兴起，科学研究与经济发展、国家兴盛紧密交融。科学研究在大学职能体系中的地位甚至僭越教学，成为各高校竞相追逐的目标。然而，近十余年以来，大学教师作为研究者在科学研究中弄虚作假、欺骗伪造的失信行为屡遭披露，且广受贬斥。如"王××事件""汉芯事件""井冈山大学教师抄袭事件""西安××大学六教授实名举报李连生学术造假事件"等等。科研诚信失范已受到社会各界的高度重视，早在十多年前，时任中南大学校长的黄伯云院士就大声疾呼："我们的学术道德到了最危险的时刻。"近年来，虽然大学学术氛围有很大改善，但大学教师学术造假遭举报等相关新闻依然频见报端。② 具体而言，科研诚信失范主要体现在如下几方面。

第一，科研计划诚信失范。资源分配的公正性和合理性，对于学术生态平衡具有举足轻重的作用，一定程度上调控科研发展动向。从事科学研究尤其是自然科学方面某些高端科技的研发，既需要昂贵的实验设备及材料，也离不开不同学科背景的研究者相互协作。政府资金是科研资金的主要来源，往往以课题立项的方式进行资源分配。申请人的科研实力则是立项评估的主要考核指

---

① 南京大学一桩公案扯出的学术"江湖"［N］. 中国青年报, 2010-05-14.
② 对学术腐败麻木，科技界将自毁长城［N］. 中国青年报, 2010-11-10.

标，尤其是前期研究成果所占的比重较大。申请过程中为获取资金支持和荣誉，部分申请单位和个人不惜铤而走险，弄虚作假骗取课题资源。主要表现为：一是申请材料弄虚作假。课题申请人为了迎合立项单位的需要，夸大前期研究成果，如刻意拔高研究成果层次或捏造前期研究成果；编造课题申请人及成员的背景资料，如捏造荣誉、技术职称、虚构课题组成员；直接抄袭剽窃课题申请材料。二是评审过程诚信缺失。课题管理单位和个人向外界透露相关信息，如专家信息、课题内容等；评审过程违规操作，故意组织对某课题有利的专家进行评审，或刻意回避对某课题不利的专家；申请单位或个人诚信缺失，通过不正当渠道获取相关信息，并进行"课题公关"。

第二，科研过程诚信失范。研究过程中的诚信失范并不是现代社会的产物，自古即有之，美国记者威廉·布罗德和尼古拉斯·韦德在其合著的《背叛真理的人们：科学殿堂中的弄虚作假》陈述了历史上科学家们的不端学术行为，甚至提到牛顿、伽利略等伟大科学家也曾经发生过学术不诚信的行为。现代社会受功利化和市场化的影响，学术团体或个人的造假行为更是甚嚣尘上，屡屡为媒体所披露，如从韩国的"黄禹锡事件"到美国的"巴尔的摩事件"等。我国大学成为"学术造假"的高发区，造假主体包括了院士、知名教授、学术新秀、在读研究生，甚至某些学术群体集体造假。总体而言，可以从如下几方面进行归纳：一是捏造或篡改实验数据。在研究过程中，部分研究者违背真实性和客观性的基本原则，变更实验数据，或凭空捏造不存在的数据，支撑其凭主观判断而预设的实验结论。二是抄袭或剽窃他人研究成果。全盘复制他人研究成果，或将他人成果根据自身需要稍加修改据为己有。三是研究过程引文不规范，即借鉴他人研究结论或学术观点不加以说明，即所谓的学术不端。

第三，科研发表诚信失范。论文发表、著作出版是学术成果的主要载体，也是衡量单位或个人研究能力和学术水平的重要指标。科研发表至少包括如下几方面的失信行为：一是署名不实，如署名赠予、署名不规范等。二是一稿多投。三是故意发表不可靠、不成熟的研究成果，并对研究中存在的问题故意回避不加以说明。如在发表相关论文的过程中，学者为迎合现实需求，刻意回避其负面效应。四是通过非正当途径发表论文，以学院或学校为单位与期刊合作，购买版面，或托关系、走后门发"关系稿"。成果发表过程中的诚信失范，还牵涉到期刊社等出版单位的不正当行为，对此研究不加以详细论述。

第四，科研评鉴诚信失范。虽然科研成果评鉴方式在不断加以改进，但仍然存在诸多弊端，评鉴过程的失范行为主要表现在如下几方面：一是评鉴申请材料造假，如将他人研究成果据为己有，编造虚拟的研究成果意图蒙混过关。二是"学术霸凌"，也就是个别"学术权威"独断专行，对于评鉴结果一言堂。三是"虚假繁荣"，在评鉴过程中，故意拔高相关研究成果，甚至未经严格证实便冠之以"学科领先"或"国际一流"的名号。如"汉芯事件"的陈×之所以能骗取高达上亿元的科研经费与评鉴过程中的不严谨、不严格、不规范有着密切的联系。四是不公正地贬低。对于评议专家非熟悉的研究或意见相左的学术观点恶意贬低，评鉴结果带有严重偏见。

三、服务诚信失范

"在所有大学中，服务是教员的一项重要学术责任，它承担着广泛的公共义务，包括：走出校门，为社区的各种团体提供服务；为一些工业部门和专业领域的实践人员提供服务；以及尽力密切学术团体与州或地方的重要联系。对于中西部州立大学畜牧专业的教授来说，参与学校的'养猪日'（swine day）的活动，与从事本科生的教学工作没什么两样。"① 大学以其知识权威的身份，利用丰厚的学术资源和众多学者的力量，主要为社会提供教育服务和科技服务。大学服务社会的整体状态良好，但诚信失范的现象依然存在。

第一，育人服务诚信失范。提供教育服务，是高校服务职能的核心组成部

---

① 唐纳德·肯尼迪.学术责任［M］.阎凤桥，等，译.北京：新华出版社，2002：145.

分。现代社会已进入学习型社会，终身学习成为一种必然的趋势，大学是为全社会提供高层次教育服务的主要机构。然而，在教育服务的过程中，存在与大学教育目标相悖，损害受教育者利益的失信行为。首先，任意开设专业并招收学生。尊重学科专业特点和人才成长规律，结合学科力量开设课程、组织教学、实施管理，是教育质量得以保障的基本要求。然而，部分学校违背教育规律盲目开设专业，不仅贻害学生，也造成了国家资源的浪费。其次，招生服务诚信缺失。公平、公开和公正是招生工作的发展态势，但近年来，在日趋激烈的生源大战中大学诚信失范有新的表征，如自主招生中的违规操作，以及预录取工作中的欺骗行为。再次，就业服务诚信缺失。"就业率"造假是当前高校较为泛滥的现象，部分大学为了提高声誉，吸引优质生源，拔高"就业率"，甚至个别大学强行规定学生用"毕业协议"换取"毕业证"。分别以"被就业""就业率造假"为关键词在百度进行搜索均可找到上百万条信息，腾讯网2020年7月17日还刊发了《高校就业率造假："政治任务"层层下压　学生"假就业""被就业"》的新闻，可见这一问题引发了社会各界的关注。以至于每到就业季前夕，教育部便要发布通知，明令制止就业数据造假。最后，假的"真文凭"。学校给没有实际学习经历、不符合培养要求的学生颁发毕业文凭，如某些政府官员攻读在职研究生，实则从未进入课堂学习，更谈不上系统的学术训练，实际上是进行赤裸裸的"权学交易"和"钱学交易"。

第二，科研服务诚信失范。校外服务中的诚信失范是未被关注的领域，不仅涉及作为兼职者的群体或个体对大学组织的忠诚，对自身使命和职责的坚守，还涉及兼职者与兼职单位之间的信用合作。一方面，在学术市场化和功利化的背景下，教授校外兼职在大学校园已是比比皆是。在学科领域有较大影响的专家，特别是拥有"院士""长江学者"等头衔的知名教授，可以为应聘单位带来丰富的学术资源，最重要的则是在升格、评级过程中可作为应聘单位的荣誉和资本，而受聘教授只需要挂个头衔便可获得丰厚的回报。然而，学术工作需要付出大量的时间和精力。兼职过多，很难在本职工作与兼职工作之间取得良好平衡，在兼职过程中付出过多，便会影响本职工作；忠诚于本职工作，则会造成对兼职工作的敷衍。另一方面，咨询服务也是当前大学校外服务的重要形式。部分企业为提高产品的公信力和号召力，常常利用大学资源，聘请大学教授和研究机构做技术顾问或技术咨询，大学为提高其社会参与度也乐在其中。在提供技术咨询或技术转让的过程中，大学实则承担着服务社会的使命。在功利主义的诱导下，这一过程可能存在两种失信行为：技术转让中的欺骗隐瞒，从企业获取不正当的经济报酬；大学与企业联合欺骗消费者，如在技术咨询的过程中，帮助企业隐瞒不利于消费者的相关信息，或协助企业编造虚假信息。

第二节　我国大学诚信失范的严重危害

"教育决定着人类的今天，也决定着人类的未来。"[1] 大学作为实施高等教育的社会组织，连接着过去与未来，不仅汇集了当代社会的知识精英，保存和传递着人类已有的文明成果，也孕育着未来，它承担着促进知识与道德发展、创造意义世界与生活世界的双重使命。大学诚信失范是制约高等教育发展的瓶颈，它吞噬大学的灵魂，腐蚀大学的肌体，进而撼动大学的基石。它所造成的危害是广泛而深远的，祸及当代并殃及未来；制约大学自身发展的同时减缓社会发展的进程。据前文所述，大学诚信失范具有易遮蔽性，难以在短期内为社会所揭露和批判。为有效地治理大学诚信失范，我们需要运用理性的工具，探究其可能带来的危害，并深入地追究其原因。

一、阻滞高等教育进程

大学诚信失范是对高等教育底线伦理的僭越，违背了大学组织自身发展的

---

[1]　清华大学苏世民学者项目启动仪式在京举行 [N]. 人民日报，2014-04-22.

逻辑，也阻碍了高等教育正向功能的发挥。任何大学的发展都受到学科、政府和市场三种力量的制衡，只是在不同的国家各有侧重，欧洲大学的发展主要受到学科力量的制约，美国大学则受市场影响较大，而我国大学的发展与政府有密切的联系。诚信不仅是促进学科发展必须遵循的基本原则，也是获得政府信任与市场支持的必要前提。前文已经论述了大学诚信失范发生作用的过程具有易遮蔽性，但影响范围却具有强辐射性，它对高等教育的影响，犹如蚁穴之于千里之堤，不易察觉却祸害无穷。

第一，撼动大学基石，高等教育功能弱化。关于大学的本体功能，既有学者认为是促进知识发展，也有学者认为是实现人的发展和完善。实质上，知识的创新与发展离不开学术人才的培养，科学研究也是培养人才的重要途径和方法，两者水乳交融、须臾不分。大学诚信失范阻碍知识的传递、生产、发展和应用，直接影响高等教育功能的发挥。无论是培养人才，还是科学研究、服务社会，均需要大学在高等教育实践活动中坚持诚信原则。

大学诚信失范弱化高等教育科研功能。诚信是学术伦理的核心，促进知识发展是大学诚信的本体功能。大学诚信失范则是反其道而行之，必然成为高深知识创新与发展的桎梏和镣铐。追求与维护真理是学术研究的根本动力，古往今来不乏为真理献身的学者。如布鲁诺为维护其"日心说"的观点，不惜与教会分庭抗礼，被活活烧死在十字架上，用宝贵的生命换取对"客观事实"的忠诚；我国著名学者马寅初提出"人口论"，曾饱受质疑与批判，却依然毫不退缩、一如既往地坚守其学术观点；等等。然而，诚信缺失的大学误把"工具"当成"目标"，在科学研究的过程中忘却了"探究真理"的终极旨趣和神圣使命，成为追求功名利禄的"自私的恐龙"。在这种学术氛围中，科学研究成为大学牟取名利的工具，逐渐丧失其发展的动力和源泉。

大学诚信失范弱化高等教育育人功能。大学的发展需要大师、大楼，也离不开大爱。大学组织与教师、学生个体间的诚信，以及师生交往过程中的诚信，便是大学不可或缺的"大爱"。组织与个体间诚信交往，赋予教师充分的自由与权力，让其根据学科特征、结合学生实际开展教育教学活动，并引导学生进入科研的领域、领悟科研的规则、享受科研的乐趣，师生携手遨游于知识海洋。大学组织与教师间的诚信交往，不仅能调动教师的积极性、主动性和能动性，也无形中对教师的行为产生规范、引导、激励和调节的作用。与此同时，师生间的诚信尤其是教师作为教育活动的组织者在教学和研究过程中的诚信，对于教育目的的实现更是至关重要。不诚信的大学产生不诚信的教师，不诚信的教师培养不诚信的学生，其效应犹如多米诺骨牌的倒塌。大学诚信缺失所削弱的不仅是当前高等教育育人的功能，也会导致未来教育质量的下滑。

大学诚信失范弱化高等教育批判功能。批判是大学理性的象征，是创新的源泉，也是大学组织区别于其他社会组织最鲜明的特性，对知识的掌握赋予大学建设性批判的能力，而社会责任感和使命感又赋予大学主动批判的自觉意识。1998 年，联合国教科文组织在巴黎发表的《21 世纪的高等教育：展望和行动世界宣言》认为大学师生理应"能够完全独立和充分负责地就伦理、文化和社会问题坦率地发表意见，成为社会所需要的知识权威，以帮助社会去思考、理解和行动；通过不断地对新出现的社会、经济、文化和政治趋势进行持久的分析，加强自己的批判性功能和前瞻性功能，从而成为预测、警报和预防的中心"[1]。长期以来，大学的批判意识与批判能力使其成为"社会的公器"，在社会迷失方向、误入歧途之时，大学以其深刻的思想和犀利的批判，寻求社会发展的正确方向。批判意识来自大学对自身使命和职责的绝对遵从，批判能力依赖于大学理性的头脑和渊博的思想，而批判行为则是大学从社会现实出发，秉承实事求是的思想态度和言行一致的行为方式，与落后分子和落后势力进行顽强的斗争。可见，失信的大学不仅丧失了批判意识，也缺乏实施建设性批判的基本能力。

第二，损蚀大学声誉，高等教育资源流失。"在高等教育大众化的今天，

---

[1]　赵中建. 全球教育发展的研究热点：90 年代来自联合国教科文组织的报告 [M]. 北京：教育科学出版社，1999：416.

大学的竞争日益全球化、市场化，所有大学都在为自身的发展不断努力。在高等教育市场上，声誉是大学参与生源、人才、资源竞争的重要筹码，是其自身地位和价值的重要体现。"① 大学作为实施高等教育的社会组织，需要源源不断地从外界吸收资源并进行加工和创造，以向社会输出增值的资源作为回馈。大学不仅从外界获得了人才、资金、场所、设备等有形资源，还在无形中形成了声誉、信任、尊重和凝聚力，当然，还获得了学科点、学位点等对大学生存及发展而言尤为重要的符号资源。从历史看，资源并不是大学发展的决定性因素，但随着科学技术日新月异且高等教育改革日趋深化，大学的发展愈发依赖外界的资源，"经费的多少，影响学校战略选择的自由度。经费结构，决定学校校长工作的方向、重点"②。大学发展对外界资源的依赖，促使大学日趋重视其声誉的维护和形象的塑造。大学通过培养优秀学子，使他们在社会发展中做出杰出贡献，口耳相传形成良好的口碑，从而获得社会公众普遍认可，进而积累优秀师资和生源，吸引更多的政府投入和社会支持。大学的"硬实力"和"软实力"在这样的循环往复中日趋强大。

大学是学术性组织，大学声誉以大学组织的学术功能为基础。诚信是学术伦理的核心，是科学研究的过程中必须遵循的基本原则，诚信缺失必然导致学术发展的停滞和大学功能的衰退。大学也是教育性组织，以培养人才为其基本职能。大学作为教育的组织者和实施者，若在教育教学过程中违背诚信原则，必然不能达到预期的教育目标，导致育人质量的下跌。功能衰退的大学，使长期积累起来的声誉逐渐损蚀。可见，良好声誉是大学在资源竞争中优势地位的象征，亦是促进现代大学可持续发展的关键性因素。相对而言，诚信失范损蚀大学声誉，扼制大学组织的可持续发展。

第三，破坏大学生态，高等教育系统失衡。大学诚信失范阻碍了大学功能的正常释放和扩展，相应地损蚀着大学组织的声誉，诚信失范正成为钳制我国

---

① 孙颖.大学声誉因素：构成、特点、问题及建议［J］.黑龙江高教研究，2017（10）：23.

② 刘献君.高等学校战略管理［M］.北京：人民出版社，2008：15-16.

大学组织发展的枷锁。大学作为高等教育的实施者是构成高等教育生态系统最基本的生态因子，大学诚信通过调节和控制大学组织的行为，对于维系整个高等教育生态系统的平衡具有突出重要的作用。相对而言，大学诚信失范则会导致高等教育秩序的紊乱和学术生态失衡。凡是系统都是有结构的，结构都是有序的，高等教育系统同样如此。从总体上看，高等教育系统有宏观、微观之分。在微观领域，还有院、系、教研室等层次。高等教育系统相对于教育系统是子系统，相对于大学组织又是一个大系统。因此，高等教育系统中的大系统和子系统是相对的，子系统又是由更小的子系统所构成的。高等教育系统的层次性决定了高等教育系统是有序的。有的系统处于较高层次，处于支配地位，有的系统处于较低层次，处于被支配地位。正是各个子系统在高等教育系统中所处的地位和任务不同，才形成了整个高等教育系统的结构，使大系统能够协调和控制各子系统的行为。欲使高等教育系统有序运行，要求对其进行有效的管理，设置合理的组织机构，健全规章制度，使各项工作有法可依、有章可循。大学作为高等教育系统的核心，在与其他社会组织或个人进行沟通、交往和协调的过程中若不能遵循诚信原则，反而违背法律规范、无视规章制度，则会造成高等教育系统内部的紊乱。

　　从宏观管理的视角，政府作为行政主体对高等教育活动行使领导管理权，依法拥有对高等教育决策统筹权。政府在处理与大学关系的过程中，宏观调控职能的行使以大学自治和学术自由为基础。然而，高等教育系统的有序运行，治理结构的完善，均以大学组织的自律和自觉为前提。高等教育行政管理中，若大学浮夸虚报、欺骗隐瞒，给政府和社会传递虚假的信息，则会导致管理失控，进而造成资源分配不均、结构层次不合理等乱象环生的局面。高等教育系统有序运行，离不开大学组织内部的微观管理。大学主要由学术性部门和事务性部门所组成，学术性部门主要从事教学、科研等学术工作，组织结构较为松散，权力重在基层；而事务性部门则主要从事为学术服务的行政性工作，属于科层组织，层级结构较为明显。在学术组织内部，主要依赖于价值规范调节组织行为，而诚信是学术伦理的核心，是学术共同体最基本的价值共识。大学诚信失范具有易遮蔽性，失信行为惩处不力，无疑是纵容和鼓励失信者重蹈覆辙，不正之风犹如野火在大学里迅速蔓延。同时，大学诚信失范容易产生连锁反应，在组织与开展科学研究的过程中任一环节出现失信行为，则会将这种不良行径导引至其他环节。有学者认为研究过程中存在着三个"闭循环"："一是'基金、著作、基金的闭循环'。研究者申请基金，利用基金买书号，出版'著作'，再以'著作'去申请新基金。坊间流传，这种著作只有两个人看——编辑和作者。二是'课题、论文、课题'的闭循环。学者申请课题，然后跑去炮制各种论文、报告，紧接着公关在各类期刊发表，用论文去结题，再以论文去申请新课题。对于越来越多的论文，不少学者认为，90%以上是垃圾。三是'成果、获奖、成果'的闭循环，在以上两个闭循环中，还嵌入另一个环节，即研究者（或机构）酝酿把论文、著作等汇聚成成果，申报各种政府奖项，以奖励提高自己的地位和声誉，再以奖励去获得新的'成果'，获得新的奖励。"① 事务性部门诚信失范也会导致工作秩序的混乱，以及工作效益的低下。事务性部门主要处理行政事务，组织运行模式以科层制为主，在其运行的过程中，遵守规则并忠于所在的组织是提高科层组织工作效益的根本。

综上所述，就大学发展的内在逻辑而言，大学是进行知识传递、发展、创新和应用的社会组织，诚信失范会弱化大学科学研究和人才培养的功能，并影响其社会批判的能力，大学发展的内在动力日益衰竭。同时，诚信缺失是损蚀大学声誉的首要因素，失信的大学无法承载社会公众的希冀与期望，大学发展所需要的资源与信任也会日益流失。可以说，大学诚信失范给高等教育自身所带来的危害是沉重而深远的，可能导致大学组织陷入内忧外患的发展困境中，高等教育的质量和公信力也可能因此岌岌可危。

① 熊丙奇."破""立"并举 治理学术不端 [J]. 中国高等教育, 2009（9）: 26.

二、妨碍大学人自我完善

所谓大学人，即构成大学组织的成员个体，包括大学教师和大学生。大学职能的履行以大学教师的工作为核心，而大学生则是大学教师的主要服务对象，大学生培养质量在一定程度上是检验大学组织和大学教师工作的最为核心的评价标准。大学生作为学习主体，身心发展趋于成熟，以完善自我、符合社会发展需求为己任。大学生的成长需要大学组织和大学教师在组织和实施高等教育的过程中提高综合素质，实现个体的完善和发展，以确保高等教育实践活动的有效性。大学教师的发展需要合宜土壤，如科学合理的制度环境、良好的伦理氛围、自由宽容的学术环境……然而，大学诚信失范恶化了大学教师所处的环境，抑制其自身的完善和发展。

其一，导致大学教师人格异化。大学教师是大学精神的体现者、承载者和践履者，大学教师的价值共识与思想观念成为构筑大学精神的基石，而既有的大学精神潜移默化地感染着教师个体，大学教师与大学在精神上水乳交融，相伴相生。反之，大学组织不良的精神氛围、制度环境及行为方式亦会导引大学教师朝病态方向发展，造成教师人格的异化。

重"利"轻"理"，价值追求功利化。大学诚信失范导致大学价值导向的严重偏差，学术诚信失范对大学教师的冲击尤为严重。学术研究意味着寂寞与淡泊，"唯实求真"是最基本的行动原则。因而，有人认为学术研究本身即为修炼德性的最佳途径。在历史发展的进程中，学术研究逐渐成为一种职业，不仅吸引了"为学术而生"的真正的知识分子，也被动或主动地促成了"以学术为生"的职业工作者。当然，"为学术而生"与"以学术为生"之间并未有一个严格的划分标准。但无论何种情况，诚信地从事学术研究是每位学者最低的道德标准。大学组织的诚信失范，无疑是对"唯实求真"科学精神的巨大摧残。自律意识差的教师迅速浑水摸鱼、伺机谋利；独善其身的人因坚持原则而在竞争中趋于劣势，导致劣币驱逐良币现象的发生；更多的人则是望风而动，为制度和环境所绑架，弃理逐利而行。在这种情境下，非功利性的学术精神成为时代弃儿，不再是备受学者们推崇的价值观念，大学教师则放弃了对真理的超功利性的追求，成为权力与金钱的附庸。

逐"效益"弃"信义"，道德品质虚伪化。无论是学术研究还是教书育人均需要漫长的周期，是对"师者"和"学者"耐心及恒心的考验。中世纪大学以慢节奏著称，加快发展步伐虽然是知识经济背景下对现代大学所提出的合理性需求，但为确保教育质量也应当遵循规律、有序前行。大学诚信失范扰乱了大学原有的节奏，组织自身的失范行为一方面诱导个体行为趋同，另一方面则进一步强化了"急功近利"的心理趋势。为了在不规范的竞争中谋取利益，不少大学教师纷纷造假剽窃，肆意加快成果推出的速度，在科研和教学过程中过度地追求"效益"，而放弃根本的原则，违背基本的规范，失信于学生、社会和学术自身。

重"私利"轻"公德"，思想境界狭隘化。大学教师是知识分子的化身，执着于"真""善""美"，且拥有对"丑"与"恶"得天独厚的观察与批判能力。因而，大学教师被誉为"社会的良心"，既拥有"心忧天下苍生"的悲悯情怀，亦具备"敢为天下先"的恢宏气势，最为可贵的是具有在必要时候为公众与真理牺牲自我的献身精神。大学诚信失范动摇了大学组织德性的根基，为知识分子护荫的责任感与使命感也逐渐消逝。大学教师若对大学组织产生质疑，大学组织则无法孕育真正的大学教师。在舆论纵容与利益诱导下，大学教师逐渐将视线局限于自身利益，而知识分子难能可贵的公共精神却被置之脑后。

其二，致使大学生发展畸形。促进大学生实现自我是高等教育的最终旨归，这一目标的实现是多重因素共同作用的结果。大学作为高等教育实施主体，其诚信德性与品行对大学生个性完善具有举足轻重的作用。诚信失范的大学背离其"求真知""育真人"的应然取向，逆向而行，首当其冲的必然是大学生。在异化的教育目的与病态的教育环境下，发展知识成为未来谋生的工具与途径，接受教育逐渐失去其"完善自我"的原初意涵，成为束缚学生个性发展的屏障。同时，大学诚信失范导致"师道尊严"的沦丧，大学生道德实践陷入虚无。

一方面，大学诚信失范抑制学生能力发展，扼杀学生个性。教育的本质在于培养人，高等教育最基本的使命亦在于将大学生培养成为德、智、体、美全面发展的人，将社会需求与个人发展需要有机结合起来。"大学存在的理由是，它使青年和老年人融为一体，对学术进行充满想像力的探索，从而在知识和追求生命的热情之间架起桥梁。"① 真正的教育是"灵"与"肉"的结合，增长其智慧，亦涵养其灵魂。而诚信失范的大学，不顾基本的教育规律，为在生源争夺中获取有利地位不惜盲目开设热门专业和课程，在教育教学的过程中，重科学教育轻人文教育，使学生所追求的知识狭隘化、功利化、速成化。在这种病态的教育模式下，学生成为掌握某种知识和技能的"机器"，而不是有血有肉的"人"。同时，诚信失范的大学，不顾个体差异性，扼杀学生个性，按统一标准培养学生，使学生潜在的创新能力难以得到有效的发掘。

另一方面，大学诚信失范败坏学生道德，泯灭学生良知。爱因斯坦在论及学生道德教育时，特别强调道德实践的重要性。"要使学生对价值有所理解并产生热烈的情感，那是最基本的。他必须对美和道德上的善有鲜明的辨别力。否则，他——连同他的专业知识——更像一只受过很好训练的狗，而不像一个和谐发展的人。"② 大学诚信失范使大学生处于失信的环境中，甚至亲身参与造假或欺骗，心智与德性正处于发展阶段的他们，极易沾染上环境的恶习。可见，诚信失范的大学，无法为大学生提供真实有效的道德实践机会，甚至以其自身的行为导引大学生走向诚信的反面。

总而言之，大学诚信失范背离大学组织应然的价值取向，导致高等教育本体危机，整个高等教育系统呈畸形发展。然而，大学诚信失范的易遮蔽性，使

① 怀特海. 教育的目的 [M]. 徐汝舟，译. 北京：生活·读书·新知三联书店，2002：137.
② 爱因斯坦文集：第三卷 [M]. 北京：商务印书馆，1979：310.

短期内人们无法深切感知诚信失范的毁灭性后果。相对而言，组织内部微观个体即大学人具有较强的感知力和可塑性，人才培养、科学研究、服务社会等活动过程中的诚信失范均会对个体产生消极的影响。若不能有效治理大学诚信失范，可能导致"教育不仅完全放弃了指导社会的责任，而且反被社会上非理性的潮流所左右。这种现象已经开始成为全球性的了。教育给社会提供的不再是负责的、有理想的成员，而是冷漠的、对人类及其文明的命运漠不关心的'单面人'"①。

三、削减社会发展动力

近代以来，高等教育与社会发展的正相关性呈直线上升，尤其是科学技术在国民经济发展中的贡献率与日俱增。克尔认为，"教育比任何时候都无可避免地关系到一个国家的质量。据估计，在过去30年内，我们国家几乎一半的增长应归功于我国人民所接受的更多的教育以及更好的技术，而后者也主要是教育制度的结果"②。然而，我们不能因为科学技术在经济发展中的突出地位，而忽视高等教育道德探索与德性实践对社会的影响。大学诚信失范是大学组织对教育基本伦理的背离，它不仅危害高等教育自身的发展也制约大学人的发展和完善，对社会所带来的负面效应也是巨大而深远的。

第一，破坏和谐局面。从诚信发生作用的过程来看，诚信是信任的前提和基础，诚信缺失必然导致信任的坍塌。而信任是重要的社会资本，当社会生活中信任感普遍缺失，焦虑、恐惧和不安便会伴随人们的生活，社会生机也会因此消弱，社会发展停滞不前。高等教育在世界范围内呈大众化发展态势，成为人生成长的必要经历。大学诚信失范弱化高等教育功能，降低人才培养的质量，为社会输送的人才也不可能符合社会发展的需求。一方面，大学自身遭受社会公众的质疑，引发高等教育的信任危机；另一方面，诚信失范的大学在伦

---

① 张汝伦. 思考与批判［M］. 上海：上海三联书店，1999：106.

② 克拉克·克尔. 大学之用［M］. 高铦，高戈，汐汐，译. 北京：北京大学出版社，2008：50.

理道德上同化置身其中的大学生，将一批批诚信缺失的大学生输入社会，谎言与欺骗随之愈演愈烈，人与人之间不信任的因素与日俱增，在全社会范围内发酵。这发展到一定程度，便会导致普遍信任危机的产生。

第二，妨碍公平正义。从社会学的视角，高等教育是社会分层的工具，能否受教育和受教育的程度在很大程度上决定着个体创造财富的能力及其生存发展的境遇，也就是说高等教育决定着个体在社会阶层中所处的地位。因而，教育公平被视为社会的起点公平，社会公平以教育公平的实现为前提。社会各阶层在争夺高等教育资源的过程中，必然无法实现绝对公平，而相对公平的实现需要制定公平、民主的教育制度。习近平总书记在全国教育大会的讲话中强调，"我们要坚持我国教育现代化的社会主义方向，坚持教育公益性原则，把教育公平作为国家基本教育政策，大力推进教育体制改革创新"①。大学作为执行主体在行使制度的过程中坚持诚信原则，方可实现教育的公平，为社会底层的人们创造更多改变自己命运的机会，实现阶层之间的正常流动。教育公平是社会公平的起点，然而，大学诚信失范不利于教育公平的实现，甚至成为正义的屏障。促进高等教育公平，首要任务即为制定科学合理、切实可行的法律法规，规范高等教育系统内部相关组织及个体的行为。然而，大学是高等教育的办学主体，实现高等教育公平的最大化，需要大学组织秉承诚信原则，依法办学、合理办学。若大学组织在利益诱使下，欺骗隐瞒、违规办事，则会导致高等教育资源分配不均等教育不公平现象的频繁发生。

第三，减缓经济发展。根据生产力发展水平的不同，人类社会已经经历了原始社会、农业社会和工业社会，现在已迈入后工业社会的发展阶段。在农业经济时期，劳动力是促进经济发展的核心要素，尚未有科学技术的发展；工业社会发展的初级阶段，经济发展主要依赖于原始资料和劳动力的占有，科技在经济发展中的作用初现端倪。工业社会发展的中后期，经济发展越来越依赖于

---

① 习近平谈治国理政：第三卷. 北京：外文出版社，2020：348.

科技的进步。人们普遍认为人类社会已进入知识经济时代，经济的发展主要取决于知识创新，科学技术对社会经济的发展作用也由工业经济中期的 40%～50% 提升至 80%。科学技术人才的培养，基础在教育。习近平总书记在全国科技创新大会、两院院士大会、中国科协第九次全国代表大会上的讲话《为建设世界科技强国而奋斗》中指出："科技是国之利器，国家赖之以强，企业赖之以赢，人民生活赖之以好。中国要强，中国人民生活要好，必须有强大科技。新时期、新形势、新任务，要求我们在科技创新方面有新理念、新设计、新战略。"① 科学技术在经济发展中所处的地位可谓日益凸显，大学几乎成为世界上所有主权国家在谋求发展过程中寄托希望的对象。充分发挥高等教育的功能，以大学组织对高等教育伦理规范的遵循为前提。若非如此，高等教育不仅难以在经济发展中发挥应有作用，反而会成为社会经济发展的负担。尤其是大学的科研创新能力，以大学组织和学者的诚实、信任、信用为必要保障。

第四，震荡价值坐标。正如美国学者布鲁贝克所言，"学院和大学应该表现出远远超过最低道德要求的道德敏感性，因为高深的学问使这些机构具有较为敏锐的洞察社会不平等的能力"②。传统观念中大学作为独善其身的"象牙塔"，虽然其根深蒂固的道德形象正遭遇现代社会实用主义和功利主义的剧烈冲击，但大学作为教育机构和学术组织，依然是社会崇尚的道德高地，是全社会道德探究和德性实践的楷模，其倡导和践行的道德价值标准往往是先进文化的核心。同时，大学作为研究高深学问的场所，以探究真理为己任，其最高旨趣即为追求真、善、美的统一，可谓诚信的最佳代言人。因而，在马克思·韦伯等学者看来，学术研究之本身即为道德修养的最佳途径。基于此，大学在历史发展的进程中，一直扮演着全社会抵御金钱和权力腐蚀的最后一道防线，如果这道防线也被击溃，社会道德价值体系则将面临全面崩溃。然而，现今大学

① 十八大以来重要文献选编：下 [M].北京：中央文献出版社，2018：331.
② 约翰·S.布鲁贝克.高等教育哲学 [M].王承绪，郑继伟，张维平，译.杭州：浙江教育出版社，2001.

存在着诸多令人堪忧的大学诚信失范行为，诸如在评估过程中的集体造假、在招生宣传中的连哄带骗、在教育教学中的蒙混过关、在科学研究中的抄袭剽窃……大学在人们心目中伟岸的道德形象逐渐坍塌。由此带来的不仅是大学的信任危机，更严重的是人们的价值迷茫。

综上所述，大学诚信失范已严重威胁高等教育、大学人和社会整体的可持续发展，若不及时治理则会带来更大的危害。大学诚信失范已成为当前时代背景下亟待解决的伦理难题，而这一问题的解决首先要求剖析其成因。

第三节　我国大学诚信失范的成因剖析

大学诚信危机的产生，是内外因共同作用的结果。大学兼具学术性与教育性，既是研究高深学问的场所，也是培育优秀人才的摇篮，以追求真理和培育真人为本真使命。依据系统论观点，大学是一个完整的系统，它与其他社会组织及个人构成社会超系统，而大学内部包含着诸多子系统，超系统与系统之间相互影响、相互制约。"学校与它的更大的环境之间的输入—输出关系是学校与它的更大的环境之间的一种无限循环的相互作用。"[①] 大学与社会超系统持续不断地进行物质和能量的交换，社会向大学输入人才及物质资源，大学则向社会输出增值的人力资本和科学知识，大学全方位地融入社会生活。由此可见，大学诚信失范的产生是诸多因素共同作用的结果，可从宏观、中观和微观三个层面进行深度剖析。

一、宏观层面：外界环境的制约

大学虽然是自治程度相对较高的社会组织，但并不意味着大学可以脱离社会而独立存在。社会现有的物质生产方式和伦理道德环境，制约着大学伦理的

---

① 罗伯特·欧文斯.教育组织行为学 [M].孙绵涛，等，译.武汉：华中师范大学出版社，1987：71.

生成和发展。作为人类社会的产物，大学"分享着人类社会的缺陷，像懒惰、妒忌、怨恨和玩忽职守等"①。诚信失范不仅困扰着中国，也同样困扰着世界上其他国家，它是以市场经济为基础的现代社会共同面临的伦理困境。当然，因国情不同，诱导大学诚信失范的因素具有特殊性。

首先，诚信文化发展滞后。社会存在决定社会意识，社会意识对社会存在具有能动的反作用。以诚信观为核心的诚信文化滞后于时代的发展，传统诚信美德断裂，与社会发展相适应的新的诚信价值体系尚待建构。大学诚信作为社会诚信不可或缺的组成部分，受到社会公众诚信价值观念的影响和制约。尤其是今日之大学世俗化程度越来越高，与社会的交集愈来愈广泛，大学诚信与社会诚信整体在发展方向基本趋同。

传统价值体系断层，诚信美德处于无根状态。向市场经济转轨实质是社会现代化的过程，"不仅是一种事物、环境、制度的转化或一种基本观念和艺术形态的转化，而几乎是所有规范准则的转化——这是一种人自身的转化，一种发生在其身体、内躯、灵魂和精神中的内在结构的本质性转化；它不仅是一种在其实际的存在中的转化，而且是一种在其判断标准发生的转化"②。怀疑、批判与否定是这一时期思想观念的主旋律，原有的社会价值体系很容易被笼统地视为阻碍改革进程的障碍，而具有普适性的道德观念则成为激烈价值冲突的牺牲品。当代中国正处于大变革大调整时期，价值体系的冲突尤为激烈。高兆明教授曾犀利批判，"在当代中国现代性实践过程中，对于传统的否定，更多的是一种无差别的彻底抛弃。……传统的诚信美德与人格特征，在这股怀疑否定的冲动中被轻率贬视，弃若敝履，千百年来所形成的人格美德维系的信任关系从根本上被动摇。我们弃绝了所有传统，失缺了传统之根"③。美德的无根

---

① 魏玲，赵卫平.美国大学的道德教育：博克的道德教育观浅析 [J].外国教育研究，2005，32(8)：32.

② 马克斯·舍勒.资本主义的未来 [M].罗悌伦，等，译.北京：生活·读书·新知三联书店，1997：207.

③ 高兆明.信任危机的现代性解释 [J].学术研究，2002（4）：7.

状态造成了人们伦理精神的空虚、理论的单薄和价值体系的断裂。新中国成立后，我国的道德建设曾取得很大的发展，但又因"文革"遭到了严重破坏，以阶级斗争为纲的错误思想及相关举措致使社会信任链条断裂，而对传统文化的盲目批判更是加剧了诚信美德的遗失。同时，在价值体系重建的过程中，传统诚信的局限性却在悄然发生作用。传统的伦理道德植根于农耕文明的封建社会，诚信关系以个人为中心，以血缘、亲缘和地缘为半径逐层展开，并以此类推形成一个同心圆，离圆心越远诚信关系越为松散，离圆心越近诚信关系愈发紧密，因而诚信成为局限于"熟人社会"的稀缺资源。市场经济条件下，商业交易绝大多数情况下在素未谋面的陌生人之间展开，市场主体因诚信意识的淡薄往往难以抵御短期利益的诱惑，导致弃信谋利的现象层出不穷。

与市场经济体制相适应的诚信价值体系尚未建立，社会征信体系又极不健全。由计划经济向市场经济转轨的过程中，交往范围从熟人社会向陌生人社会蔓延。而与社会相适应的新的价值体系还处于酝酿准备阶段，诚信制度的建设更是刚刚起步，即便是已经建立的诚信保障制度也因受到人们思想观念的制约未能充分发挥其功效。在我国文化背景下，揭露和惩戒诚信失范行为时，人们容易陷入"人情大于王法"的困境。也就是说，中国是情理社会而非法理社会。当诚信失范行为被披露时，"能捂则捂""息事宁人"的传统观念主导着组织和个体的行为，大学诚信失范能内部解决的绝不曝光披露，批评与自我批评也通常流于形式。情理社会的弊端与监督机制的缺位无疑为大学提供了诚信失范的可乘之机。

其次，政府诚信供给不足。"政令信者强，政不信者弱"①，古训警示为政者应当诚实守信，方可有效施政。然而，政府诚信的意义远非如此，它对于整个社会的诚信道德生态具有举足轻重的作用，犹如个体和社会组织诚信的源头活水。政府不仅为大学诚信创造必要的制度环境。同时，政府及其公务人员自

---

① 荀子·议兵.

身的诚信水平对大学诚信产生直接的示范效应和辐射作用。

制度缺位是大学诚信失范的重要诱因。大学诚信与社会征信体系的完善紧密相关，而征信体系的建立需要政府的推动及制度的支持。就高等教育系统内部而言，政府通过对高等教育的宏观调控，规范和约束大学组织行为。然而，因民主政治进程相对缓慢，政府理念及行为与社会公众的期望有一定的差距。在理念上，强烈的工具理性支配着政府组织及其工作人员的行为，导致高等教育秩序的紊乱和系统内部公平正义的破坏。譬如政府在高等教育资源配置中的不公正，直接导致高等教育内部的恶性竞争，部分大学不惜投机取巧，甚至铤而走险，以虚构造假骗取利益。

同时，政府及其公务人员自身诚信失范对大学诚信失范产生示范效应。政府诚信与大学诚信虽然存在相互影响、相互制约的互动效应，但总体而言，政府诚信对大学诚信的影响更为直观。政府是公立高校的举办者，承担高等教育宏观调控的职能，同时，政府也是高等教育资源的分配主体。政府机关及其工作人员的态度和行为直接影响大学诚信。所谓"上梁不正下梁歪"，一旦政府内部存在诚信失范的漏洞，某些苦心积虑的大学则会乘虚而入。他们抓住政府机关及其工作人员的薄弱环节，在大学组织集体利益的掩盖下进行违背伦理道德规范的操作。在这种情况下，政府诚信失范成为大学失信的重要动因。

此外，政府对高等教育宏观管理失调对大学诚信失范产生间接影响。政府是高等教育宏观管理制度与政策的制定者及执行者，其能力与水平关乎整个大学的诚信全貌。由于高等教育有其自身特有的发展规律，政府唯有坚持实事求是的原则，依循其规律并结合实际来制定科学合理的管理政策，方可施行有效的宏观调控。如若教育管理部门违背高等教育自身逻辑，在工具理性、政绩效应的支配下急于求成，"多快好省"地发展高等教育，则会造成教育的"大跃进"，将大学引入诚信失范的深渊。

最后，市场经济负面效应。转型期新旧两种社会体制的转化实质上是

"两种生活规范方式、两种社会价值体系、两种存在意义系统的更替"①，纵观人类发展史，社会体制的变革往往伴随着价值体系的紊乱和伦理道德的失序。市场经济的发展打破了原有的生产交往方式和生活方式，交往范围极大地扩展，交往频率与传统社会相比呈直线上升状态，价值冲突与价值迷茫成为时代难题。

工具理性彰显而价值理性式微。工具理性与价值理性同为人类理性不可或缺的组成部分，前者满足"肉身之爱"，为价值理性提供实现条件，而后者看护"精神之命"，为工具理性提供精神动力，两者功能互补、相互作用，共同构成人类精神的整体和谐。然而，近代以来，实用主义哲学的兴起及科学技术的迅速发展使工具理性持续升温，并逐渐与价值理性相分离。市场经济虽然"把'人对物质需要的满足'看成是推动经济发展、社会进步的决定性力量，是符合人性的最根本要求的"，但由于其合理性的过度膨胀，使本应作为目的的人成为经济发展的"工具"，而金钱和利润则成为经济发展的"目的"。"我国现代性道德秩序的发生，是由近代中国被卷入世界市场开启的，但现代性道德表象在前市场经济社会并不是特别明显。……现代性道德秩序的主要症结是情感与理性的较量，同时导致工具理性的流行与情感伦理功能的隐退。"② 工具理性僭越价值理性造成了精神的空虚及价值的失落，成为现代性道德危机的重要根源之一。这一危机蔓延至高等教育领域，则表现为过度追求速度和效益，致使教育偏离了"育人"原点，大学组织则遗失其诚信美德。

功利论受追捧而道义论遭鄙弃。功利论与道义论是传统规范伦理学的两种不同的理论形态，功利论"立足于个人，推衍到他人与社会。追求个人的功名利禄或幸福是根本的，为此，不得不顾及他人、社会大众的益利或幸福"，道义论"不是立足于个人的利益，而是立足于全社会的人民大众的长远的或

---

① 高兆明. 制度公正论：变革时期道德失范研究 [M]. 上海：上海文艺出版社，2001：6.
② 付洪，舒高磊. 现代性道德秩序治理研究的回顾与前瞻 [J]. 学习与实践，2020 (3)：120.

根本的利益"①。相对而言，功利论侧重于个体利益的实现，而道义论强调集体利益，具有利他取向，在调节人们思想和行为的过程中各有利弊。然而，市场经济发展的过程中，将个人利益的合理诉求放到前所未有的高度，人们的私欲和物欲迅速膨胀，而道义和精神追求则逐渐被抛至脑后，造成了功利论受追捧而道义论遭鄙弃的对立。社会的功利化对大学组织行为产生同化作用，恶化的舆论环境和伦理氛围使大学趋向于摒弃信义而片面追求其自身利益。

二、中观层面：高等教育的积弊

社会整体伦理道德状况，以及体制机制尚不完善固然成为大学组织诚信失范的重要诱因，但根据内外因辩证关系的原理，内因是事物变化发展的根本原因，大学诚信失范的内因植根于高等教育及大学组织内部。综观当前高等教育及大学组织的发展，普遍存在如下几方面的矛盾：大学自治与外部依附的矛盾；学术自由与学术责任缺位的矛盾；学科高度专业化与诚信保障机制不健全的矛盾。这些矛盾成为大学诚信失范的内在动因。

首先，大学自治步履维艰，组织诚信内驱力匮乏。中世纪大学曾是自治组织，秉承大学自治、学术自由和学者治校的理念，在政权与皇权的夹缝中寻求生机。随着民族国家的兴起，以及大学在社会发展中所处地位的逐渐上升，世界各国纷纷将民族振兴、国家强盛的艰巨任务诉诸高等教育。因而，从总体上看，政府对大学事务的干预和控制是时代发展的必然。虽然，自由与独立是大学最根本的价值诉求，但对政府的依赖却是欲罢不能。它需要政府源源不断地为其提供资金支持，也需要政府为它的发展提供良好的制度环境。因而，大学自治的内在诉求与大学的外部依附之间形成不可调和的矛盾。大学与政府分属不同类型的社会组织，运行逻辑各异，发展规则也不同，在高等教育宏观管理的过程中政府时常将自身逻辑套用于大学，导致行政逻辑对学术逻辑的僭越。

---

① 魏英敏.功利论、道义论与马克思主义伦理学 [J].东南学术，2002（1）：141.

此时，大学可能以两种不同的态度应对政府的干预，一是因不敢贸然对抗政府，采取表面逢迎实则欺骗隐瞒的态度和行为；二是大学对政府意志唯命是从，甚至知其不可为而为之，为政府强权所挟制。以上两种情况均可能成为大学诚信失范的直接原因。前者欺骗政府，造成高等教育宏观管理的失效与失序；后者自欺欺人，造成高等教育及大学组织自身的发展滞后。

　　一方面，政府对大学的控制和干预与日俱增。随着大学由社会边缘走向社会中心，逐渐成为国家和社会发展的重要工具，"国家的财富，过去从来没有像现在这样依靠高等教育的工作，通过高等教育的贡献，开发人力资本和积累知识，以及直到最近，有助于大国之间的军事竞争"①。因而，国家高度重视大学的发展，为支持大学发展不惜重金投入，同时也加大了对大学的控制和干预。无形中大学逐渐成为实现国家目标的"国家机构"，成为参与国际竞争的"国家利器"。总体而言，经济、法律和直接的行政手段是国家干预大学的主要方式，因政治体制、经济体制、高等教育发展的历史背景不同而有所不同。综观国际高等教育的整体局势，"高等学校显然在向一种由国家控制的法人官僚机构发展。'官僚组合主义'（Bureaucratic corporatism）不仅开始成为大学的办学环境，而且渗透高等教育本身"②。就我国而言，在长期计划经济体制的影响下，大学俨然成为政府的延伸机构。有学者指出："中国的大学对政府存在着资源依附，政府在我国的大学自治中一直占据强势的主导地位，政府的政令介入了大学的人才培养、师资引进、学科设置、经费使用、科学研究等各个方面。"③ 就大学学术事务的管理而言，政府仍然是学术发展的指挥棒。政府控制着项目的审批、科研基金经费分配、学术评价等重大的学术事务。因政府习惯于将行政逻辑嫁接到大学学术事务的管理中，致使高等教育工具理性大

① 克拉克·克尔.高等教育不能回避历史：21世纪的问题［M］.王承绪，译.杭州：浙江教育出版社，2001：48.
② 伯顿·克拉克.高等教育新论：多学科的研究［M］.王承绪，徐辉，郑继伟，等，译.杭州：浙江教育出版社，2001：45.
③ 康乐，李福林.我国大学自治的循证逻辑、应然样态与平衡要义［J］.湖北社会科学，2018（8）：161.

行其道。学者们犹如陷入章鱼吸盘的体制当中，他们或者是独善其身，甘于清贫；或者是随波逐流，以效率最大化为标准发展其教学和学术事业。这必然导致教育质量下滑、学术虚假繁荣、学者道德底线失守等诸多问题的产生。陈平原教授指出，"国家主导的知识大跃进，必然以各种各样的'规划'极大地主导了知识的进程，以致知识精英的各种本应由心灵产生出来的灵感，几乎被一种外在的'规划网'淹没在思想的萌芽之中，而且这一外在的'规划网'以大量的指导性课题、大量的经费支持，更主要的是以一套荣誉制度——重点基地、重点学科、特聘教授、国家立项，把各路精英收编到计划之中，在方方面面的诱惑与压力下主动或被动地用尽心力去配合和完成各种规划"①。在政府的强力控制下，大学逐渐丧失其自由之精神、独立之思想，失去了主宰其自身命运的能力。

另一方面，大学对政府的依附欲罢不能。自由是大学最为核心的价值诉求，幼年时期的大学就曾为获取自治权利周旋于教权与皇权之间。我国近代高等教育发展史上，蔡元培曾因不满政局对大学的干预愤然辞去北京大学校长职务；抗战时期的西南联合大学更是大学自治的典范，虽然条件艰苦、国家内忧外患，但颠沛流离的大学却培养出了一大批享誉国际的知名学者，如李政道、杨振宁等，他们无不感怀于当时的自由环境对大学发展的促进作用。然而，新形势下之今日大学对政府有着强大的依附性，大学难以摆脱政府力量的制衡。可以说，大学既试图摆脱政府的强力干预，又在不由自主地拉近与政府的距离。在我国高等教育体制改革的过程中，政府虽然在不断尝试给予大学更多自治权，但因计划经济的积弊，对大学的控制依然强势。在高等教育资源上，教育主管部门依然按照行政化的方式进行分配；在大学具体事务的管理上，对招生计划、科研计划、课程设计等具体学术事务干预的程度较大；在大学的社会地位上，依然以行政级别作为标识，教育行政部门掌握大学校长的任命权。

---

① 陈平原. 大学何为［M］. 北京：北京大学出版社，2006：115-116.

2015 年，国务院印发的《统筹推进世界一流大学和一流学科建设总体方案》明确提出："深化高校综合改革，加快中国特色现代大学制度建设，着力破除体制机制障碍，加快构建充满活力、富有效率、更加开放、有利于学校科学发展的体制机制，当好教育改革排头兵。"高校去行政化再次引起社会公众的关注和讨论。有学者较为犀利地指出，"目前建设'双一流'大学的最大阻碍是'高校行政化'痼疾对现代大学制度建设的阻滞。在过去的六年里，高校'去行政化'的概念始终是停留在中央政策文件中的'学术话语'。从中央层面来看，既没有明确的'时间表'，也没有清晰的'路线图'"①。对于我国大学而言，为了自身的长远发展必须"去行政化"，但在当前的体制环境中"去行政化"又可能弱化大学的社会地位，不利于大学的发展，这种矛盾心理恰恰反映了当前高等教育改革的尴尬景象。大学的"行政化"以整个国家宏观政治体制为背景，又有其深刻的社会历史根源。大学的"去行政化"，"核心问题不在于大学是否要有行政级别，而是不再以行政化的方式管理大学的教学与研究事务，而能按照学术自身的逻辑，通过大学教师的学术共同体实现'教授治学'。如今国家与大学的行政管理部门控制了学术研究的绝大部分资源，各级行政管理人员不仅垄断了学术资源的分配与再分配，而且也控制了学术成果的生产与再生产"②。在此情境下，"去行政化"必然成为一项复杂而长期的工作，并不是能够简单地以取消大学行政级别来解决。但是，我们可以确认的是，建立政校分开、管办分离的现代大学制度是我国高等教育改革的必然趋势，"去行政化"也是建立现代大学制度的客观要求，但在各种复杂因素的作用下，大学自治还需要经历漫长而艰巨的历程。

　　总而言之，政府控制大学的意愿与日俱增，而大学对政府的依附却未有明显改观，大学自治可谓步履维艰。"不自由就意味着这个机构很多时候言不由

<hr />

① 刘佳，王佩璐."去行政化"与建设"双一流"大学的联动协同 [J].高校发展与评估，2017，33 （6）：11.

② 许纪霖.回归学术共同体的内在价值尺度 [J].清华大学学报（哲学社会科学版），2014，29（4）：79.

衷，其诚信值得怀疑；不独立就代表着这个机构缺乏必要的立场，更谈不上道德担当；依附则表明这个机构对于政府言听计从，没有自己独立的价值判断，有的只是利益的计算和权力的博弈。"① 大学对政府的绝对依附及政府对大学的强势控制，犹如种下了大学诚信失范的种子，面对合理性缺失的强势控制和管理，大学或是盲从，或是欺骗，最终与大学诚信的本质背道而驰。

其次，学术自由流于空泛，组织诚信原动力枯竭。政府对大学的行政化管理及大学对政府的外部依附，使大学组织独立自主的地位难以确保，孕育大学诚信伦理的土壤也因此日渐贫瘠。从大学组织内部权力结构看，行政权力僭越学术权力，造成了行政利益与学术利益的对抗，"权力"而非"学术"成为大学内部的核心价值诉求，致使大学价值取向的偏移。需要说明的是，这种情况也可称为"行政化"现象，主要指大学组织内部的权力结构的错位，而前文所言的"行政化"主要指宏观层面政府对大学的"行政化"管理。

一方面，行政化管理模式诟病凸显。因大学规模不断扩大，事务日益庞杂，设立相关行政机构成为维系现代大学正常运转的必然选择。因而，有学者认为行政性是大学组织的兼有属性，但行政性并不等于行政化。简言之，"行政化的实质就是社会组织中由于行政功能的过度膨胀，行政权力在社会组织中的过度扩张而形成的以权力为核心的管理模式"②。行政权力的过度膨胀使大学在结构上成为等级森严的科层组织，级别越高权力越大，管辖的范围越广，对学术事务的干预也就越多，而真正从事学术研究的大学教师却处于科层组织最底层，处于被支配的地位。

行政权力僭越学术权力，使大学面临如下困境：一是管理简单化、主观化、盲目化。教学和研究都是过程极其复杂的活动，很难以直观的方式进行管理和评估；而行政组织等级森严、目标明确，管理和评估方式相对简单。以行政逻辑管理学术，量化刚性的管理和评估方式容易被广泛采纳，导致教学和科

---

① 王建华. 道德危机中的中国大学 [J]. 大学教育科学，2010 (2)：10.
② 龙献忠. 治理理论视野下的政府与大学关系研究 [M]. 长沙：湖南大学出版社，2007：151.

研成果评估遵循数量标准。求真务实的学术精神抵挡不住效率的诱惑，脚踏实地的教学方式和研究方式已不能满足速成化需要，偷工减料、抄袭剽窃、捏造应付等诚信失范行为便纷至沓来。此外，高深知识具有精深性、专门性和复杂性，非学科领域的行政人员不可能深刻了解学科发展的规律，在组织和管理学术活动的过程中极易走向主观化和盲目化，影响大学使命的履行，造成大学诚信精神的遗失。二是大学组织道德责任漂移。在等级森严的行政组织中，对规章制度的严格遵守是忠诚于组织的基本要求，组织机构的工作人员只需按部就班，按规章办事即是表现良好的组织成员，无需计较行为本身所蕴含的伦理意涵。大学诚信失范与现行大学科层管理模式密切相关，大学人的理性和德性容易为现代性组织和制度遮蔽。

另一方面，功利化价值取向隐忧重重。大学内部行政化的管理模式，使"官本位"思想在大学校园大行其道，"否定了师生的主体地位，不仅使大学按照教学与科研规律自主办学和管理创新空间越来越小，而且使真正追求真理的师生在大学中的地位不断被边缘化"[①]。相应的，"名""权""利"逐渐僭越"真理"成为大学组织狂热追求的目标，自由、诚实和理性不再是大学组织神圣不可侵犯的原则。作为学术性组织和教育性组织，大学的荣誉主要通过大学教师和学生在学术活动中的贡献来体现。众多大学为激励学术成果的产出，构建学术评价的锦标赛机制，"虽然在某种程度上取代了计划经济体制下平均分配的利益模式，激发了大学教师的学术研究热情，然而它却异化了大学教师的制度认同，并且使其学术行为也产生了一定的扭曲，导致了大学学术研究公共性的整齐缺失"[②]。迫切追求名利的大学，通过制定各种规章制度，鼓励学术"大跃进"，试图将大学教师培养成为"高产母鸡"，工具理性过度彰显。在这种价值观念和相关制度的错误引导下，大学教师难以继续坚守寂寞和

① 刘尧.大学去行政化是梦？非梦？[J].高校教育管理，2011（4）：3.
② 武晓伟，吴枋泠，牛宙.学术"锦标赛"制下高校"女青椒"的制度认同与生存选择：一个"女青椒"的个案研究[J].教师教育研究，2019，31（6）：69.

清贫，纷纷加入这场轰轰烈烈的学术运动中来。有学者曾经忧虑而尖刻地批判："有多少学者是怀着崇高的学术理想，带着浓厚的学术兴趣在从事学术呢？学术更像是一种工具、一种途径、一种手段，可以评职称，拿相应工资待遇、住房津贴；可以申请课题、基金，进而掌握学术资源；可以获取学术头衔，由此主导学术资源的配置；可以获得政治权力，进入官场，获得更大的行政力量，进一步巩固学术地位。带有强烈的'工具理性'，有多少学者注重学术研究本身的价值？注重学者的操守与道德？尽快出更多的'学术成果'，由此获得学术话语权、行政话语权，这才是终极目标。而为了这个终极目标，'学术'被运作、被经营，剽窃、造假不过是一种表现而已。"① 学术研究是崇高的事业，以追求真理为旨趣，然而，在功利化价值观念的影响下，学术成为了谋利的工具。既然学术本身已被异化，为了追求更多的利益，学术研究过程中的自由、诚信、理性等原则不再神圣不可侵犯，诚信失范甚至成为惯用伎俩。

可见，行政化是引发大学价值取向功利化的重要诱因，而市场经济则进一步强化了大学对利益的追求。高等教育大众化进程加快，剧烈地冲击着高等教育的办学思路，教育市场化倾向日趋明显。一些大学着眼于学校规模的扩张和外延发展，旨在提高经济效益，将企业的经营理念和管理模式强行植入高校。在这种思想的影响下，高校俨然成为"学店"，学校分门别类地兜售知识，而学生则成为购买知识的消费者，学生与学校之间的关系近似于生产者与消费者，而教师和学校的关系则类似于雇佣与被雇佣的关系。"金钱日益成为影响大学角色的决定因素。大学口口声声说，一切为了学生的利益，可他们真正关注的还是学校里能够赢利的商业活动。"② 在利益的驱使下，有的大学甚至忘记了求真知、育真人的宗旨，丧失其诚信道德底线。

---

① 熊丙奇."破""立"并举 治理学术不端 [J]. 中国高等教育，2009（9）：25.
② 哈瑞·刘易斯. 失去灵魂的卓越：哈佛是如何忘记教育宗旨的 [M]. 侯定凯，译. 上海：华东师范大学出版社，2007：8.

　　综上所述，高等教育自身的诟病和积弊是大学诚信失范的根本原因。在高等教育宏观管理中，大学自治的价值诉求与外部依赖之间的矛盾不可调和；在高等教育微观管理中，大学内部治理结构不合理造成学术自由及学者治校难以真正落实。缺乏自由与自治，最终导致两种结果：一是大学对政府的盲从，高等教育偏离其原有的轨道，逆规律而行贻害教育的长远发展；二是大学承受政府的压力，同时又不愿违背自身意愿，便暗度陈仓、阳奉阴违，造成被动的诚信失范。

三、微观层面：主体德性的迷失

　　现代社会的伦理困境、现代大学制度的不完善和价值观念的偏移均是导致大学诚信失范的重要因素。"百年大计，教育为本，教育大计，教师为本。"[①] 1952 年，艾森豪威尔当选为哥伦比亚大学的校长，参加学校为他举办的欢迎会时，他对参会的教授们说："非常荣幸见到哥伦比亚大学的雇员。"一名物理学教授马上站起来说："尊敬的先生，教授们不是哥伦比亚大学的'雇员'，我们就是哥伦比亚大学。"由此可见教师之于大学的意义。大学对社会的责任以大学教师的工作为核心，从大学组织的运行机制看，教师是实施、组织高等教育的主体。大学教师的道德状况是大学整体道德水平的晴雨表，虽然大学诚信并非与大学教师个体诚信完全等同，但两者关系密切，在发展趋向上基本一致。大学教师作为高等教育实践活动的组织者、管理者和参与者，其德性的迷失是大学诚信失范的重要原因。

　　第一，知识成为满足物质欲望的工具。大学教师与大学组织在精神上基本契合，大学精神的核心为大学教师的价值共识。求真是大学的本真追求，涉及大学之本体，大学教师以真理探究为其最高价值旨趣。发展知识、探究真理是学者的使命，诚实更是从事学术研究之人必备的素质和修养。因而，传统的大

---

① 教育部课题组.深入学习习近平关于教育的重要论述［M］.北京：人民出版社，2019：130.

学教师乐于置身"象牙塔",整日与知识为伴,与寂寞为伍,"以学术为志业",将知识本身视为最大财富。也因为大学教师对知识的掌握、对理性的擅长,以及"谋道不谋食,忧道不忧贫"的士大夫精神,使大学被誉为"社会的良知"。然而,现代化进程中,社会存在发生了深刻的变革,大学组织的内外环境日新月异,意识层面的大学伦理也在悄然演变。如前文所述,在现代化进程中大学逐渐丧失了自治和独立地位,成为被政府控制和干预的"国家利器",大学教师陷入了章鱼吸盘的体制,逐渐沦为体制的附庸。从本质上来说,高深知识即为"国家利器"之核心,大学所输出高层次人才和科学技术即为国际竞争的关键。因而,为促进知识发展,世界各国无不采取一切可能之手段激励大学加快知识创新的速度。"当学术锦标赛下大学教师学术研究的功利行为由'适度'转为'过度'时,大学教师的学术身份就会发生异化,即学术身份功利化,其主要表现在学术平庸和学术失范两个方面。"[1] 申报课题、发表论文、出版著作逐渐成为大学教师获取金钱、名誉、地位的工具,或者成为职位、职级晋升的阶梯,学术研究丧失了本真的价值旨趣,道德责任和社会担当逐渐为大学教师所遗忘。

第二,育人成为精神缺失的谋生手段。培养人是教育的本质,而人的培养主要由教师引导学生在具体的教育实践活动中得以完成。"教师承担着一种使命,这种使命的中心目的是促进人类的进步。大学是一种增进文化的机构,这既是通过获得新的知识,也是通过传播已有知识以鼓励年轻人使用它们,而这两者都是创造性和建设性的。通过这种方式,教授就成为一种媒介,使得社会变得一代比一代更好。在这方面,教师作为'人生典范'的职能是重要的,或许其重要性不亚于他们传播信息和激发研究兴趣的职能。"[2] 在促进学生成长过程中,大学教师自身即为最好的教科书,师生交往的过程既是知识传授的过程,也是精神成长的过程,教师的言行即为学生最好的榜样。"教育须有信

① 仲彦鹏.学术锦标赛制下大学教师学术身份的异化与纠偏 [J].重庆高教研究,2018,6 (4):113.
② 唐纳德·肯尼迪.学术责任 [M].阎凤桥,等,译,北京:新华出版社,2002:86.

仰，没有信仰就不能称其为教育，而只是教学的技术而已。"① 高等教育实践活动中，育人理念逐渐为大学教师所淡漠和遗忘，教育教学成为信仰缺失的职业。有人批判在研究生指导过程中，学生成为教师的"廉价劳动力"，而教师则成为学生的"老板"，虽然这种情况在全国范围内并不是普遍存在，但此种说法却体现了教师德性权威正遭遇质疑。尤其是近年来我国研究生招生规模持续膨胀，优质师资匮乏，生师比过大，表现平平的学生难以有机会接受老师的指导与点拨，师生间情意相当淡薄。总之，教师在育人过程中信仰的缺失，导致其对自身职业神圣性理解的贫瘠，诚信品德朝庸俗化、大众化方向发展。

第三，大学教师职业准入道德边缘化。"教学'教''学'，教师如何教，学生如何学，将最终决定大学的质量。而在师生关系中，起关键作用的无疑在于教师。因而要提升大学教学质量，优良'师德'的教育和培养，就是一个不能回避的话题。"② 社会公众对大学教师的德性修养相较于普通民众有更高的期待。在中国古代，师者即为"传道、授业、解惑"之人，享有极高的社会声誉。然而，当前大学教师的职业形象与社会期望存在较大差距。在大学教师的聘任、晋升过程中，道德不再是重要的判断标准。大学在聘任教师时更多地关注教师的性格、德行和智慧，我们才可以期望形成良好的大学伦理氛围。虽然，大学教师和普通大众一样，难免有人性的弱点和缺陷，但我们要注意的是大学教师肩负重要职责。在教育实践活动中，与教师们朝夕相处的大学生，虽然在年龄上已是成年人，但思想上还不够成熟，他们总是先入为主地认为大学教师是智者，思想和言行上容易受到教师的影响。鉴于此，在聘任大学教师时应特别慎重，一名教师可能影响成百上千学生的道德发展。而家长们把孩子送到大学，也期望教师是品格高尚的智者，能在思想上给学生以启迪，帮助学生个性完善和人格成长。正因为大学教师影响着未来社会的道德发展，承担着

---

① 卡尔·雅斯贝尔斯.什么是教育 [M].邹进，译.北京：生活·读书·新知三联书店，1991：44.
② 黄达人.教授就是大学　师德最关质量 [J].中国高等教育，2008 (7)：18.

非凡卓越的道德使命，大学在聘任教师的过程中应对教师德性有更高的要求。然而，令人忧虑的是，大学教师的聘任、晋升普遍存在追求"学术卓越"而摒弃"身正为范"之职业要求的倾向。哈佛大学前校长德里克·博克曾忧虑地指出，"很大程度上，大学已经放弃了以道德标准选择教授的做法。因此，无论大学如何信誓旦旦地强调道德标准的重要性，都无法左右学校里成年人的行为了，而他们对学生的人生却有着如此巨大的影响"①。

---

① 哈瑞·刘易斯. 失去灵魂的卓越：哈佛是如何忘记教育宗旨的 ［M］. 侯定凯，译. 上海：华东师范大学出版社，2007：88.

第五章 道德教化：我国大学诚信建设的首要环节

大学诚信作为重要的道德资源在高等教育实践活动中发挥特殊重要的作用，引导、激励和规范组织及其成员的行为。然而，大学诚信实然与应然相距甚远，危及组织、个体和社会的可持续发展。从组织伦理的视角，通过唤醒和培育大学组织诚信建设，构建大学组织诚信建设，以探寻大学诚信建设路径，是亟待解决的重要理论问题，也是建设世界一流大学、促进个体与社会完善发展的重大现实问题。大学诚信有其特殊的生成发展规律，在组织范围内形成诚信共识，培育诚信精神是建设大学诚信的必要前提。大学组织诚信精神与大学人诚信道德密切相关又相互区别，个体诚信道德的养成是培育组织诚信精神的逻辑基石。因而，道德教化是大学诚信建设的首要环节，即通过提高个体诚信道德水平，使大学诚信的基本理念和价值意识为大学组织成员所"共识"和"共享"，促使其在具体的道德实践中升华为大学组织的理性精神。提升大学诚信教育的实效性是建设大学诚信的必然要求，需要增强教育理念的先进性与科学性，然而，更为重要的是，将这种理念落实到具体的教育实践活动中。

第一节 诚信教育是培育我国大学诚信精神的逻辑基石

精神是人类特有的生命现象，"是人类对其生命活动的一种自觉意识和自由表达。精神与理性、意志相关，但又不简单地等同于理性、意识、意志，有别于普通意义上的'心理'，是以价值为统摄的知、情、意的统一体。精神有着意识与意志两种表现形态，而意识与意志不可分割地统一存在于人的精神之中，精神是以价值统摄意识和意志的一种结构性存在"①。可见，精神相较于理念和意识处于人类思维发展更为高级的阶段。德国古典哲学集大成者黑格尔将精神视为人的意识发展到一定阶段超越理性的产物，"当理性之确信其自身即是一切实在这一确定性已上升为真理性，亦即理性已意识到它的自身既是它的世界、它的世界既是它的自身时，理性就成了精神"②。也就是说，精神是具有理性的意识。大学诚信精神是大学组织作为诚信实体的核心和灵魂，是大学诚信理念的发展和升华，是促使大学组织抵御诱惑和欲望、践行诚信的根本动力。

一、个体诚信道德：确立组织诚信精神的前提条件

"就本质而言，组织伦理精神是组织对其伦理公共本质的自觉意识和自主表达。"③ 大学组织是创生性的伦理实体，不同于家庭、民族等自然的伦理实体具有天然的合理性。大学组织需依据其组织目标，对组织结构进行设计和安排，倡导大学组织的伦理精神，以形成特定的组织文化，或通过塑造和融合组织成员个体的观念和行为，更好地实现组织目标。

大学诚信精神是理性的自我意识与坚定的自主意志的统一，分析大学诚信精神的特征是开展精神培育活动的前提和基础。首先，大学诚信精神来源于客观的高等教育实践活动。"意识在任何时候都只能是被意识到了的存在，而人们的存在就是他们的现实生活过程。"④ 物质不是精神的产物，而精神是物质的最高产物。大学诚信精神是以现实的客观存在为基础的，植根于大学作为组

---

① 王珏.组织伦理：现代性文明的道德哲学悖论及其转向 [M].北京：中国社会科学出版社，2008：281.

② 黑格尔.精神现象学：下卷 [M].贺麟，王玖兴，译.北京：商务印书馆，1979：1.

③ 王珏.组织伦理：现代性文明的道德哲学悖论及其转向 [M].北京：中国社会科学出版社，2008：312.

④ 马克思恩格斯选集：第一卷 [M].北京：人民出版社，1995：72.

织实体所从事的教育实践活动当中。其次，大学诚信精神的发展遵循自为状态转变为自觉状态，进而上升为自由状态的逻辑。精神的产生虽然具有客观现实性，但精神一旦产生便具有相对独立性，因而往往超越或落后于现实。但总体而言，精神与人类文明的进步和发展基本同步。大学诚信精神的形成与发展以高等教育实践活动为基础，如同人类普遍精神具有自我否定和自我创造的能力，大学诚信精神能对大学组织的完善与发展产生巨大的能动作用。进而，在长期的实践中，组织及其成员逐渐形成了与其伦理本质相符合的精神气质与行为习惯。"'精神'的一切属性都从'自由而得以成立'，'自由'是精神的唯一真理。"① 同样，马克思以自由指称人的类特性。组织成员在长期的教育实践过程中形成对诚信义务的共识，内化为"大学组织的良心"，形成相应的较为稳定的组织道德自我意识。由此，大学诚信精神逐渐成为自由、和谐的组织伦理的存在状态。

　　组织成员个体诚信道德与组织诚信精神，是相互区别又相互联系的辩证统一关系。组织是在社会历史发展进程中，人类为了更好地满足自身需求，追求一定价值和目标而形成的社会共同体。就其本质而言，伦理精神"是伦理实体在其自身活动中，对其普遍性本质的一种自觉意识和自由展现。伦理精神，既体现于伦理实体的公共意识之中，又体现为一种公共意志。伦理意识是以道德价值统摄意识和意志的一种结构性存在"②。诚信精神的形成是大学组织作为诚信的伦理实体得以确证的关键，是促使大学组织诚信由自为、自觉发展至自由状态的基础和前提。建设大学组织诚信，首先要求组织能够理性地认识其自身伦理本质，并形成与自身本质相一致的伦理精神。然而，大学组织主要由教师个体和学生个体组成，让组织成员个体形成普遍的诚信共识，并将这种公共认识上升为稳定的自我意识和坚定的自觉意志，需要在一定的社会环境中进

① 黑格尔. 历史哲学［M］. 王造时，译. 上海：上海书店出版社，2006：17.
② 王珏. 组织伦理：现代性文明的道德哲学悖论及其转向［M］. 北京：中国社会科学出版社，2008：218.

行长期的实践和积累，在个体诚信道德养成的基础上，分享和凝结社会主流诚信价值观念。

"组织伦理精神是组织伦理实体的道德自我意识和道德自觉意志。组织是由个体有机组成的集体，个体道德思维的确立与成熟是组织伦理精神形成和发展的前提条件，但组织不是个体的简单叠加，组织伦理精神也不是个体道德精神的简单扩充，组织伦理精神是在个体道德精神确立的基础上，通过扬弃个体道德精神的特殊性、个别性，达到组织伦理精神的普遍性、公共性。"① 可见，组织诚信精神的建构是一项复杂而艰巨的任务，需要组织成员个体共同努力，使社会主流诚信价值观念为全体组织成员所共识和共享。个体诚信道德与组织诚信精神关系极为密切，个体诚信道德是组织诚信精神得以确立的前提和条件，而组织诚信精神对个体诚信道德的养成也具有突出重要的作用。大学诚信是个体诚信的升华与凝结，而个体诚信则是大学诚信的前提与基础。本章着重探讨个体诚信道德之于组织诚信精神的重要意义，并探寻具体的建设路径。

二、组织诚信教育：培育个体诚信道德的必要选择

"组织成员个体道德是组织实体伦理精神确立、发展的前提条件。"② 大学诚信虽然不是大学组织成员个体诚信道德的简单扩充，但与个体诚信道德具有极为密切的关系。可以说，大学教师个体和大学生个体的诚信道德是大学诚信精神发生与发展的前提条件。道德教育是充盈灵魂、丰富生命的社会实践活动，个体诚信道德的发展离不开一定的道德教化，大学诚信教育是引导大学教师和学生形成符合社会要求的诚信意识、诚信情感、诚信意志和诚信行为的必由之径。

个体道德的形成和发展有自身的发展逻辑，传统道德哲学已对其进行了深

---

① 王珏. 组织伦理：现代性文明的道德哲学悖论及其转向 [M]. 北京：中国社会科学出版社，2008：335.

② 王珏. 组织伦理：现代性文明的道德哲学悖论及其转向 [M]. 北京：中国社会科学出版社，2008：339.

入的研究。道德哲学理论中关于个体道德的发展主要存在如下三种学说：先验说、灌输说和建构发生说。首先，先验说以卢梭为代表，认为"在灵魂深处生来就有一种正义和道德的原则——良心"①，应当从人的内部呵护良心，使其回归自然本性，反对道德教条的外部灌输。其次，灌输说以洛克为代表，认为人心是一块白板，上面没有任何符号，没有任何观念，个体道德的形成与发展完全依赖于后天的教育和灌输。先验说与灌输说虽然具有较大的局限性，但在道德教育发展史上都产生过重要的影响。相对而言，以皮亚杰和柯尔伯格为代表的建构发生说则有了新的突破，他们运用心理学研究成果，从建构发生的视角分析个体道德生成和发展的规律。柯尔伯格在皮亚杰的研究基础上，提出了"三水平六阶段"理论，认为儿童道德发展要经历"前习俗水平""习俗水平""后习俗水平"三个水平，每一水平各有两个不同的发展阶段。② 柯尔伯格不仅提出了个体道德发展的理论模型，难能可贵的是坚持将理论应用于实践，并对理论进行持续不断的修正和完善。他认为个体道德水平与道德思维呈正相关，道德思维越成熟，道德发展水平则处于更高级的阶段，且道德思维的发展是不可逆的。毋庸置疑，道德发展理论充分肯定了教育干预对个体道德生成与发展所具有的重要意义，极大地肯定了道德教育者的工作，并推动了学校道德教育的进程。

现代思想政治教育理论坚持马克思主义的基本立场和基本观点，吸收了西方先进的德育思想，继承和发扬了中国传统道德教育的思想精华，揭示并分析了个体思想道德品质形成和发展的规律。关于个体道德生成与发展，学者们从道德心理学视角普遍认为基本遵从认知、情感、信念、意志和行为的发展理路，循序渐进地将社会道德规范内化为个体自身的道德品质，并在实践活动中将其外化为具体的诚信行为。当然，人们思想和行为的产生机制极其复杂，并不是在任何情况下都遵循固有路径。思想的发展还受外界环境、个体需求变化

---

① 卢梭.爱弥儿 [M].李平沤，译.北京：商务印书馆，2001：414.
② 柯尔伯格.道德教育的哲学 [M].魏贤超，柯森，等，译.杭州：浙江教育出版社，2000：282.

的影响和制约，可能出现反复的现象，但不可否认，思想道德形成和发展具有普遍规律性。

诚信教育是个体诚信道德生成与发展的客观需求。正如黑格尔所言，"教育的绝对规定就是解放以及达到更高解放的工作"，也就是说，"教育是推移到伦理的无限主观的实体性的绝对交叉点，这种伦理的实体性不再是直接的、自然的，而是精神的，同时也是提高到普遍性形态的"①。通过道德教化培育个体诚信道德，是建构大学诚信精神的必然选择。诚信教育是教育者对受教育者施加影响，使受教育者形成符合社会要求的诚信道德。诚信教育属于道德教育的范畴，要求遵循道德教育的基本规律。

相较于政治组织和经济组织，大学组织"目标模糊"且"系统松散"，组织成员的知识、能力及道德水平存在较大的差异。根据分工不同，大学组织成员大致可分为教师和学生两大群体，教师和学生内部又分别存在多个亚群体。因而，大学组织成员个体的诚信道德教育，不仅包括大学生诚信教育，也应将教师纳入诚信教育的范畴。习近平总书记在全国高校思想政治工作会议上指出："面对新形势、新任务、新挑战……，个别教师不能很好做到教书育人、为人师表，师德师风建设和思想政治工作队伍建设亟待加强。"② 诚然，在传统的思想观念中，教师无论知识水平和道德境界，均堪为社会典范。但近代以来，实证主义的兴起，知识与价值无涉等观念的盛行，使掌握高深知识的大学教师不再是道德的权威，师德滑坡的现象广为社会关注，尤为凸显的是学术诚信失范等教育腐败现象屡遭曝光，师德建设成为重塑教师形象的当务之急，教职工思想政治教育也便成了保障高等教育可持续发展的客观要求。大学生诚信教育与教职工诚信状况之间存在着极为密切的关系，综观诚信教育发展现状，学者们往往将大学诚信教育等同于大学生诚信教育，虽然近年来大学生诚信教育在理论研究和实践探索方面均取得了长足的进展，但仍然存在不可忽视的缺

① 黑格尔.法哲学原理 [M].范扬，张企泰，译.北京：商务印书馆，1961：202.
② 十八大以来重要文献选编：下 [M].北京：中央文献出版社，2018：479.

陷。总之，诚信教育是个体诚信道德发展的必由之径，进而成为培育大学组织诚信精神的首要环节。

第二节 增强大学诚信教育理念的科学性与先进性

建设大学诚信要求培育大学诚信精神，而养成大学组织成员个体诚信道德则是孕育诚信精神的逻辑基石，大学诚信教育的实效性与大学诚信建设休戚相关。理念是行动的先导，提升大学诚信教育的实效性，有待于理念的创新与完善。增强大学诚信教育理念的科学性与先进性，是提升大学诚信教育实效性的必要前提。

一、以"马克思主义人学"为理论指导

大学诚信教育是人类自我设计、自我发展和自我完善的精神实践活动，它以"人"为根本出发点和最终落脚点。正确认识"人"的存在、本质和活动规律是大学诚信教育需要解决的首要问题，也是提高诚信教育实效性的必要途径。而马克思主义人学是研究"人"的科学，是关于"人"的理论，"人"是大学诚信教育与马克思主义人学的关联点。增强大学诚信教育理念的先进性与科学性，有必要以马克思主义人学这一科学理论为指导，以"人"为出发点和落脚点，为大学诚信教育的创新和发展奠定基础。

马克思以实践为基础建立了历史唯物主义，揭示了人类社会发展的规律，"人们首先必须吃、喝、住、穿，然后才能从事政治、科学、艺术、宗教等；所以，直接的物质的生活资料的生产，从而一个民族或一个时代的一定的经济发展阶段，便构成基础，人们的国家设施、法的观点、艺术以至宗教观念，就是从这个基础上发展起来的"[1]。因而，"社会生活在本质上是实践的"[2]。它

---

① 马克思恩格斯选集：第三卷［M］. 北京：人民出版社，1995：776.
② 马克思恩格斯选集：第一卷［M］. 北京：人民出版社，1995：60.

不仅包括物质生活，也包括精神生活，而道德就本质而言是一种精神实践活动，属于精神生活的范畴。在这种实践活动中，人类形成并调节各种社会关系，以实现自我、他人与社会发展。可以说，道德既是人类文明进步的重要因素，也是人类生存与发展的重要方式。诚信是具有普遍指导意义的道德范畴，具有原初性和始基性，萌芽于"以人的依赖关系"为基础的原始社会。因生产力水平低下，人们认识自然和改造自然的能力相当薄弱，需要形成一定的社会共同体，并进行分工合作，依靠集体的智慧和力量实现人类的生存和发展。合作关系的形成以人际信任为必要条件，诚信则是信任的生成与发展的客观需求。随着实践的发展，人们逐渐意识到诚信的重要地位和作用，自发的诚信向自觉的诚信转变，并发展为最基本的伦理道德规范。教育是人类的伟大发明，传承文化并创新思想，诚信教育同样是为了培育个体诚信品德、调节社会利益关系，以实现人类社会可持续发展而进行的实践活动。从本质上说，诚信教育既是一种精神实践活动，也是人类自身的自我设计、自我发展与自我完善，是对人的本质的发展和延伸。

可见，诚信教育发源于"人"的需求，植根于具体的社会实践活动，"现实的人"是诚信教育得以产生的前提，它的"最本原的目的是促进人类更好地生存和发展；其终极价值追求是人的自由全面发展"①。诚信教育的本质，决定它以满足"现实的人"的需求为根本出发点，以实现"现实的人"的自由而全面发展为最终落脚点。相应的，大学组织诚信以大学人诚信道德的养成为前提和基础，"现实的人"也必然成为大学诚信教育的出发点和落脚点。

二、以"现实的人"为出发点和落脚点

大学诚信教育的施教主体和受教主体可能是群体，也可能是个人，但群体始终由个体所组成，决定了"现实的人"是大学诚信教育的基点。组织、实

---

① 张耀灿，曹清燕.思想政治教育研究的人学取向探析 [J].思想理论教育导刊，2006（12）：39.

施和管理大学诚信教育均以"现实的人"为出发点，而认识"现实的人"的存在、本质、需要和特性则成为大学诚信教育的逻辑基点。

首先，大学诚信教育应以"现实的人"为出发点。人是教育的目的和归宿，根据"现实的人"的存在、需要和个体特征开展大学诚信教育是促进每个人诚信德性完善，实现诚信教育最终目的的根本要求。

以"现实的人"的存在为出发点。马克思和恩格斯认为"现实的人"是受肉体组织制约且具有自然需要的人，他们为了生存进行各种社会实践活动，进而形成并不断调整一定的社会关系。当然，既有的社会关系对实践活动亦产生一定影响。"'现实的人'指有生存需求和发展需求的具体的人，处于人与自然、人与社会、人与自身这三大关系中的历史的人，有着意义世界之精神追求的超越的人。"① 因而，"现实的人"具有自然、社会和精神三重生命存在。"人来源于动物界这一事实已经决定人永远不能完全摆脱兽性，所以问题永远只能在于摆脱得多或少些，在于兽性或人性的程度上的差异。"② 作为自然存在物的"现实的人"，具有生物本能性；而作为社会存在物的"现实的人"，即特定社会中的人类个体则是一切社会关系的总和，且在社会关系中体现其本质，具有丰富多彩的社会性需要；作为精神存在物，能动地反映客观世界，并形成思想、观念、理想和信念等人类所特有的生命现象，以满足"现实的人"的精神需要。值得注意的是，人的精神性或意识性存在以自然性、社会性存在为基础。大学诚信教育无论从施教主体还是受教主体，最终均落实到个体，"现实的人"的实践活动必然成为大学诚信教育实践活动的核心。可见，从"现实的人"的自然性、社会性和精神性出发开展大学诚信教育实践活动，是提升诚信教育吸引力、感染力和实效性的基础和前提。

以"现实的人"的需要为出发点。"需要是人的生存发展对于外部环境、

---

① 张懿，孙熙国. 马克思人学观与生命观异同辨析 [J]. 思想教育研究，2020 (5)：41.
② 马克思恩格斯选集：第三卷 [M]. 北京：人民出版社，1995：442.

自身活动和社会关系的具体依赖性。"① 人类的生存和发展，对思想政治教育具有两方面的需求："一方面，思想政治教育为人的基本生存活动（物质资料的生产、再生产、社会关系的建立和人口的生产）服务；另一方面，思想政治教育是人的一种内在精神需求，是人的完整生存、获得更好的发展、不断完善的一种内在规定。"② 这两方面的要求同样适用于大学诚信教育，具体实践活动的开展应以满足大学人和社会需要为出发点和立足点，脱离大学人实际需要或社会需要而开展的大学诚信教育必将沦为无效的灌输。尤其是在主体性彰显的现代社会，人们愈发追求民主、自由和尊严，大学人的合理需要不可忽略。因而，在大学诚信教育实践活动中，应突破以往"社会本位论"的观点，又兼顾社会的需求，实现大学人合理需要与社会需求的有机统一。

以"现实的人"的个性特征为出发点。马克思认为，"符合现实生活的考察方法从现实的、有生命的个人本身出发，把意识仅仅看作是他们的意识"。并进一步指出，"这种考察方法不是没有前提的。它从现实的前提出发，它一刻也不离开这种前提。它的前提是人，但不是处在某种虚幻的离群索居和固定不变状态中的人，而是处在现实的、可以通过经验观察到的、在一定条件下进行的发展过程中的人"③。"现实的人"是自然性、社会性、精神性与主体性的统一，从历时态与共时态的角度均在发生持续不断的变化。一方面，人的自然性在进化中提升，社会性与精神性在实践中丰富，主体性也在社会进步中逐渐彰显。另一方面，内外因对个体产生不同的影响，致使个性发展呈现多样性与复杂性。因而，大学诚信教育不仅要研究人的类特性，即建立在个体之上的稳定的普遍人性，还应研究不同的个体特征，并以此为出发点开展具体的诚信教育实践活动。

---

① 李德顺，孙伟平. 道德价值论 [M]. 昆明：云南人民出版社，2005：29.
② 曹清燕，张耀灿. 思想政治教育发生的人学探源 [J]. 学校党建与思想教育（上半月），2008（5）：9.
③ 马克思恩格斯选集：第一卷 [M]. 北京：人民出版社，1995：73.

其次，大学诚信教育应以"现实的人"的发展为落脚点。大学诚信教育以对"现实的人"的存在及本质、需求与特性为出发点，明确教育理念、创设教育内容和选择教育方法。同时，大学诚信教育以"现实的人"为最终归宿：以促进大学人在组织和社会中的生存和发展为本原目的，以促进人的自由而全面发展为最高目的，以促进和谐社会主体生成为现实目的。

大学诚信教育的本原目的在于促进人在社会中的生存与发展。"思想政治教育是人的一种精神实践活动，构成了人在社会中存在的一种重要方式，是人在社会中生存和发展的需要使人类开始从事思想政治教育这一实践活动的。"① 诚信教育作为思想道德教育的基础性内容，以发展人、促进人自身完善与幸福为基本信条，以更好地促进人在社会中的生存和发展为本原目的。纵观人类社会发展历程，诚信的产生和发展，其本原目的在于增进人与人之间的互信，并形成长久的合作关系。同时，人类通过教育的方式将这种价值观念世代相传，以惠泽后代。阶级社会的诚信教育具有一定的片面性和局限性，如我国封建社会时期的君臣、父子、夫妻之间不对等的忠信关系体现了阶级社会的不平等，诚信道德成为统治阶级维护其特权的工具。但总体而言，诚信教育所传递的价值观念随着人类文明的进步而发展和完善，诚信教育本身的目的、内容与形式也在"变"与"不变"的对立统一中曲折前行。大学诚信教育，是诚信教育在主体上的拓展和延伸，其本原目的仍然在于促进大学教师及大学人在社会中更好地生存和发展。

大学诚信教育的最高目的在于促进人的自由而全面发展。在历史发展长河中，实现人类自身的自由而全面发展往往是人们对理想社会的憧憬，马克思和恩格斯开创性地从理论上为这一愿景寻求实现途径。他们认为，共产主义社会是"一个更高级的、以每个人的全面而自由的发展为基本原则的社会形式"②，共产主义社会的实现过程也是人类实现自由而全面发展的过程。进入共产主义

① 张耀灿，曹清燕.思想政治教育目的的人学思考 [J].广西教育学院学报，2008（2）：2.
② 马克思恩格斯选集：第二卷 [M].北京：人民出版社，1995：239.

社会，无产阶级得到彻底解放，消除了阶级剥削和阶级压迫。相应的，阶级社会中人类发展遭强制、被凝固和受奴役的局面不复存在，真正实现了"人在发展上的自由、自主、和谐以及流动和变化，在全面发展的状态下，人所感受到的是幸福和愉悦，是自我价值和尊严的实现和确立"①。人的自由而全面发展不仅是人类对未来社会的憧憬，也是可以实现的社会理想。大学诚信教育本质上来说是人类精神的自我完善和提升，其终极价值无疑为实现人的自由而全面发展。尤其是社会主义社会的大学诚信教育，更应坚定不移地将其视为远景目标。

大学诚信教育的现实目的在于促进和谐社会主体的生成。实现人的自由而全面发展是大学诚信教育的最高目标，在具体的社会历史发展阶段，又存在着与客观实际相符合的阶段性目标。就现阶段而言，大学诚信教育的目的在于促进和谐社会主体的生成。马克思主义认为人的发展主要是主体性的发展，即主体性地位的不断彰显和弘扬。当前，社会发展正处于"一个'人的依赖关系''以物的依赖性为基础的人的独立性'以及'人的全面性的孕育生长和导向机制'有机结合的独特阶段……，必然要求提高个人的独立意识，发展人的主体性"②。在这一历史发展阶段，思想道德教育承担着重要的使命和职责，"必须首先培养人的主体性，唤醒人的主体意识，发展人的主体能力，塑造人的主体人格，使人真正成为自主自立的、富有创造性的社会发展的主体"③。然而，值得注意的是这种主体性不是单子式的、泛滥的、膨胀的主体性，而是发展的、和谐的主体性，它的核心价值追求在于实现人与人、人与自然、人与社会的和谐发展。诚信作为道德的基石，是人际和谐、人与自然和谐、人与自身和谐应当秉承的基本原则。大学诚信教育，不仅肩负着唤醒个体诚信主体性的重要使命，还承担着实现主体和谐的艰巨任务。

①　扈中平.教育目的论 [M].武汉：湖北教育出版社，2004：214-215.
②　张耀灿，曹清燕.思想政治教育目的的人学思考 [J].广西教育学院学报，2008 (2)：5.
③　张耀灿，曹清燕.思想政治教育目的的人学思考 [J].广西教育学院学报，2008 (2)：6.

三、以"以人为本"为根本要求

以人为本的大学诚信教育理念，是将"以人为本"的价值取向和思维方式贯穿于大学诚信教育理论建构与实践的具体过程当中，并融入大学诚信教育目标、内容、方法、手段的确定和选择。在教育实践活动中真正做到尊重人、关心人和理解人，切实把"人"作为大学诚信教育的出发点和落脚点。具体而言，大学诚信教育之"以人为本"，即"以大学教师为本"与"以学生为本"的有机融合。习近平总书记强调："教师要时刻铭记教书育人的使命，甘当人梯，甘当铺路石，以人格魅力引领学生心灵，以学术造诣开启学生的智慧之门。"① 大学教师是高等教育实践活动的组织者和实施者，大学履行社会职能也以大学教师的工作为核心，大学组织的一切活动都应以大学教师的发展为基础。大学生是大学组织不可或缺的重要组成部分，是国家的未来、民族的希望。以学生为本，实现学生的自由全面发展是大学组织的最高目标，也是大学履行其社会职能的根本指针。"以教师为本"与"以学生为本"是相辅相成、水乳交融的。一方面，以教师为本，能充分调动大学教师在教育实践活动中的积极性、主动性和能动性，更好地履行其职责，为社会培养更多德才兼备的优秀人才；另一方面，以学生为本是以教师为本的必然结果，教师知识与德性的良性发展，必然增强其为学生服务、为社会作贡献的使命感与责任感。具体而言，"以人为本"的大学诚信教育理念有如下几方面要求。

首先，工具理性与价值理性相融合，确立和谐型大学诚信教育理念。通过大学诚信教育提升大学人的诚信品质和思想境界，有利于大学组织更好地实现其社会功能，具有较强的工具价值。然而，以人为本的大学诚信教育理念，是工具理性与价值理性共同作用的产物，诚信教育的目的注重其社会价值，也将大学人自身的完善与发展放在突出重要的位置。相对而言，阶级社会的道德教

---

① 习近平.青年要自觉践行社会主义核心价值观：在北京大学师生座谈会上的讲话［N］.人民日报，2014-05-05.

育与思想教育往往是维护统治阶级利益的工具，育人功能相对狭隘且容易扭曲；"文化大革命"时期，一切以阶级斗争为纲，思想政治教育成为政治的工具，其灌输性、被动性至今仍然令人反感。历史经验告诫我们，工具理性主导的道德教育理念不利于人的完善和发展，甚至可能导致人和社会的异化。鉴于此，大学诚信教育应突破以往思想教育和道德教育的窠臼，抛弃"见物不见人"的陈旧观念，将"人"置于教育实践活动的中心，真正将诚信理念融入大学人的头脑和血液，使诚信成为大学教师及大学生共同认可并坚决践履的道德信条。总之，"以人为本"的大学诚信教育理念，融合工具理性与价值理性，将人自身的完善和发展视为教育实践活动的目的和归宿，是整体和谐的大学诚信教育理念。

其次，普遍共性与特殊个性相协调，确立差异型大学诚信教育理念。大学是异质性凸显的社会组织，主要由大学教师和大学生这两个特征泾渭分明的群体组成，大学组织成员个体无论知识能力还是道德修养均参差不齐。其一，作为教育实践活动组织者和管理者的大学教师，在知识占有和道德境界上具有较强的优越性。因为，大学教师经过了长期系统的教育训练，可能还具有丰富的社会阅历，心智成熟，知识丰富，道德思维能力相对稳定。而大学生则处于汲取知识的黄金时期，世界观、人生观和价值观还在逐渐形成，虽然已经经历了较长时间的学校教育，但知识、能力和德性还处于继续成长的关键期。其二，大学教师和大学生在组织中的目标和任务不同，所从事的实践活动存在较大差异，最为明显的是大学教师从事施教活动，而大学生则是受教主体，从事学习活动，"人们按照自己的物质生产率建立相应的社会关系，正是这些人又按照自己的社会关系创造了相应的原理、观念和范畴"[1]。因而，活动任务与内容各不相同的大学教师和大学生对诚信的关注各有侧重，且处于个体诚信发展的不同阶段，大学诚信教育不能将焦点完全放在大学生身上，片面认为大学教师

---

[1]　马克思恩格斯选集：第一卷 [M]. 北京：人民出版社，1995：142.

是不需要接受再教育的完全自觉的群体，面临新形势、新任务、新挑战更需要"加强教师思想政治工作，努力培养造就有理想信念、有道德情操、有扎实学识、有仁爱之心的好老师"①。同时，也应遵循教育规律和人才成长规律，"发挥学生的主体作用，多采用启发式、体验式、互动式的方法，在平等沟通、民主讨论、互动交流中进行思想引导。根据学生的不同特点，有的放矢、生动活泼地开展工作"②。总而言之，新时代大学诚信教育应将教师诚信教育和学生诚信教育有机结合起来，根据各自特点予以区别对待，形成完整的大学诚信教育机制。唯其如此，大学诚信教育才可能获得长足的发展，并取得明显的实际成效。

再者，着眼当前与立足长远相结合，确立前瞻型大学诚信教育理念。"人离开动物越远，他们对自然界的影响就越带有经过事先思考的、有计划的、以事先知道的一定目标为取向的行为的特征。"③ 人的主体性和能动性决定其对自然界、人类社会与人的思维均具有一定的预期性。大学诚信教育是人类自我设计、自我完善与自我发展的精神实践活动，要求适应环境、解决当前实际面临的道德困境，还要求立足长远、具有前瞻性地采取有效策略；同时，大学组织及其成员的特性更加巩固了大学诚信教育富有前瞻性的内在规定性。大学教师崇尚自由、追求独立，且特立独行，这些特性往往成为大学教师思想创新的源泉，应当给予保护和鼓励，更不能抑制或打压。另一群体大学生则是社会最活跃的因素，他们富有理想、充满激情，喜欢针砭时弊、扬善抑恶。针对大学教师或大学生开展诚信教育，不能墨守成规、固守已有经验，应把握其思想发展的动态，深刻洞察社会现实及其发展方向。因材施教、因地制宜地开展诚信教育，使诚信观念和理想信念真正入耳、入脑、入心。根据时代发展需求，结合高等教育实际，应倡导大学诚信教育立足当前，着眼于大学诚信实然，反映

---

① 十八大以来重要文献选编：下 [M]. 北京：中央文献出版社，2018：486.
② 十八大以来重要文献选编：下 [M]. 北京：中央文献出版社，2018：488.
③ 马克思恩格斯选集：第四卷 [M]. 北京：人民出版社，1995：382.

大学诚信教育深厚的现实关怀；同时，又应放眼长远，把握先进文化发展方向，体现大学诚信教育先进的时代精神。

最后，理论探究与德性实践相统一，确立发展型诚信教育理念。大学诚信教育并不意味着灌输给受教育者固定的、僵化的道德知识，更应注重培养受教育者良好的道德思维，鼓励受教育者积极参与道德实践活动，并学会处理伦理难题，将理论学习与道德实践有机结合起来。大学诚信教育不同于其他社会组织的诚信教育。它不仅肩负着完善自身诚信德性的任务，还担负着为解决伦理难题提供理论支持的崇高使命。一定程度上，这是由大学的组织特性和任务所决定的。大学兼具教育性与学术性，教育性要求其通过自身的诚信实践，为社会培养诚信人才；学术性则需要大学发挥其"知识权威"的优越性，进行道德理论的探究和创新，为社会诚信建设提供源源不断的理论支持。道德是人类把握客观世界的一种方式，在社会实践中，客观条件随历史的发展不断变迁，而且"生产者也改变着，炼出新的品质，通过生产而发展和改造着自身，造成新的力量和新的观念，造成新的交往方式，新的需要和新的语言"①。发生激烈变革的现代社会，面临诸多伦理难题，诚信失范尤为凸显，广泛蔓延至政治、经济、文化及社会生活的方方面面。超越诚信困境，期待进行持续不断的理论创新和实践创新，而大学则肩负道德理论探究的神圣使命。因而，大学诚信教育应将理论探究与道德实践有机结合。

第三节　提升大学诚信教育实践的针对性与实效性

大学诚信教育理念的确立犹如风向标，为大学诚信教育实践指明了方向。以"大学人"为出发点和落脚点，根据思想政治教育基本规律，完善教育主体、优化教育内容、创新教育方法、深化教育研究，最大程度发挥大学诚信教

---

① 马克思恩格斯全集：第四十六卷 [M]．北京：人民出版社，1979：494．

育的应有功能，是提升大学诚信教育实践针对性与实效性的必然选择。

一、完善大学诚信教育主体

大学诚信教育主体是指在大学诚信教育过程中具有主动教育功能的组织或个人。教育者是大学诚信教育的组织者和实施者，在教育实践活动中发挥组织、教育和调控的功能，教育者的诚信教育实践活动是大学诚信教育的核心。"受教育者在接受教育过程中，也具有主动教育功能，因而既是教育的客体，又是教育的主体。"① 大学诚信教育实践中，教育对象是受教过程的主体。教育实践活动的针对性与实效性同教育者及教育对象的素质准备密切相关。本研究关于大学诚信教育主体完善的讨论，不仅涉及教育者主体意识与主体素质的提升，也包括教育对象在受教过程中的主体素质及能力的优化。

在诚信教育实践活动中，教育者负责搜集、选择、过滤、加工、制作、传递教育信息，发挥主导主体作用。当然，教育者可能是群体，也可以是个体，视具体情况而定。根据组织成员个体的构成，大学诚信教育涵盖大学教师诚信教育与大学生诚信教育，且两者之间相互促进、相辅相成。教师诚信教育的实效性直接决定着学生诚信教育实践活动的效果，而学生诚信教育的针对性与实效性一定程度上又促进教师诚信教育发展进程。由此可见，大学诚信教育具有主体模糊性，深入分析其特性是明确主体责任、强化主体意识，提升大学诚信教育实效性的客观要求。

大学诚信教育主体与其他类型的教育主体比较而言具有如下特征：首先，主体角色模糊。组织、实施和调控大学诚信教育实践活动的主体从宏观层面以教育行政部门为主，中观层面以大学组织为主，而微观层面则落实到大学教师。因而，大学诚信教育活动的错综复杂决定了教育主体的多元性，也造成了主体角色的模糊。其次，主体需求多样化。大学诚信教育主体多元，相应地形

① 陈秉公. 思想政治教育学原理 [M]. 北京：高等教育出版社，2006：309.

成了各自不一的主体需求。在教育实践活动中，不同主体的动机、需求各异。如教育行政部门代表国家意志，以维护统治阶级的利益为根本；而大学组织主要着眼于更好地履行其职能，围绕高等教育功能的实现开展实践活动。再次，主客体相互转换。大学诚信教育过程中某一主体可能同时扮演施教者和受教者的角色。如由教育行政部门开展的诚信教育，大学组织是最主要的受教主体；与此同时，大学组织可能正作为施教者，组织和实施大学生诚信教育。

主体意识是主体性的重要组成部分，"人作为社会的应当的和可能的主体要转化为现实的和实际的主体，需要一个重要的条件，即主体人的自我意识"。就是说，在社会历史活动中，"主体地位的实际确立和有效实现，是以人对自身在社会历史过程中的地位、职责、使命和任务及实现途径等的足够清醒的自觉意识为前提条件的"①。大学诚信教育者的主体意识是指教育者能自觉、全面、深刻地认识自身的责任与使命，及其主体性活动对教育对象、社会所产生的功能和效用。

主体意识的提升应从如下几方面付诸努力：首先，增强教育行政部门的教育主体意识。教育行政部门在与大学组织及其成员的精神交往和实践交往中，对大学组织及其成员施行潜在的教育影响。然而，教育行政部门属于典型的科层组织，以命令—服从为主要的工作模式，自由自觉的主体道德意识相对薄弱。通过制度建设，规范和约束教育行政部门及其成员的行为，引导工作人员践履诚信道德规范是增强其教育主体意识的必然要求。此外，作为管理者在治理大学诚信失范过程中承担相应的责任和义务，要求教育行政部门提供必要的制度支持，并创设良好的教育环境。其次，强化大学组织内部管理部门的诚信教育主体意识。我国公立高校内部管理实行党委领导下的校长负责制，党委是学校的领导核心和政治核心，校长在党委领导下全面主持学校的行政工作。因而，党政领导干部的主体意识对思政工作的开展具有重要意义。新形势下加强

---

① 欧阳康.社会认识论导论［M］.北京：中国社会科学出版社，1990：145.

和改进高校思想政治工作应"坚持和完善普通高校党委领导下的校长负责制，高校党委对本校工作实行全面领导，对本校党的建设负全面责任，履行管党治党、办学治校的主体责任，切实发挥领导核心作用"①。道德教育是思想政治教育的核心，而诚信教育又是道德教育的核心内容，党委领导干部应高度重视全校诚信教育工作的开展，以身作则，在道德教育实践中产生良好的道德示范作用。同时，应建立信息交流平台，推进大学党务工作和政务工作的公开，加强诚信舆论监督。再者，就微观个体而言，应提升大学教师诚信教育的自觉性。大学教师是大学组织的中坚力量，"集教育者、研究者和知识分子三种社会角色于一身。不同的社会角色要求大学教师担当不同的社会责任与使命。作为教育者的教师，其责任与使命的核心是'教育爱'；作为研究者的教师，其责任与使命的核心是追求真理、追求学术；作为知识分子的大学教师，其责任与使命的核心是通过社会文化批判而促进社会文化的进步"②。无论是扮演教育者、研究者还是扮演知识分子角色，大学教师均需要进行持续不断的道德探索和德性实践，培养良好的道德情操。在育人过程中，教师应具有强烈的责任感和使命感，将传授专业知识与道德教育结合起来；在科研活动中，教师应坚守基本的诚信伦理规范，言传身教，引导教育对象在学习中修炼其德性；同时，更应培养自身的知识分子精神，体现"以天下为己任"的博大胸襟。

增强主体意识是主体优化的必要准备，而素质的提升则是主体优化的核心环节。沈壮海教授提出思想政治教育者应具备四方面的主体素质：政治素质、人格素质、理论素质和能力素质。③ 借鉴其观点，笔者从这几个方面探析提升大学诚信教育主体素质的具体策略。

一方面，提升大学党政领导干部的教育主体素质。上行下效是基本的管理规律，领导干部的作风对工作全局产生重要的影响。大学诚信是大学组织整体

① 十八大以来重要文献选编：下 [M].北京：中央文献出版社，2018：490.
② 张应强.大学教师的社会角色及责任与使命 [J].清华大学教育研究，2009（1）：8.
③ 沈壮海.思想政治教育有效性研究：第二版 [M].武汉：武汉大学出版社，2008：65.

的诚信状况，党政领导不仅是组织形象的代言人，更是营造组织风气和伦理氛围的引领者和管理者，在大学诚信教育实践中的地位和作用尤为重要。提升党政领导的诚信教育主体意识，要求建立科学合理的人才竞聘机制，遴选德能兼优的人担当重任。大学诚信教育是一个开放的系统，需要教育者在实践过程中结合相关理论进行持续不断的探索，改进和调整已有的教育体系。"进一步发挥院（系）党委（党总支）的政治核心作用，履行政治责任，保证监督党的路线方针政策及上级党组织决定的贯彻执行，把握好科学研究管理等重大事项中政治原则、政治立场、政治方向，在干部队伍、教师队伍建设中发挥主导作用。"① 党政领导在道德教育的推进和改革过程中起着引领者的作用，其自身的德性修养在全校范围内能形成榜样力量，有利于形成良好的校风和学风。此外，建立学习型党组织也有利于增强党政干部的主体意识。各级党组织是大学诚信教育工作的主要组织者和管理者，应当好排头兵，不断探究诚信教育工作的新形式和新内容，将诚信教育与管理工作有机结合，不断提升教育活动的实效性。

另一方面，提升大学教师的主体素质。首先，大学教师扮演着教育者、研究者和知识分子多重角色。因实践活动的深入，大学教师的理论素质和能力素质往往呈上升趋势，而政治素质和人格素质的发展则具有反复性，受外界环境的影响较大。虽然，大学教师的道德水平相对较高，但决不能忽略教职工思想政治教育。大学是多元文化激荡与碰撞、交流并融合的中心，国外敌对势力从未放弃过占领这一领域的意图。为抵御腐朽思想的侵蚀，应致力于坚持马克思主义基本立场和基本观点，发展和创新教职工诚信教育，通过典型示范、主题活动等方式，与大学教师进行对话和沟通，引导其通过自我教育提升道德境界和思想修养。其次，改进大学教师的评价机制，将刚性与柔性评价标准相结合，增强道德考量的比重。对于违背基本道德原则的行为，给予一定处罚，做

---

① 十八大以来重要文献选编：下 [M]．北京：中央文献出版社，2018：491．

到赏罚分明。再次，在大学校园形成良好的文化—信息场域，建设诚信校园，敦促大学教师在良好的诚信伦理氛围中陶冶熏陶，自觉提升其诚信境界，增强其公共意识和责任意识。

大学诚信教育的过程不仅是将外在的诚信道德规范内化为主体德性的过程，也是将主体诚信德性外化为具体诚信行为的过程，是内化和外化的辩证统一。这一过程是，教育对象"把我的愿望从观念的东西，从它们的想象的、表象的、期盼的存在，转化成它们的感性的、现实的存在，从观念转化成生活，从想象的存在转化成现实的存在"①。教育对象的实践活动是社会要求的诚信规范内化为教育对象"为我之物"的必由之路，教育对象能否在受教过程中充分发挥其主体性是提升诚信教育实效性的必要前提。提高教育对象在受教过程中的主体性，应从强化接受主体意识和培养必要的接受能力两方面着手。

首先，培养教育对象自觉接受诚信道德教育的主体意识。行为源于需要，而一切需要"都要通过人的头脑，甚至吃喝也是由于通过头脑感觉到饥渴而开始，并且同样由于通过头脑感觉到饱足而停止。外部世界对人的影响表现在人的头脑中，反映在人的头脑中，成为感觉、思想、动机、意志，总之，成为'理想的意图'，并且以这种形态变成'理想的力量'"②。明确教育对象的接受主体意识，首先要认识和了解教育对象的具体需求，并根据需要—动机系统，激发教育对象崇善、向善、行善的主体动机，发挥其提升德性修养的积极性、能动性和主动性。

其次，培养教育对象必要的诚信道德接受能力并积累相应的道德知识。必要的知识和能力准备，是教育对象正确理解、鉴别、选择和吸收相关教育信息的必要保障。马克思说："只有音乐才能激起音乐感；对于没有音乐感的耳朵

---

① 马克思恩格斯全集：第四十二卷［M］．北京：人民出版社，1979：154．
② 马克思恩格斯选集：第四卷［M］．北京：人民出版社，1995：232．

来说，最美的音乐也毫无意义。"① 从教育对象的既有条件出发，向教育对象传递相关诚信知识；通过开展社会实践活动，让教育对象亲身体验诚信的积极效应和失信所带来的危害，以引导其培养必要的道德判断能力和思维能力。

二、优化大学诚信教育内容

大学诚信教育内容是教育目的的载体，也是沟通教育者与教育对象的信息纽带，是教育实践活动的关键要素。大学诚信教育内容即教育者在教育过程中意欲传递给教育对象的诚信知识、诚信思想和诚信观念，是教育者根据诚信教育目的以及诚信教育的基本规律，将诚信道德理论系统进行加工、组织和编制而形成的教育信息系统。

大学诚信教育是道德教育的有机组成部分，在道德教育体系中居于基础性地位，具有一定的特殊性：一是具有涵容性和全面性。这是由诚信在伦理道德体系中的地位和作用决定的，诚信是道德之基，具有普遍指导意义。因而，诚信教育的内容应蕴含于具体的教学、研究和社会服务全过程，这不仅是思想政治理论课应当关注的焦点，也是专业课教学应当传递的最为基本的价值理念。二是具有隐匿性和生活性。涵容性特征决定了诚信教育的内容普遍存在于高等教育实践活动的方方面面，不同于廉洁教育、生命教育等需要进行具体情境设计的思想道德教育，诚信教育较为隐匿地存在于课程教学与课外活动中，存在于大学教师、大学生的工作和生活中。

针对大学诚信教育内容的特殊性进行设置与创新，是优化大学诚信教育内容的核心和基础。创设并选择合宜的大学诚信教育内容，要求从教育者和教育对象的主体性需求及特性出发，遵循道德教育的基本规律，对相关内容进行甄别、筛选、加工、编制，形成具有针对性、实效性和亲和力、感染力的教育信息系统。

---

① 马克思恩格斯全集：第四十二卷 [M]. 北京：人民出版社，1979：125-126.

　　首先，个体需要与社会需要相结合。"社会必须怎样着手装备它的年轻一代？对于这个问题，有某些显著的规范可以说说。社会必须把有待知晓的东西——不论是技能，还是信仰系统或知识体系——转换为初学者可能掌握的形式。"① 大学诚信教育内容的选择必然要求凸显社会整体的需求，但作为个体的教育对象其合理需要也应得到充分满足，这是内容有效性的前提。如果道德教育"无视人发展自身的各种需要，无视人的个性的丰富和发展，企图单纯按某种社会需要去塑造出某种标准件来"，那么"只能培养出缺乏理智和情感，没有兴趣和爱好，生活态度冷漠，精神生活贫乏，不能得到生动活泼发展的对象来"②。脱离大学人的合理需要而进行的诚信教育必定空洞而枯燥、乏味且无效，与教育规律和教育目的明显相背离。

　　其次，道德理想与道德现实相结合。"道德首先是现实道德生活的反映，道德规范首先是现实道德关系的概括"，同时，"道德不仅是对现实道德生活的反映，往往更是对未来道德生活的憧憬；道德规范不仅是对现实道德关系的概括，往往更是对理想道德关系的描述"③。因此，大学诚信教育内容的创制和选择应以高等教育客观实际为依据。在道德标准的确定方面应具有差异性，根据大学人及大学内部各种亚群体的特性选择教育内容。同时，内容的创制应具有一定的前瞻性，以提高现有道德水平为基本目标。同时，激励诚信主体不断提升其道德境界，朝更高的诚信目标努力。

　　再者，专业伦理教育与思政教育教学相结合。针对大学生而言，应结合专业伦理选择并创制思想政治教育理论课内容。习近平总书记强调，"要用好课堂教学这个主渠道，思想政治理论课要坚持在改进中加强，提升思想政治教育亲和力和针对性，满足学生成长发展需求和期待，其他各门课都要守好一段

---

① 布鲁纳教育论著选 [M].邵瑞珍，张渭城，等，译.北京：人民教育出版社，1989：324.
② 王建华.思想政治教育的理论与实践 [M].北京：中央文献出版社，2001：174.
③ 罗国杰.伦理学 [M].北京：人民出版社，2007：191.

渠、种好责任田，使各类课程与思想政治理论课同向同行，形成协同效应"①。当前，我国高校开设的"思想道德与法治"课程是具有较强针对性的道德教育理论课程，旨在提高大学生的思想品质、政治素质和道德修养。思想政治教育理论课是大学生诚信教育的主渠道，其内容的选择与创设应注重真理性、精练性、适切性与系统性，以提升教育吸引力、感染力、针对性和实效性。然而，大学生诚信教育是复杂而系统的工程，并非开设一两门课程就可以一劳永逸，而应将诚信教育与专业教育相结合。因此，大学教师在专业知识传授与探索的过程中应注重真、善、美的结合，让教育对象意识到真理追求与价值实现之间的密切联系，体悟诚信作为立人、立业和立国之本的重要意义。

三、创新大学诚信教育方法

方法是完成任务的工具和手段，毛泽东曾生动地将其比喻为"桥"与"船"。他指出，"我们不但要提出任务，而且要解决完成任务的方法问题。我们的任务是过河，但没有桥或没有船就不能过。不解决桥或船的问题，过河就是一句空话。不解决方法问题，任务也只是瞎说一顿"②。教育方法是教育者在引导教育对象的思想和行为发生预期变化过程中所运用的方法，是教育者与教育对象之间真正确立教育与被教育关系的纽带。适宜的方法，可以促使教育者和教育对象之间进行良好的沟通和交流，确立引导与被引导的关系；而不适当的方法，则会导致教育者与教育对象之间关系的僵化、对抗和互逆。

大学诚信教育方法的有效性和合理性具有极其重要的意义，运用有效的方法能达到事半功倍的效果，而无效的方法则可能使教育实践活动功亏一篑。总体来看，教育方法是否合理有效取决于多方面的因素。第一，教育方法与教育者相适应。"方法也就是工具，是在主体方面的某个手段，主体方面通过这个

---

① 习近平在全国高校思想政治工作会议上强调：把思想政治工作贯穿教育教学全过程 开创我国高等教育事业发展新局面 [N].人民日报，2016-12-09.

② 毛泽东选集：第一卷 [M].北京：人民出版社，1991：139.

手段和客体相联系。"① 方法具有客观性，不以人的主观意志为转移。但作为沟通教育者与教育对象的纽带，又不得不受到主体特性的制约。因而，大学诚信教育方法的选择，应与教育主体的需要和特征相适应。第二，教育方法与教育对象相适应。这一特征主要表现为大学诚信教育方法对教育对象素质特征方面的适应。国外学者也曾提出，在说服与沟通过程中，"听众的教育水平、他的专业兴趣，甚至成员的智力都是需要考虑的因素。在考虑用最有效的沟通方法将讯息传送给接收者时，要注意他们的知识和情绪差异"②。大学诚信教育方法选择的过程中，应根据教育对象的特征进行有针对性的创设。如教职工诚信教育，其知识水平和道德修养均已达到较高层次，不适宜采取说理等灌输式的方法，应建立一定的激励机制引导教育对象自我教育。相对而言，大学生在知识、能力和德性方面具有较强的可塑性，学习动机较强，乐于从课堂中学习知识，以增长智性与德性，因而有必要充分发挥道德理论课主渠道功能。

具体问题具体分析，针对不同的教育者和教育对象，应选择适宜的教育方法，并在原有的教育方法的基础上进行创新。首先，教职工诚信教育应以"和风细雨"式的隐性教育方法为主。"吃盐"理论是关于思想政治教育方法的论断，盐是人体每天必须适量摄入的物质，但单纯吃盐难以下咽，若将其作为必备调味品则能使人悦纳。"吃盐"理论运用于教职工诚信教育，意为寓教于乐，将诚信认知形成、情感培育、意志凝练寓于形式多样的活动当中。如在师德规范建设中特别强调诚信的基础核心地位，可组织"师德标兵""我心中最喜爱的老师"等评选活动，倡导师德教风建设。而活动本身的公开、公平、公正也是隐性诚信教育的重要组成部分，不可轻视。其次，大学生诚信教育方法应吸收现代与传统的精华、显性与隐性的方法，实现方法创设多元化。如在新生入学教育中，可开设专门的学术诚信、人际诚信、经济诚信等相关专题讲座，传授必要的诚信知识，让学生形成一定的诚信意识；在专业课程学习过程

---

① 列宁全集：第五十五卷 [M]. 北京：人民出版社，1990：189.
② 威廉·F. 斯通. 政治心理学 [M]. 胡杰，译. 哈尔滨：黑龙江人民出版社，1997：270.

中，分析诚信在职业发展中的地位与作用。此外，实践锻炼法也是大学生诚信教育方法的必然选择，组织大学生参与形式多样的社会实践活动，践履诚信思想和诚信行为，进而提高诚信认知与孕育诚信情感。再次，对于领导干部的诚信教育应注重心理疏导和人文关怀。建立学习型党组织，通过理论学习中心组、民主生活会、务虚会、研讨会等组织生活形式，引导干部掌握当前高等教育发展的形势与政策，学习相关理论知识，深化对国家路线、方针、政策的理解和认识。

四、深化大学诚信教育研究

认识产生于实践，又指导实践的发展。开展大学诚信教育研究，是推进大学诚信教育创新与发展的根本要求，大学诚信教育研究与提升教育实践活动的实效性密切相关、相辅相成。大学诚信教育实践活动是教育研究的前提、基础和来源，而教育研究则是诚信教育实践活动的总结、升华和创新。大学诚信教育实践活动与教育研究是根与叶、源与流的关系。大学诚信教育实践推陈出新、与时俱进，教育研究就能枝繁叶茂、源远流长；大学诚信教育实践故步自封、被动保守，教育研究就会成为无源之水、无本之木。可见，大学诚信教育研究需要在教育实践活动的发展中得以升华和发展，将研究成果源源不断地反哺于教育实践活动，持续不断地提高诚信教育实效性。①

提升大学诚信教育的针对性与实效性，有必要深化大学诚信教育研究。首先，成立专业的研究团队。大学作为教育组织和学术组织，掌握了丰富的智力资源和人才资源，能够把握道德教育理论的前沿成果。因而，可以建立相应的知识、能力与年龄互补的研究团队，吸纳思想政治教育学、伦理学和教育学等相关学科的专家、学者、行政管理人员，以及对诚信研究感兴趣的本科生和研究生对诚信教育相关问题进行探讨。其次，保证充足的研究经费。大学诚信教

---

① 柳礼泉，黄艳.加强教学研究与提高思想政治理论课教学实效性［J］.思想理论教育导刊，2010
（6）：20.

育研究需要将理论研究与实证研究紧密结合，理论的创新离不开调查、访谈等实践活动的开展，而这些活动均需要一定的资金作为支持。充足的经费是推动和促进大学诚信教育研究得以开展的必要的物质保障。再次，将研究成果应用于实践。理论研究成果往往通过论文、专著、研究报告等形式公开发表，供理论研究者借鉴、批判和参考，科学合理的理论成果应及时运用于实践，指导和推动教育实践活动的发展，将理论与实践相结合。在传统的思想观念中，教育研究作为理论创新的源泉并未被纳入教育实践活动的范畴。然而，新形势下大学诚信教育处境复杂且困难重重，对理论创新提出了新的要求。基于此，教育研究应成为大学诚信教育理论工作者与实践工作者共同关注的问题，是提升教育实践活动针对性和实效性不可忽略的重要环节。

第六章　制度安排：我国大学诚信建设的必要保障

　　道德教化是培育大学组织诚信精神的逻辑基石，是建设大学诚信的首要环节。然而，柔性的教育并不能使大学完全摆脱失信困境，还需要以刚性的制度作为保障。通过设置制度规则体系，规范和约束组织及其成员个体的行为，为诚信精神培育和诚信行为实践创造良好的制度伦理环境。基于我国大学组织特征和组织属性，从诚信制度化和制度诚信化两方面来探讨大学诚信建设的制度设计路径。所谓诚信制度化，是将诚信伦理规范转化为制度规则，并建立相应的监督保障机制，以调节大学组织及其成员的诚信行为，敦促组织主体及成员个体形成诚信习惯，进而内化为诚信德性。所谓制度诚信化，则是大学制度合理性与合法性的前提，是指大学制度在制定、执行和评价过程中遵循实事求是的原则，秉持诚实守信的态度，为诚信建设创造良好的制度环境和伦理氛围。在大学组织诚信制度建构中，这两方面相互促进、相辅相成。

第一节　制度与大学诚信建设

　　制度作为规范系统调节社会关系，自古以来与人们的思想道德状况密切相关，公正合理的社会制度能激发人们的善念，而空洞无效的制度也可能使好人干出坏事来。正如有学者指出，"如果一个社会出现了普遍的信任危机，那么，首要的不是个体品质问题，而是由各种现实制度体制运作过程中事实上所表达出的制度性承诺出了问题。这是一种制度性信任危机"①。制度的缺失和不完善是大学诚信失范的重要诱因。在关于学术诚信失范的原因分析中，有学者甚至提出"逼良为娼"的观点，认为主要是制度的弊病造成大学组织及其成员诚信失范。完善、合理的制度安排是走出大学失信困境、重塑大学诚信的必要保障。探索这一问题，首先要了解制度的内涵及功能。

一、何谓制度

对"制度"进行词源考察是理解其内涵的基础。从词源上看，"制度"具有两层含义：一是法令礼俗之总称；二是规定、用法。在中国古代典籍中，"制度"既可作名词也可作动词，一般理解为规范和规则，人则是创制规范和规则的主体。如《礼记·礼运》中将"制度"作名词言，"命降于社之谓肴地，降于祖庙之谓仁义，降于山川之谓兴作，降于五祀之谓制度"②，意为规则规定；而《商君书·壹言》则将"制度"作为动词，意为规划规范。现代汉语对制度的理解继承了古文中规则规范之要义，又有一定延伸。《现代汉语词典》对"制度"解释为："要求大家共同遵守的办事规程或行动准则；在一定历史条件下形成的政治、经济、文化等方面的体系。"③ 可见，后一层含义是现代引申义。在英文中，与制度相对应的是 institution 或 system，但这两者词义存在差别。system 在英语词典中的解释可归纳为社会的、政治的或经济的组织形式或结构，侧重于宏观整体的社会制度体系；而 institution 在词典中的解释为"An established organization or foundation, esp. one dedicated to public service or to culture"④，即一种设定的组织或机构致力于公共服务或文化。相对 system 而言，institution 的含义较为微观，主要指某些具体的制度。值得注意的是，institution 和 system 与《现代汉语词典》中"制度"的两个义项刚好

①　高兆明. 信任危机的现代性解释 [J]. 学术研究，2002 (4)：13.

②　礼记·礼运.

③　现代汉语词典 [M]. 北京：商务印书馆，2017：1689.

④　The American Heritage Dictionary：Second College Edition [M]. Houghton Mifflin Company, 1982：520.

对应，后者主要指基本的社会制度，前者则更侧重于微观实体的规则规范。总而言之，从词源看，中西语境对制度的理解基本趋同，可笼统地理解为人们为维护社会秩序而创制的行动规则或活动规范。

因研究视角不同，不同学科对制度的理解也是见仁见智。以美国经济学巨匠凡勃伦为代表的旧制度经济学派的部分学者将"制度"理解为一种思想习惯，"制度实质上就是个人或社会对有关的某些关系或某些作用的一般思想习惯"，"人们是生活在制度，也就是说思想习惯的指导下"。① 政治学家亨廷顿则认为，"制度，就是稳定的、受珍重的和周期性发生的行为模式"②，将制度理解为一种行为模式。美国制度经济学家康芒斯将制度理解为集体行为对个体行为的控制，"如果我们要找出一种普遍的原则，适用于一切所谓属于制度的行为，我们可以把制度解释为'集体行动控制个体行为'"③。持类似观点的还有诺贝尔经济学奖得主诺斯，"制度是一个社会的游戏规则，更规范地说，它们是为决定人们的相互关系而人为设定的一些制约"，从而，"制度构成了人们在政治、社会或经济领域里交换的激励"④。美国学者罗尔斯则把制度与伦理相结合，认为"要把制度理解为一种公开的规范体系，这一体系确定职务和地位及它们的权利、义务、权力、豁免等。这些规范指定某些行为类型能允许的，另一些则为被禁止的，并在违反出现时，给出某些惩罚和保护措施"⑤。

由此可见，制度在不同的领域被赋予不同的内涵，可以视为一种思想习惯、一种行为模式、一种组织行为或是一种规范规则。德国学者柯武刚、史漫

---

① 凡勃伦.有闲阶级论：关于制度的经济研究 [M].蔡受百，译.北京：商务印书馆，1964：139-140.
② 亨廷顿.变化社会中的政治秩序 [M].王冠华，刘为，等，译.北京：生活·读书·新知三联书店，1989：12.
③ 康芒斯.制度经济学：上册 [M].于树生，译.北京：商务印书馆，1962：86.
④ 道格拉斯·C.诺斯.制度、制度变迁与经济绩效 [M].刘守英，译.上海：上海三联书店，1994：3.
⑤ 罗尔斯.正义论 [M].何怀宏，何包钢，廖申白，译.北京：中国社会科学出版社，2006：54-55.

飞指出："文献中的'制度'一词有着众多和矛盾的定义。不同学派和时代的社会科学家们赋予这个词以如此之多可供选择的含义，以至于除了将它笼统地与行为规则联系在一起外，已不可能给出一个普适的定义来。"① 通过总结和梳理可以看出，关于制度的定义虽然表达形式和侧重点各异，但能从中归纳几种趋同的观点：一是制度是一种规范、准则体系，体现和反映一种行为模式；二是制度是需借助权威力量被认可并强制执行的规范，制约组织行为方式；三是制度表达了一种组织管理理念和文化，有自身的价值取向和政治意图。

二、制度何为

制度具有什么样的功能？这是在道德建设的过程中进行制度安排和规则设计所必须掌握的基本理论问题。通过对制度内涵的了解，我们可以得知制度如同道德、礼俗属于上层建筑的范畴，是统治阶级调节人们利益关系的基本工具，其目的在于实现社会有序运行。制度作为理性的产物，是人类文明的重要载体，与伦理道德在社会规范功能上互补，并对伦理道德的养成具有重要的激励、导向和评价作用。在诚信道德建设过程中，"现代社会的生产方式、社会结构、社会运行机制、经济制度等方面的深刻变化，使诚信维护的主要机制由内在的道德转向外在的制度，即从主观诚信向客观诚信、从德性诚信向契约诚信、从人格诚信向制度诚信转化。一言以蔽之，在社会普遍性意义上，现代市场经济社会的诚信发生了由道德之诚信向制度之诚信的变化"② 。从制度入手，实现诚信教育与制度完善的互促共进，对于加强大学诚信建设具有重要意义。

其一，制度的群体性有助于实现个体诚信向群体和组织诚信转化，提升大学组织的整体诚信水平。从制度的内在特性来讲，制度是人们在社会实践中经验的积累和对历史传统的继承，是为维护良好的社会秩序调节利益关系而制定

① 柯武刚，史漫飞.制度经济学：社会秩序与公共政策 [M].韩朝华，译.北京：商务印书馆，2000：32.
② 王淑芹，曹义孙.德性与制度：迈向诚信社会 [M].北京：人民出版社，2016：89.

的规范化体系。可见，制度的产生与存在，就是为了规范群体之间社会交往的秩序。正如康芒斯所指出的，制度"抑制、解放和扩张个体行动"①。与传统的伦理学关注个体善、个体行为、个体修养不同，制度学说很好地解决了个体善无法通过简单累加而形成群体善的矛盾，直接从具体规范入手，关注群体的伦理、群体意识和群体德性。当发源于个体的善沉积于社会行为结构和规则体系中后，它就成为社会共同体一致同意并遵循的规范，进而成为外化于人们行为中的普遍现象。由此可见，制度是个体善向群体善转化的路径，是个体行为在群体中的升华，是道德进步由低级向高级发展的界标。随着个体善向群体善每一次转化的完成，道德也被提高到一个新水平。② 建设大学诚信，需要通过系列制度规范将组织成员个体诚信转化为大学组织群体诚信，由单个主体的诚信自律发展为群体间的监督、比较与互促，从而推进大学整体诚信水平的提升。

其二，制度的确定性为诚信主体提供了具体的标尺，有助于促进诚信规范、诚信目标的掌握与落实。制度的确定性在于，它明白无误地告诉人们哪些可为，哪些不可为。所有权利、义务和标准、程序等都具体可行，并直接产生作用。制度的背后，实际对应具体行为所产生的结果。从制度入手加强大学诚信建设有两个好处：一是有助于避免诚信教育针对性、实效性不强的问题，防止陷入平日里频繁地强调诚信自律却流于口号和形式的尴尬境地，真正在具体行动中发挥作用；二是有助于避免对诚信规范和行为的曲解及处置不当，防止对于诚信内容与标准的理解和把握的因人而异，减少对失信行为处置的标准不一、不确定性和随机性。例如，在学术道德规范没有建立起来之前，对于学术不端的行为只能靠行政职能部门或学术委员会根据各自的经验进行主观臆断，往往导致不同场合和不同主体做出不同的处理结果。一旦建立起完善的制度规范，便可做到有章可循、标准统一、公平一致。因此，要加强大学诚信建设，

① 康芒斯.制度经济学：上册 [M].于树生，译.北京：商务印书馆，1962：92.
② 鲁鹏.制度的伦理效应 [J].哲学研究，1998（9）：40.

就必须建立起一套完善的制度规范体系，促进大学人正确认识、把握和落实诚信规范、诚信目标，以提高其诚实守信的自觉性，强化其诚信自律意志，进而促进大学诚信建设。

其三，制度的稳定性有助于创设良好的大学诚信建设环境，促进大学人诚信品格的养成。作为规约人们行为的游戏规则，制度为人们的社会交往提供稳定且有序的活动空间，规范人们非理性和非制度化行为，避免无序、矛盾和冲突；简化行为环境，提高社会交往和行为合作之效率。制度不会因人而异，也不能朝令夕改，具有相对稳定性。正是这种稳定的制度，为组织及个体的道德养成营造良好的氛围。"任何一个制度的基本任务就是对个人行为形成一个激励集。通过这些激励，每个人都将受到鼓舞而去从事那些对他们而言有益处的经济活动。"① 当制度被组织中的人员广泛认同后，就会从各方面、各层次将组织成员凝聚在一起，形成共同的组织文化，培育组织责任意识、大局意识和集体意识，激发组织成员产生并维持积极的行为动机。有学者指出，"品德的养成是一个长期、反复的过程，在学生诚信品格养成教育中必须充分利用他律机制的制约作用，培养学生养成诚信习惯，使之内化为内在的诚信品格"②。在这个"长期、反复、漫长"的过程中，需要制度营造相对稳定的诚信环境，实现制度安排下的行为由不适应向适应转变，由自发向自觉转变，形成诚信场域，使诚信认知与诚信行为发展为诚信习惯，内化为诚信品格。

其四，制度的强制性有助于警示在诚信行为中的投机，为大学诚信建设提供有力保障。从经济学角度来讲，追求自身利益最大化是个人行为的主要动机。这种趋利的本性，正是导致相当多的人投机取巧、道德沦丧的重要原因。这也正好说明为什么被誉为"正义守望者"的大学，也会出现层出不穷的学术不端、行政腐败、考试舞弊等诚信缺失的现象。因为，"在相当的场合下，

---

① 布罗姆利.经济利益与经济制度：公共政策的理论基础 [M].陈郁，郭宇峰，汪春，译.上海：上海三联书店，2006：1.
② 吴继霞.诚信品格的养成 [M].合肥：安徽教育出版社，2009：186.

道德仍是他律的，是通过他人的监督得以维持的社会规范"，"道德在它便于被监督的社会关系中，或者说在确信有监督存在的情景中有作用"①。对于讲诚信的人来说，道德自律能够起到内在免疫的作用，但对于不讲诚信或诚信意识淡薄的人而言，特别是在利益诱因滋生的情况下，光靠道德教育是解决不了问题的。"制度规则与非制度规则的主要区别在于它的强制性，制度在告诉人们该做什么不该做什么、该怎样做不该怎样做的同时，也或公开或隐含地告诉人们违反制度将要受到惩治。制度越具体，限制和惩治的内容越明确。"② 制度强制性的最大特征是具有惩罚性，它使人们知道不遵守规则就要受到惩罚，让不守规则者看到了越界的风险而不敢轻易为之。因此，"社会的制度形式影响着社会成员，并在很大程度上决定着他们想要成为的那种个人，以及他们所是的那种个人"③。良好的制度安排，是建设大学诚信必不可少的环节，为诚信道德的养成提供必要保障。

第二节 大学诚信制度化

大学只能作为一个制度化的实体才能存在。在这样一种制度里面，大学的理念变得具体而实在，这决定了它的品质。④ 大学诚信制度是大学诚信的结构化和实体化，诚信制度并不直接作用于组织及其成员个体诚信德性的养成，而是通过制度的规约和激励，使组织及其成员个体对制度所蕴含的伦理精神和价值观念自觉体悟并整合内化，进而修炼个体内在德性。根据本研究论述逻辑，基于我国大学的组织特征和属性，结合大学诚信现状，本节从组织伦理制度构建的视角分析和阐释大学诚信制度规则体系的具体内容，以及监督保障机制的建立健全。

---

① 张静. 经济：道德？不道德 [J]. 读书杂志, 1997 (11)：127.
② 鲁鹏. 制度的伦理效应 [J]. 哲学研究, 1998 (9)：41.
③ 罗尔斯. 政治自由主义 [M]. 万俊人, 译. 南京：译林出版社, 2000：285.
④ 卡尔·雅斯贝尔斯. 大学之理念 [M]. 邱立波, 译. 上海：上海人民出版社, 2007：109.

一、建立教学诚信制度

教学是最基本的高等教育实践活动，与大学质量密切相关。教育学界普遍认为，教师和学生均为教学主体，但从施教的角度，教师是教育实践活动的组织者和管理者。本研究关于教学诚信制度的分析仅限于教师的教学行为。教学诚信制度，是根据大学教师在教学实践活动中的行为要求而制定的规则体系及相应的监督保障机制。具体而言，教学诚信规则包括如下内容。

第一，教学准备充分。充分的教学准备，建立在"研究一门课程或一堂课教学内容的特点和学生实际的基础上，明确教学的目标、重点和难点，筹划开展有效教学的具体方式，如课的结构、采取的教学方法或师生的相互作用；设想教学中可能出现的问题以及处理的对策"①。充分的教学准备是做好教学工作的重要前提。一位成功的教师，"从来不打无准备之仗，而是花大量时间做教学准备，一堂课的课前准备时间可能几倍甚至十倍于课堂教学时间"②。正因为如此，大学教师具有较为充裕的自由，以从事科研和教学准备工作。在具体的教学制度创设过程中，应明确提出此项规定和要求。以教研室为单位组织集体备课，在教学准备的过程中相互监督、相互促进，共同探讨课程的重点、难点和疑点问题，以及课程的结构、进度等。同时，在备课过程中还应进行科学合理的教学设计，对于增强教学的针对性、吸引力和感染力，提高实效性具有十分重要的意义。③ 充分的教学准备，较大程度上取决于教师的自觉和自律，并未有严格精确的评价标准。相对而言，学生是教学过程最大的利益相关者，也是除教师自身外对教学活动了解最为深刻的主体，因而在教学评价过程中，应注重学生对教师教学准备所做的评价。

第二，教学内容确凿。"大学拥有一项特殊的任务，那就是有条不紊地发

---

① 姚利民.有效教学论：理论与策略［M］.长沙：湖南大学出版社，2005：32.
② 姚利民.有效教学论：理论与策略［M］.长沙：湖南大学出版社，2005：31.
③ 柳礼泉，黄艳，张红明.论思想政治理论课教学设计的基本环节与着力点［J］.思想理论教育导刊，2009（4）：96.

现并且传授那些关于严肃的和重要的事物的真理……从而使他们所信仰的东西能够尽可能地远离谬误。发现和传授真理是大学教师的特殊职责，正如照顾病人的健康是医务人员的特殊职责一样。"① 因此，"大学教师真正需要关心的事情是：他们在教学中提出的或者在研究中得出的陈述应该尽可能真实，应该立足于系统收集的和经过分析的证据，应该考虑到本专业领域的知识状况"②。简言之，教师讲授、传播的教学内容应该是清楚的、确凿的、正确的、有根据的、被验证过的真理。反之，"如果某些观点并没有经过专业同行的科学论证，教授却把它们当做真理发表""教授利用课堂宣传某个政党带有偏见的观点""教授以煽情的方式试图蛊惑他的学生""教授发表与自己专业领域无关话题的权威性看法"等，③ 都是不诚信的。从更高标准来讲，大学教师还有义务让学生了解所教知识的最新前沿和不同观点，以便于学生形成客观的认识。

第三，教学过程诚信。大学教师需要维持教学秩序从而促进教学活动顺利进行，包括建立教学规则和程序、处理教学中的不当行为、运用激励策略进行时间管理等，教学诚信也主要从这些方面得以体现。制定教学规则和程序，教师应尽可能参考学生意见，并获得学生认可；规则的内容应具有可靠性和可操作性；规则制定后，要及时告知学生并让学生理解。在执行教学规则和处理教学违纪行为时，要做到有章可循、标准一致、前后统一、有说服力和可信度。在课堂中，要尽力避免浪费教学时间，提高教学效率。在教学之前应明确告知学生教学计划和具体进度，并在教学中严格执行计划。对教学进度滞后或超前问题，要及时向学生解释，并妥善解决。教师在教学中运用激励策略时，也应遵循诚信原则，不能以欺骗或是隐瞒真相的方式来激发学生的学习动机；特别是在运用奖励、好的成绩、许诺等方式时，更应讲究诚信。

第四，教学方法适切。选择何种方式进行教学，主要基于教师以往的经

① 爱德华·希尔斯. 教师的道与德 [M]. 徐弢, 李思凡, 姚丹, 译. 北京：北京大学出版社, 2010：1.
② 爱德华·希尔斯. 教师的道与德 [M]. 徐弢, 李思凡, 姚丹, 译. 北京：北京大学出版社, 2010：2.
③ 沃特·梅兹格. 美国大学时代的学术自由 [M]. 李子江, 罗慧芳, 译. 北京：北京大学出版社, 2010：144-146.

验，分析教学内容和学生需要并做出判断。传统教学方法与现代教学方法各有利弊，关键在于如何运用、被谁采用。实践证明，以灌输为主的方法，如讲授法存在失信风险的可能性更大；而以启发为主的方法，如研究性教学存在不诚信风险的可能性相对较小。因为前一种教学方法以教师为中心，教师的权威地位极有可能造成学生的盲从；而后一种方法从某方面来讲意味着教师自身的积极状态，希望与学生一道共同探究知识，体现了教师对学生的信任和尊重。此外，始终如一地使用一种教学方法比多种方法相结合更容易导致教学上的失信。显而易见，没有一种方法适合所有教学内容和教学对象，课堂上不注重方法的实效性和针对性，本身就意味着教师对教学的敷衍和不负责任；多种方法恰到好处地运用更多缘于教师想获取更为有效的教学成果。因此，教师应根据教学内容、课程进度及学生需要和自身特长，合理采取有效的教学方法，并结合实际情况进行调整与变换。

第五，相信和尊重学生。"教师和学生间确立的强有力的关系是教学过程的关键所在。"[1] 诚信是人与人交往的准则。但是，对教学过程中师生关系的诚信，许多人并没有形成清醒而深刻的认识。一般认为，只要师生在交往中不存在欺骗、隐瞒行为，就做到了诚信。当然，这的确是师生交往诚信的重要方面。但是，由于"教师在师生关系中处于决定性的地位。一个教授很容易说服学生，把个人观点强加于他们，因为学生精神上的期待状态和相对缺乏经验使他们变得脆弱"[2]。所以，教师在处理师生关系中还需要付出更加积极的行动。首先，教师应信任学生。"没有建立在信任基础上的成人和年轻人之间的关系，因而丧失了他们教育学上的合法性。"[3] 要相信学生学习的能力和潜质，客观认识学生以往的经验和知识结构。那种认为学生掌握不了教学内容而在没

---

[1]　联合国教科文组织.教育：财富蕴藏其中 [M].联合国教科文组织总部中文科，译.北京：教育科学出版社，1996：138.

[2]　唐纳德·肯尼迪.学术责任 [M].阎凤桥，等，译.北京：新华出版社，2002：85.

[3]　马克斯·范梅南.教学机智：教育智慧的意蕴 [M].李树英，译.北京：教育科学出版社.2001：208.

有得到学生同意的情况下自行降低难度的行为，显然是不诚信的。其次，教师应尊重学生，将学生视为教学活动的主体，发挥他们的主动性、积极性和创造性，让"学生自己，这个受教育的个人在他自己的教育中日益起着积极主动的作用"①。

第六，成绩评定客观。进行教学评价，最终的目的是要客观、公正、有效地检验学生的学习成效，并以此指导教学和学生的学习。是否做到这一点，很大程度上反映了评价是否具有科学性。"如果学生获得了这样的影响，即对他们的评价取决于他们认同导师的观点，那么再也没有什么比这更让他们沮丧的了。"② 在大学，由于成绩直接影响到学生能否按期毕业、获取奖助学金以及与之挂钩的荣誉或奖励等，加之在相当一部分提倡学生评教的大学里，学生的成绩关系到教师自身的教学水平以及下一学年课程被低年级学生选修的欢迎度，因此，有的教师在第一堂课上便直言不讳，只要按时上课，期末成绩自是不用担心。这也正好说明了为什么近年来"大学里的分数越来越高"。作为诚信的大学教师，应该在评价中做到真实、客观、公正、有标准，而不是随心所欲、瞻前顾后、"心慈手软"或是"心狠手辣"。试题应难度适宜、题型得当、设计合理。同时，教师在选择评价方式上也应该做到审慎、科学，理性判断哪种方法更能检验学生的学习效果，哪种方法更不易于学生作弊，而不是想当然或是图方便。

科学合理的教师教学诚信规则体系是教学诚信制度的核心，教学诚信制度的完善还需要建立、健全相应的监督保障机制。教师教学诚信要求大学教师具有较强的诚信自觉性，但由于主体理性的有限性，有必要对教师教学诚信进行必要的监督。首先，建立教师教学诚信档案。学校教务部门应建立教学诚信信息库，以课程为单位，对历届科任教师课堂教学诚信情况进行翔实记载。如学

---

① 联合国教科文组织国际教育发展委员会.学会生存：教育世界的今天和明天 [M].华东师范大学比较教育研究所，译.北京：教育科学出版社，1996：154.

② 唐纳德·肯尼迪.学术责任 [M].阎凤桥，等，译.北京：新华出版社，2002：87.

生对教师的教学评价、教学督导团对教师教学态度的考察、课堂教学效果的评定、教师的自我评价等。其次，加强教师的聘任审查。"我们可以通过一种间接的方法来保证教师对于学生的高度责任感，那就是认真审查教师的聘任程序，以便拒绝聘任那些有可能忽视教学的求职者。"① 在教师聘任中，要加强教师诚信品质的考察，其依据主要是教学诚信信息库，以及科研诚信记录，对于曾有诚信失范记录的教师，在聘任和晋升过程中应予以严格审查。再次，加强教学过程的监督。学校或教务部门可设立专门的诚信督导小组，也可以在原有的教学督导中加强诚信教学督导工作；通过开展教案评价、教学计划检查、同行专家听课等来评估教师在教学中是否做到了诚信。此外，可以充分利用好学生评教工作来促进大学教师的教学诚信。好的评价最能给教师以信心，差的评价则让教师看到自己的不足并感受到压力。除了教师以外，没有人比学生更了解教学情形及效果。学生有能力也有权利评价教师教学是否做到了诚信。鉴于此，每门课程结束后，教务部门或教师应该组织学生对教学进行尽可能客观而公正的评价。最后，应建立信息反馈机制和奖惩机制。对于教学中的失信行为，要及时反馈，学校教务部门和教师所在的院系应对失信者进行调查并进行及时惩处。

二、健全学术诚信制度

学术诚信制度是大学诚信制度体系的重要组成部分，具体而言，"大学学术制度规则是指为了规范学术活动和实现学术目标而围绕学术活动建立起来的一系列规范和规则，是大学制度的重要内容，是决定整个大学组织生存与发展的根本制度"②。学术诚信制度是为了保证学术群体及个人在科学研究过程中的诚实守信而制定的规则体系，以及相关保障和监督机制。科学研究中具体的

---

① 爱德华·希尔斯. 教师的道与德 [M]. 徐弢，李思凡，姚丹，译. 北京：北京大学出版社，2010：41.

② 吴国娟. 大学制度伦理反思 [J]. 教育学术月刊，2009（3）：32.

诚信规则是学术诚信制度的基础和核心。2018 年 5 月 30 日，中共中央办公厅、国务院办公厅印发《关于进一步加强科研诚信建设的若干意见》，为学术诚信制度的健全和完善提供了行动方案。以《关于坚持和完善普通高等学校党委领导下的校长负责制的实施意见》《高等学校学术委员会规程》等规章为依循，结合当前我国大学科研诚信现状，应着力从科研计划、科研活动、科研发表和科研评鉴的角度创制完善具体的规则和要求。

首先，科研计划中的诚信规则。当前，"从事科学事业的动力往往更多的是为了获得经费和名声，而不像多数人想象的那样是出于其他原因"①。在进行一项研究前，科研人员都会想方设法争取各类课题资助。为申请课题，研究人员需要进行一系列的前期研究，组织申报材料，召集合作人员，进行相关的咨询活动。在这些活动中，有必要制定一系列的诚信规则。其一，"研究人员应该诚实地表述立项申请和资料，并在书面和口头报告中对其工作要尽自己的了解予以客观的介绍"②；其二，研究人员应该准确地表述自己及前人在相关研究中所取得的成果，真实地描述自己的研究能力和资历，对研究综述及研究意义进行客观、公正的描述；其三，研究人员应该基于研究本身的需要而不是申请项目的需要，合理地组建研究团队，不得未经他人允许，擅自伪造他人签名；其四，研究人员不得剽窃、抄袭已获资助的申请书，也不得将已获立项的申请书进行重复申报。

其次，科研活动诚信规则。根据科研活动的特征，可制定如下几方面的规则：一是研究人员要尊重科学事实，忠实于实验或调查得出的原始数据，真实地公布研究结果，客观地对待实验和调查数据，不得捏造、篡改、剽窃实验或调查数据，也不得有意地遗漏有用信息；二是研究人员应真诚地与同行开展学术交流，客观介绍自己的研究进展情况及相关研究成果；三是科研项目负责人

---

① 唐纳德·肯尼迪.学术责任 [M].阎凤桥，等，译.北京：新华出版社，2002：267.
② 美国医学科学院，美国科学三院国家科研委员会.科研道德：倡导负责行为 [M].苗德岁，译.北京：北京大学出版社，2007：45.

应认真组织、指导及有效监督研究团队的进展及相关情况，在课题组内部进行学术诚信自我监督；四是研究人员应合理安排研究进度，不得随意挪用或滥用科研经费。

再次，科研发表中的诚信规则。大学要严格把关相关成果，要求数据、材料真实，禁止造假、剽窃、虚构、抄袭等学术不端行为，一旦发现立即予以通报。具体规则如下：其一，研究人员应使用正确的引用方式，不得抄袭、剽窃；其二，研究人员禁止一稿多投及一稿多发，特别是将陈旧的研究成果在形式上改头换面后作为新的成果发表，造成资源的浪费；其三，研究人员应确保自己的研究成果的质量并对其负责；其四，根据研究贡献进行作者署名；其五，对于委托项目，要遵循与资助方的协议，严格履行相关义务；其六，遵循有关保密规定或协议。

最后，研究评鉴中的诚信规则。2020年12月30日，教育部、财政部、国家发展改革委联合印发《"双一流"建设成效评价办法（试行）》，明确提出了教师队伍评价的具体要求："突出教师思想政治素质和师德师风建设，克服'唯论文''唯帽子''唯职称''唯学历''唯奖励''唯项目'倾向，综合考察教师队伍师德师风、教育教学、科学研究、社会服务和专业发展等方面的情况，以及建设高校在推进人事制度改革，提高专任教师队伍水平、影响力及发展潜力的举措和成效。"[①] 遵循《"双一流"建设成效评价办法（试行）》关于大学教师评价的相关要求，应在具体的评价改革中将柔性与刚性有机结合，避免"以数量论英雄"等评价标准单一化、绝对化、随意化的情况。进行同行评议，采取匿名评审方式，确保评审的严格和规范。如学校内部的相关学术评奖活动，可以组织专门的评审委员会，按一定比例安排本校教师、兄弟院校与科研院所相关学者以及教育行政部门代表共同参与，并采取公开投票的

---

① 教育部　财政部　国家发展改革委关于印发《"双一流"建设成效评价办法（试行）》的通知［EB/OL］.（2020-12-30）. http://www. moe. govcn/srcsite/A22/moe_843/202103/t20210323_521951. html.

方式进行民主决议。在评审过程中，对通过不正当渠道贿赂评委的参与人酌情予以通报，取消其参评资格。可从如下几方面制定具体的规则：一是严格遵循学术标准，科学、公正地评价科研成果，做到有根有据、确凿可信，不得进行草率评价；二是评鉴人应自觉遵循相关科学研究的保密、回避规定，如与被评人员有利害关系的评委应主动回避；三是不得在评审过程中接受不正当收益，搞以权谋私、徇私舞弊等不正当交易；四是对不熟悉的领域不能进行随意评价。

　　科研诚信规则的遵守和执行还需要构建合宜的监督保障机制。首先，要健全科研资源分配机制。学术诚信并不是虚幻的，它来源于具体的学术实践活动和交往活动，需要营造相对公平的竞争环境。正如厦门大学朱平在其博士论文中所提出的，"学术失范现象，其实与学术制度背后的利益分配方式有着密切的关系。资源的稀缺性是导致人们进行各种激烈争夺的最重要的原因"①。为保障资源分配的公平公正，应成立各级各类负责科研资金分配的咨询机构、管理机构、监督机构。其次，完善科研诚信监督机制。大学组织内部组建专门的科研诚信办公室，负责对全校个体和群体的科研诚信行为进行审查、评价和监督；处理与科研诚信相关的各类事务，包括取证、鉴定、惩处等；对抄袭、剽窃等严重的失信行为进行严格审查，并接受申诉，保障惩处的公正性和民主性；接受校外对本校师生科研诚信失范行为的质疑和控诉，并及时反馈可靠信息，提供相关证明。再次，建立科研诚信反馈机制。依托校园网络建立科研诚信信息交流平台，及时反馈教师的科研诚信情况，对于学者的失信行为，除受法律保护不准予公开的信息外，应尽可能地进行披露；同时，鼓励师生共同参与学术监督，根据网民提供的相关信息应进行及时的调查和反馈，形成良好的舆论氛围。最后，成立第三方独立调查机构。为避免学校对学术不端行为的祖护，成立第三方专门机构对科研诚信进行监督和管理。

---

① 朱平.制度伦理视角下的高等教育制度［D］.厦门：厦门大学，2007：148.

三、完善服务诚信制度

大学相较于其他社会组织，最本质的特征在于它的教育性和学术性。大学通过培养社会所需要的人才、促进科学技术的转化和应用，服务于社会。本节主要从育人服务和科研服务两个维度构建服务诚信的规则体系，以及监督保障机制。

根据育人服务的特征，服务诚信规则包括如下几方面的内容：一是新专业设置科学合理。新专业的设置应做好充分的前期调研论证工作，组建由专业人员、教育行政部门代表、教师代表和学生代表所组成的咨询小组，对学科力量以及该专业未来的发展前景等相关情况进行客观评估，在此基础上做出民主、公正的决策。二是招生工作公开透明。强化招生信息公开、严格考生加分资格审查。严格执行教育部关于高校招生工作"严禁指名录取考生，严禁体制外违规录取考生，严禁超范围擅自发放录取通知书，严禁通过虚假宣传吸引考生入学，严禁向考生家长收取任何费用，严禁招收所谓'军校委培或自费生'"等禁令。在自主招生考试中，大学应自觉履行相关法规，严格选拔评委，科学合理命题，杜绝招考过程中的腐败行为。三是就业服务诚实负责。向学生提供真实的就业信息，保障就业服务工作尽职尽责，并向教育行政部门及社会公众如实反映学生就业情况。对于"就业率"造假的行为严格惩处，教育行政部门可设立专门的调查机构对"就业率"的真实性进行抽查。也可以成立第三方中间机构，负责收集、统计和分析大学生就业情况，并建档存库，供大学、教育行政部门等利益相关者共同参考。四是严格把关教学质量。坚决摈除"权学交易""钱学交易"等与教育规律相悖的现象。要坚守"育人"这一大学最基本的职责，以提高教育教学质量为出发点和着力点。开展远程教育、函授教育等的大学，要量力而行、科学论证，不得以营利为首要目标。针对研究生教育，在招考过程中应尽量公开考生信息，杜绝特权；深化研究生培养体制改革，倡导学校以师生为本、教师以学生为本的办学理念和教育理念，建立师生间公平信任的对话关系。

科研服务诚信规则主要包括如下三方面的内容：一是规范校外服务活动，保障校内职责的履行。大学教师的职责与使命主要在大学校园，如若校外活动与基本职责相冲突，应予以禁止。然而，是否存在职责冲突，这个度难以精确把握，需要学校对参与校外活动的教师进行评估。若校外工作明显地影响了教师本职工作，则应劝阻教师放弃或减少校外工作，以学生利益为本。二是规范科研咨询活动，要求大学组织或大学教师在咨询过程中，秉承诚实守信的态度，不能提出没有根据、未经证实或会产生极大歧义的学术观点，违者应予以惩处。三是规范科技成果转让行为，根据相关法律拟定相应的规章制度，要求相关部门或个人认真履行协议，信守承诺。

大学参与社会服务的实践活动中，往往面临巨大的经济诱惑，在利益驱使下容易迷失方向、放弃原则，有必要建立相应的监督保障机制。成立监督检查小组，对大学教师参与校外活动的情况进行调查、评价和处理，根据收集的信息及处理情况及时建档，方便查询。若校外机构或校内学生对教师的工作提出质疑，大学应按照相关程序进行积极调查，予以处理并及时反馈。

第三节　大学制度诚信化

大学诚信制度化，使大学组织及其成员在履行大学职能的实践活动中有规可循，可引导、激励和约束大学组织及其成员个体的行为，并在长期的诚信实践中养成诚信习惯，将外在的诚信伦理规范内化为主体德性。然而，建设大学诚信还需要实现大学制度诚信化，通过可靠、公正、合规律的制度安排，真正实现自由、独立等大学组织最基本的价值诉求，为孕育大学诚信精神和践履大学诚信行为创造必要条件。制度诚信是大学诚信的体现和表征，也是理念层面的大学诚信转化为实践层面大学诚信的中介。制度诚信化是指在制度的制定、执行和评价过程中，遵循实事求是的原则，秉持客观公正的态度。它包括实体诚信、程序诚信和主体诚信三方面的要求。

一、大学制度诚信化的重要意义

制度诚信关涉大学制度的合法性与有效性，决定着大学制度能否为大学组织及成员个体共同拥护、自觉执行，还关涉制度所蕴含的自由、民主、公正等价值理念的实现。"制度伦理是对制度进行伦理反思和道德建设，以促进伦理和谐，建立伦理性实体，并帮助制度的承担者成为道德主体。"① 大学制度诚信化是培育组织诚信精神的必要保障，也是大学制度整体功能得以充分发挥的客观要求。制度诚信对于组织及成员个体诚信德性的养成，以及大学理念的实现至关重要。

制度是调节利益关系、维护社会秩序的工具，其功能的实现以制度本身的合理性为前提和基础。事实证明，合理的制度方可得到普遍支持，有效降低执行成本，提高运行效率；违背合理性则会导致制度的僵化、失衡和异化，造成秩序的紊乱、效率低下和资源浪费。具体而言，合理性是合规律性与合目的性的统一。大学制度合目的性是指制度的制定、执行和评价体现了制度主体最基本的价值诉求。如大学制度最基本的价值诉求是人的自由而全面的发展、社会发展和学术自由，因而，大学制度的改革和创新以这些价值的实现为根本目标。大学制度合规律性，主要是指大学制度的设置应当符合高等教育基本规律、人才成长基本规律。根据马克思主义基本原理，规律是客观存在的，不以人的主观意志为转移。人们只能在实践中认识和利用规律，而不能创造或改变规律，违背规律必然受到规律的惩罚。据前文所述，大学失信从中观层面看很大程度上是因为大学制度的设置违背了教育规律，以行政逻辑来制定高等教育制度。欲使大学摆脱失信困境必然要求按照高等教育自身逻辑制定、执行和评价大学制度。可见，合理性是大学制度有效性的前提和基础，而坚持诚信原则

① 王珏.组织伦理：现代性文明的道德哲学悖论及其转向［M］.北京：中国社会科学出版社，2008：242.

是实现大学制度合理性的切实保障，违背诚信原则制定、执行和评价制度，必然导致大学制度功能的异化。

"制度与伦理的关系是一种形与实的关系：制度是物化的伦理，伦理是制度的内核，两者无法剥离。由于任何一种制度都是一种物化的伦理，所以任何制度上的缺失实际上也都是某种意义上的伦理缺失。"① 制度与伦理在起源上同根同源，都属于上层建筑的范畴，为一定的经济基础服务；在内容上相互渗透，基础性的伦理原则需要以刚性的法律制度为载体来保障其实施，而无论何种制度必然体现和反映一定的伦理原则。制度诚信，是从诚信伦理的视角来考量大学制度，要求大学制度的实质和程序体现并反映诚信原则，为大学诚信创设必要的客观条件，以制度的诚信推动大学诚信精神的彰显；同时，大学诚信精神的践履必然促使制度诚信的发展和完善。制度诚信是大学诚信的前提条件，而大学诚信则是制度诚信的必要保障，两者相互转化、相辅相成。

首先，制度诚信为大学诚信提供了可能的实现空间。"人们自觉地或不自觉地，归根结底总是从他们阶级地位所依据的实际关系中——从他们所进行生产和交换的经济关系中，吸取自己的道德观念。"② 制度诚信是合理调节利益关系的前提，有利于为大学诚信道德的养成奠定物质基础。可以从宏观与微观两个层面来理解大学制度，"宏观的大学制度是指一个国家或地区的高等教育系统，包括大学的管理体制、投资体制和办学体制等；微观的大学制度是指一所大学内部的组织结构和运行机制，包括组织结构的分层、内部权力体系的构成等"③。大学制度从本质上来说是对大学内外部权力和利益关系的分配和调整。在建设现代大学制度中，"国家层面的关于大学的制度安排，涉及大学与政府的关系、大学与社会的关系、大学与大学的关系等；大学自身层面的内部制度设计，主要表现为大学的内部治理结构"④。合理公正地分配资源、平衡

① 檀传宝. 制度缺失与制度伦理：兼议教育制度建设 [J]. 中国教育学刊，2005（10）：14.
② 马克思恩格斯选集：第三卷 [M]. 北京：人民出版社，1995：434.
③ 邬大光. 现代大学制度的根基 [J]. 现代大学教育，2001（1）：30.
④ 张应强. 把大学作为学术组织来建设 [J]. 中国高等教育，2006（19）：16.

权力、调节利益，是解决大学内外部冲突和矛盾、实现大学可持续发展的必要
前提。而这些目标的实现以制度的诚信、科学、合理为保障，唯其如此，方可
能实现大学诚信之目标，方可能建立真正的现代大学制度。

　　其次，大学诚信为制度诚信创造了良好的伦理环境。大学制度的改革和转
型是推动高等教育事业发展的客观要求。为推动教育事业发展，切实解决教育
领域存在的矛盾和冲突，我国于 2010 年 7 月正式颁布出台了《国家中长期教
育改革和发展规划纲要（2010—2020 年）》（以下简称《纲要》），建立现代
大学制度是《纲要》在高等教育方面所做出的重要决策，并提出了具有突破
性的改革方略。实践证明，在《纲要》的指导下，我国现代大学制度的建设
目标已基本实现，但还有诸多亟待完善之处。制度伦理推动制度的创新和发
展，"不仅提供了价值目标和导向，而且也提供了价值标准与要求"，同时
"制度伦理的评价标准、评价方式的丰富为制度的完善和创新提供了主体性的
推动因素"[1]。大学制度的演进和变革坚持实事求是的原则，具体运行秉承客
观公正的态度，对诚信制度的制定、执行和评价都将产生积极效应。

二、大学制度诚信化的具体要求

　　制度诚信与大学诚信相互作用相互转化，形成良性循环，积极推动大学诚
信的建设进程。完整的制度体系包括制度规则、制度程序和制度主体，"在大
学组织中，从理念到制度，从制度的制定到实施，都应合乎伦理道德规范，都
应内在地体现先进的道德理想和伦理精神"[2]。相对而言，大学制度诚信则是
指在制定、执行和评价制度过程中秉持实事求是的原则，要求做到实体诚信、
程序诚信和主体诚信。实体诚信是指制度规则应当体现和反映大学最基本的价
值诉求；程序诚信指制度在运行过程中应客观公正；而主体诚信则是指大学制
度的主体应当具备并践行诚信品质。

---

① 倪愫襄. 伦理学导论 [M]. 武汉：武汉大学出版社，2002：309.
② 吴国娟. 大学制度伦理反思 [J]. 教育学术月刊，2009（3）：30.

第一，大学制度的实体诚信。规则体系是制度的根基和内核，实体诚信主要是对制度规则所进行的伦理考量，要求规则的制定符合高等教育内在逻辑，体现和反映大学最基本的价值诉求。

大学的制度规则是进行权力分配和利益调节的工具，要求蕴含高等教育最根本的价值诉求。相对而言，大学制度规则的制定和选择往往面临诸多价值的博弈，选择何种价值，直接关系到制度的合法性和公正性。鉴于大学组织的特性，大学制度规则应以人的发展、社会发展和学术自由为根本的价值诉求和目标指向。具体而言，便是遵循高等教育的内在逻辑，即教育逻辑和学术逻辑，而不是经济逻辑和政治逻辑。本书第四章分析大学诚信失范的原因时，认为行政权力僭越学术权力是大学失信的重要根源，而导致行政化的重要诱因则是将大学的管理冠以政治逻辑。总之，要保障制度规则诚信，必然要求在选择和创设大学规则体系的过程中坚持学术本位，而非政治本位或经济本位，并以人的发展、社会发展、学术自由作为制度规则的最终旨归。

大学制度规则的选择和制定应体现时代精神。"现代大学制度与治理体系建设，虽然指向与内涵不同，但其基础和解决的核心问题是共同的：即面对急剧变化的社会环境，回应冲突和多元的利益要求，大学必须确立组织的合法性基础，明晰使命战略定位，形成有效运行机制。"[①] 虽然大学制度规则有最基本的价值诉求，但这并不意味着大学制度封闭僵化。相反，大学制度规则是与时俱进的，因为它必须体现和反映社会对大学的需求，而这种需求总是随历史的进步而不断演进。中世纪时期，大学主要为社会培养牧师、教师、医生和法律人才；随着工业革命的发展，社会提出了加强科学研究的需求；二战后，社会对大学给予更多的期望，希望大学能更好地直接服务于社会。制度是理念的载体，大学理念的变革，必然导致大学制度的相应变化。当今时代，世界高等教育发展迅猛，变革与创新日新月异。因而，大学制度的选择和创设必然要求

---

① 史静寰. 现代大学制度建设需要"根""魂"及"骨架"[J]. 中国高教研究，2014（4）：1.

从实际出发，不能故步自封、墨守成规，更不能脱离实际、盲目跃进，应在固守优良传统的同时与时代精神相结合。

大学制度规则的选择和制定应富于创造性。虽然大学制度规则的创设要求遵循规律、尊重实际，但这与规则体系富于创造性的要求并不相矛盾。创新是民族进步的灵魂，是国家兴旺发达的不竭动力，也是大学保持生机活力的奥秘所在。制度规则的创新对于大学组织的生存与发展是至关重要的，需要秉持诚实的态度，拥有犀利的眼光和推陈出新的勇气，才能持续不断地推动制度的创新，实现高等教育的可持续发展。

第二，大学制度的程序诚信。所谓制度程序，是按照一定的步骤、方式和手段，在特定的时间和空间内所从事的制度活动。规则实体固然是制度的根基，但制度并非静止不变的文本，它具有更为丰富的内容，程序是实现制度所倡导的价值理念之桥梁。正如罗尔斯所说："公正的法治程序是正义的基本要求，而法治取决于一定形式的正当过程，正当过程又主要通过程序正义来体现。"失去了公正合理的程序，规则体系便成为形同虚设的空洞文本。实现程序公正，"从根本上解决因大学制度形式伦理问题而导致的不良现象，就必须制定一套比较符合中国国情和时代发展的、公正合理的'大学制度程序制度'系统，将合理公正的大学制度程序以制度形式融入制度的实际运行过程之中"①。可见，诚实态度对于程序制度的合理建设尤为重要，要求坚持实事求是的原则和方法。

从制度的制定程序来看，要求坚持制度规则的系统性、稳固性和强制性，克服随意、专断和偶然性，以增强程序的科学性和民主性。从大学制度的执行程序来看，要求客观公正，以教师和学生为本，兼顾其他利益相关者的合理需求，对执行程序进行必要的规约。制度执行的过程难免会遇到困难和障碍，而大学组织的目标模糊性和权力结构复杂性某种程度上增加了大学制度执行公正

① 吴国娟. 大学制度伦理反思 [J]. 教育学术月刊，2009（3）：32.

的难度。"在权力分散、目标模糊和矛盾、运动机构日益复杂的系统,贯彻政策的困难就会增加。以上这些特征在高等教育中尤为显著。否决点很多,有一大批利益集团挡路……明智的制定和贯彻政策成一步一步的实验,蜿蜒曲折,通过不清楚的抉择,从错误的起点拉回来,最后保佑那些证明值得广泛应用的细小的开端。"① 因而,大学制度的执行程序要以大学组织的特性为依据,客观公正而富人文关怀,坚决而不偏执。从大学制度评价看,"常常出现评价者偏袒一方、主体参与性不够、程序不够公开等现象,造成了大学制度评价合理性的缺失,也严重影响了评价的可信度"②。评价程序的公正,对于评价的结果至关重要,影响到评价功能的有效发挥,评价过程应以事实为依据,以规章制度为准绳,公正不偏袒、客观不臆断。总之,程序诚信是保障大学制度诚信的工具和手段,而程序的中立性、科学性、稳定性和效率性则是实现程序诚信的关键。

第三,大学制度的主体诚信。制度是人类理性的产物,制度主体在制度体系中起决定性的作用,任何制度均是在主体的制定、执行和评价活动中完成。因而,主体的能力、素质和修养与制度的效果关系极为密切,诚信更是对制度主体所提出的最为基本的伦理要求。

制度主体诚信要求培育主体具备良好的公共意识。主体多元化是大学制度的重要特征,从中世纪时期的教会、王室到现代社会的政府均参与大学制度的制定、执行和评价。近年来,在功利化影响下制度主体为谋取个人利益不惜越轨渎职,侵蚀大学肌体,损毁大学声誉。欲对越轨行为进行修正,首要任务便是提升主体的基本素质及其处事能力,然而,更为重要的是强化主体的公共理性。一是要注重自我提升。通过教育引导的方式激发制度主体的使命感和责任感。二是通过外部干预。制定相应规章,规范主体行为,并建立健全相应的评

---

① 伯顿·克拉克.高等教育新论:多学科的研究 [M].王承绪,徐辉,郑继伟,等,译.杭州:浙江教育出版社,2001:287.

② 吴国娟.大学制度伦理反思 [J].教育学术月刊,2009 (3):33.

价监督机制，转变主体观念，强化公共意识。

制度主体诚信要求增强主体的责任意识。责任推诿或逃避不仅严重损害了制度的威信，也侵害了大学制度利益相关者的权益，从长远看阻滞高等教育的发展进程。而这种行为的产生，根源在于主体责任意识的缺位。权利与责任犹如硬币的正反两面，责任履行是权利享受的前提，对于制度主体而言同样如此。增强主体责任意识，应积极寻求权利与责任的平衡点，促进主体协调发展。同时，对于主体责任与权利的规定，应当清晰、明确，切不可模棱两可。此外，建立外部激励机制对于责任意识的提升也是不可忽视的。

三、大学制度诚信化的实现路径

大学制度诚信通过制度安排为大学诚信奠定坚实的现实基础，创造良好的伦理环境。前文主要论述了实体诚信、程序诚信和主体诚信是大学制度诚信的具体要求。以此为据，结合第四章关于大学诚信失范的原因分析，下文着重探寻大学制度诚信实现的具体路径。

其一，践行现代大学理念。独立和自由是诚信的基础，离开独立和自由诚信则难以保障。现代大学制度以大学自治和学术自由为根基，大学自治和学术自由其实也是实现大学诚信的前提条件，在制度制定、执行和评价过程中践行自由与自治的理念是实现大学制度诚信的客观需求。现代大学对于我国而言是舶来品，是特殊历史条件下西学东渐的产物，体现了强烈的实用主义和功利主义色彩。也就是说，大学自治与学术自由的理念在我国大学并非根深蒂固。相对而言，"学而优则仕"则是千百年来我国读书人的理想，"为学术而学术"的精神相对薄弱。在长期的历史发展进程中，人文学科往往服务于统治阶级，自然科学也容易为实用主义观念挟制。我国大学克服陈旧观念，真正践行大学自治和学术自由的理念，是一个漫长而曲折的过程，需要政府、大学和社会各界的共同努力。大学制度的形成源于大学理念，也就是说大学理念是大学制度建立和发展的根本动机，大学制度是大学理念的重要载体和表现形式。现代化的浪潮冲击着大学，诸多因素共同作用下的大学有必要进行理念创新和制度创新。如在大学发展进程中，为社会服务的理念推动了产学研一体化大学制度的创新和发展，而开放性大学理念则为无墙大学等大学制度的生成提供了合法性基础。然而，无论大学制度如何创新、如何改革，学术自由和大学自治作为大学制度的根基始终应该放在突出重要的地位。这是大学之所以成为大学，大学区别于其他社会组织的根基所在。因而，在大学制度规则建立的过程中，应始终如一地秉承这一宗旨，唯有如此，制度诚信才能获得适宜的土壤、阳光和水分，大学诚信才有自由生长的空间。

其二，完善内部治理结构。深化高等教育综合改革，完善现代大学制度、提升大学治理能力，必然要求把完善大学内部治理结构和深化校内管理体制改革放在突出重要的地位。完善大学治理结构不仅是提升大学治理能力的核心任务，也为大学诚信精神重塑提供了可能。自由、独立和尊严是组织诚信的内驱力，而大学内部治理结构的完善为自治、自由的实现创设了现实条件，为大学诚信精神的生成和发展奠定了必要基础。所谓内部治理结构，是通过制度规定、体制安排和机制设计，分配、制约大学内部利益相关者的权力，并保障其利益的实现。根据我国现实国情，党委领导下的校长负责制是中国特色高等教育的基本制度，治理结构的优化应以该制度的完善为基础和方向。夯实这一制度基础，需要从如下几方面着手："党委领导是核心"，党委领导大学组织的思想政治方向，监督重大事项的决策和重大决议的执行，维护大学改革的稳定局面，为高等教育可持续发展保驾护航。值得注意的是，党委领导与学术自由并不矛盾，关键在于明确权责，妥善协调党委集体与校长之间的关系。"校长负责是关键"，深化大学改革强烈呼吁教育家办学，从蔡元培到梅贻琦，从德国柏林大学的费希特到哈佛大学的艾略特等，无一不证明杰出校长与大学事业的兴盛密切相关。然而，杰出的校长首先必须是懂教育、爱教育、善教育的教育家，有能力、有魄力、有智慧掌控学校教学、科研和其他行政管理工作的全局，除了有超群的才华，还应具备受人敬仰的人格魅力。大学校长的遴选至关重要，应积极推进大学校长的职业化，培养一批能领导我国大学走向世界的优秀校长。"教授治学是根本"，教授治学是提高大学内部治理结构质量和水平的根本，是推动学术发展的中坚力量，应充分保障教授在教学、科研、学科建设和学术管理中的核心作用。通过建立健全学术委员会、学位委员会、教学委员会等体制机制，切实提高教授在学校改革和发展中的决策权、管理权和监督权。同时，着力于改善学术氛围，提高学术品质，营造宽松自由的学术环境。

其三，培育依法治校精神。依法办学是大学诚信的内在要求和外在表征，而依法治校的实现既要有科学合理的高等教育法律制度体系作为保障，也需要教育系统内部的组织及个体尊重并忠诚于法律和规章。唯其如此，高等教育实践过程中的诚信办学和诚信治校才可能成为现实。若制度体系自身存在缺陷，无疑污染了诚信治校的源头，大学诚信亦失去其存在的根基。而失去大学人对法律的信仰，法律规章则形同虚设，大学诚信同样不可能实现。"如果说完备的法律制度体系是法治得以实现的前提和基础，那么高校师生对法律的信仰就是法治在高校内部得以实现的关键。"[①] 培养大学人对法律规章的忠诚度，重塑法治精神，是实现制度实体诚信、程序诚信与主体诚信的客观要求。《中华人民共和国高等教育法》于 1998 年通过并公布，1999 年 1 月 1 日起正式施行，从此高等教育真正实现有法可依。2015 年，我国又推动修订了《高等教育法》，"将此前高等教育目标宗旨、拨款体制、办学体制、制度监督、学术治理等方面形成的改革成果予以法律化"[②]。然而，依法治校的征程仅仅只是迈开了第一步，健全法治体系还需要经历长期艰难的探索。针对客观存在的问题，在实践中不断修正高等教育法制体系是真正实现依法治校的重要前提，也为大学人法律信仰的培育奠定了基础。"依法治校要求学校在治理过程中摈弃其他非理性的思维方式，选择法治思维，包括学校的管理主体对法律的遵守和信仰，包括学校治理过程中其他主体对法律的敬畏。……如果学校的行为方式

---

① 郭代军. 高等教育法律信仰缺失的原因及对策探析 [J]. 现代教育科学, 2009 (3)：76.
② 邓传淮. 推动中国特色现代大学制度建设 [J]. 中国高教研究, 2020 (2)：8.

没有受到法治思维的指导或者学校治理主体还没有形成法治思维，那就说明还没有形成依法治校的基本格局。"① 法律信仰的培育不仅需要通过健全法制体系创设其为人信仰的条件，还需要在大学组织及其成员当中形成高等教育法制体系的利益感受。让大学人能清晰明确地感受到法律对他们权益的保护，深切感知唯有按法律办事才能维护和实现自己的权益，进而形成对法律的信任感、依赖感和崇敬感，在长期的教育实践活动中养成"依法办学"的行为习惯。

其四，健全信息公开制度。在制度诚信建设的过程中，如何赢得利益相关者的信任，如何树立制度的权威，与制度制定、执行和评价过程中的信息公开度密切相关。固然，绝对的信息公开是不可能实现的，但最大程度地公开信息则是提高制度民主性与科学性的必然与必要，也是制度诚信的保障。制度规则制定过程中，应集思广益、广泛听取意见。有学者提出，"高等教育制度的制定，尤其是一些高等教育法律和政策的出台，应该通过立法听证的过程，任何没有经过立法听证程序的高等教育法律和政策都不应该予以通过。高等教育制度只有通过立法听证，才能确保其符合广大民众的高等教育利益"②。制度的执行更应注重信息公开，教学、科研等学术性事务及行政管理等非学术性事务的处理，应尽可能通过校园网、广播、电视、宣传橱窗等公开党务信息和政务信息，建立校长和书记信箱、校园管理意见箱、廉政建设举报投诉信箱等，保障大学组织与师生信息的畅通，以提高管理效率。基于此，应增强大学组织内部教师和学生对学校事务的参与意识和主体意识，实现组织与组织成员之间的互信、互谅。信息公开不仅能保障利益相关者最大程度地实现其权益，还能有效推动和促进制度自身的完善。利用新媒体建立科学的学校信息交互平台，形成完善的信息反馈机制，能有力地推进制度诚信化进程。与教育行政部门的信息沟通，则有利于管理部门根据实情进行有效的宏观调控，在调整—反馈—调

① 关保英.依法治校：价值、内容与实现路径 [J].华东师范大学学报（教育科学版），2018，36（2）：39.
② 朱平.高等教育制度合法化的实现 [J].现代教育管理，2010（4）：7.

整的循环往复中逐渐实现制度诚信。

其五，推进民主管理决策。制度的合法性在一定程度上体现了它的公正性，"某种制度获得社会赞同的程度愈高，便意味着制度这一中介桥梁在人类文化体的物质系统与解释系统之间实现了更大的一致性，并在降低制度维持费用的同时得到更大的收益"①。大学制度是高等教育系统诸多利益主体竞争和妥协的产物，掌握的资源越多，在制度制定、执行和评价过程中的话语权也就越多。而从本质上来说，制度本身即为利益调节机制，是对利益关系的规约和保障。且制度的公正具有相对性，不同利益集团对同一制度具有不同的看法，从根本上取决于高等教育系统内部现实的利益关系。实现大学制度最大程度的公正，必然要求不同利益集团的代表广泛参与制度的制定、执行和评价，通过协商达成彼此的妥协，使大学制度在最大范围内获得支持和拥护，以确保其有效执行，保障制度功能的实现。参与民主决策的主体应多元化，组织内部的教师、学生、教育行政部门、校友、社会权威人士等均可参与制度的制定、执行和评价。应广开渠道，拓宽师生员工参与大学管理的路径，通过教代会、党代会、校务会、咨询会、调查研究等形式多样的方式，汲取集体智慧，推进民主决策、科学管理的进程。

---

① 辛鸣.制度论：关于制度哲学的理论建构 [M].北京：人民出版社，2005：206.

第七章　环境优化：我国大学诚信建设的条件支撑

　　道德教化培养大学组织成员个体诚信道德，是唤醒和孕育大学组织诚信精神的基础和前提。合理的制度安排，引导、激励和规范大学组织及其成员的行为，并为大学诚信道德的养成创设良好的制度环境和伦理氛围，是大学组织诚信规则体系建立的核心环节。然而，大学组织是开放的系统，它的生存发展需要与外界环境进行持续不断的物质、能量及信息交换，大学的伦理思想和道德行为深受社会大环境的影响和制约。培育大学诚信精神、推进诚信实践需要优化政治、经济和文化环境，为大学创造自治、民主和公正的生存空间，营造有利于孕育大学诚信精神，并自由实践诚信行为的组织环境。

第一节　政治环境优化

　　大学诚信的生成与发展离不开良好的政治氛围。大学是现代社会的"轴心机构"，关乎国家繁荣、民族兴盛及社会和谐，担负着重要的社会职能。中国共产党是高等教育治理的核心主体，大学诚信精神的培育和诚信制度的建立都应以习近平新时代中国特色社会主义思想为指导，在党的领导下推进大学治理体系和治理能力的现代化。大学是促进社会发展的"动力机"，必然要求政府对大学实施有效的宏观调控；高等教育自身的可持续发展，也需要推进大学和政府的良性互动。政治伦理集中体现为政府的伦理行为，政治环境优化的重担主要由政府承担。为此，不仅需要增强政府的诚信供给，还要求以政府为主导建立健全覆盖全社会、各领域的社会信用体系。

一、坚持和加强党的领导

"我国高等教育发展关涉党、政府、大学和社会四大主体，改革开放以来，在我国现代大学制度建设中，党和政府发挥了主导作用，大学和社会的作用比较被动。在继续发挥各级党委和政府主动性的同时，调动大学和社会的积极性，让大学和社会更加积极主动参与现代大学制度建设是顺理成章的事。"① 中国共产党是高等教育治理的核心主体。自建党以来，党领导人民开创了一条适合中国国情、具有中国特色的高等教育强国之路，通过学术创新为科技强国奠定基石，通过教育教学为社会主义现代化建设事业源源不断地输送建设者和接班人。大学诚信精神的培育和大学诚信制度的建立需要在党的坚强领导下，遵循中国特色社会主义大学的办学规律，设定组织目标、调整组织结构、完善组织制度，进而孕育组织文化，使大学组织自觉践履诚信，成为诚实守信的示范者和引领者。

明确方向，坚持以"立德树人"为根本任务。十八大以来，以习近平同志为核心的党中央从"培养什么人、怎样培养人、为谁培养人"这个根本问题出发，将"立德树人"置于高等教育核心地位，明确"立德树人"关乎党的事业后继有人，关乎国家前途命运。2016 年 12 月，习近平总书记在全国高校思想政治工作会上发表重要讲话，旗帜鲜明地提出："全面贯彻党的教育方针，坚持社会主义办学方向，扎根中国大地办大学，以立德树人为根本，以理想信念教育为核心，以社会主义核心价值观为引领，切实抓好各方面基础性建设和基础性工作，切实加强和改善党的领导，全面提升思想政治工作水平。"② 2018 年 9 月 10 日，习近平总书记在全国教育大会上，再次强调了立德

① 别敦荣.我国建设现代大学制度的实践探索与时代使命 [J].高等工程教育研究，2017（5）：89.
② 十八大以来重要文献选编：下 [M].北京：中央文献出版社，2018：480.

树人在新时代中国特色社会主义高等教育体系中的重要意义，明确立德树人是社会主义大学的鲜明特色和立身之本，为我国大学诚信建设提供了根本遵循和发展目标。立德树人是大学组织的立身之本，思想政治工作又与立德树人一脉相承。高等教育治理过程中，要将传统教育思想与时代使命相结合，把握和运用高等教育发展规律与高等教育育人规律，充分彰显高等教育的育人本质，引导大学组织在高等教育实践中抱定宗旨，践行使命与职责。诚信是具有始基性的道德德目，在传统伦理思想体系中具有本体论意义，也是社会主义市场经济条件下必须遵循的最基本的价值规范。诚信作为立人、立业、立国之本，必然是新时代"立德树人"之"德"的最为核心的内容。"立德树人"根本任务的确立，为大学组织诚信精神的培育和诚信制度的构建指明了方向，创设了良好的环境。

夯实基础，彰显中国特色社会主义教育制度的显著优势。进入新时代，在习近平新时代中国特色社会主义思想的指导下，扎根中国大地办学，不断推进高等教育领域综合改革，完善高等教育治理体系、提升治理能力，我国高等教育取得了历史性成就，彰显了中国特色社会主义高等教育制度的优越性。改革开放以来的高等教育实践经验说明，"只有充分发挥中国特色社会主义制度，特别是教育制度的显著优势，不断提升中国特色社会主义制度的发展空间，并努力实现治理效能转化，方能精准破解大学教育治理难题，为中国特色社会主义大学治理体系和治理能力现代化探寻密钥"[①]。党的领导是中国特色社会主义制度的最大优势，也是我国高等教育取得跨越式发展的重要原因。高等教育子系统从属于教育系统，大学作为实施高等教育的主体，其制度规章的制定都必须在我国现有的教育法规的框架内，唯有从政策环境上为大学自治、学术自由创设良好的制度环境，大学诚信制度的确立才有可能。譬如，中共中央办公厅、国务院办公厅印发了《关于进一步加强科研诚信建设的若干意见》，为营

---

① 田鹏颖，崔菁颖.中国特色社会主义大学制度的显著优势、发展空间与效能转化 [J].现代教育管理，2021 (2)：1.

造良好学术环境提供政策支撑；2020 年 10 月，中共中央、国务院又印发了《深化新时代教育评价改革总体方案》，提出将立德树人作为改革的主要原则，进一步完善立德树人体制机制；2020 年 11 月，《中共中央关于制定国民经济和社会发展第十四个五年规划和二〇三五年远景目标的建议》再次强调，坚持立德树人的教育导向，贯彻党的教育方针和路线，这些政策制度的建立无不为大学诚信制度建设提供了明确的方向。

　　筑牢根本，坚持和加强高校党组织建设。2014 年，习近平总书记对高校党建工作作出重要批示，强调："高校肩负着学习研究马克思主义、培养中国特色社会主义事业建设者和接班人的重大任务。加强党对高校的领导，加强和改进高校党的建设，是办好中国特色社会主义大学的根本保证。"① 加强我国大学党组织的建设既是高等教育坚持和加强党的领导的客观要求，也是实现立德树人根本任务的必要逻辑。2021 年 4 月，中共中央印发《中国共产党普通高等学校基层组织工作条例》，明确我国大学以立德树人为根本任务做好思想政治工作，评价党的建设工作的根本标准应当是立德树人的成效。关于高校党的建设的思想是习近平新时代中国特色社会主义思想的重要组成部分，为新时代高校党的建设提供了科学指南。党领导人民制定的相关制度，是加强高校党组织建设的行动纲领。中国共产党在领导高等教育实践中，一是要将高校党委作为领导核心，坚持党的纲领，贯彻党的决定；二是要加强院系一级的党组织建设，确保党的领导切实贯彻于基层院系治理，严格执行党政联席会等相关制度；三是要切实加强教师党支部和学生党支部建设，充分发挥其战斗堡垒的作用，进一步规范民主评议党员制度等。②

---

① 习近平就高校党建工作作出重要指示强调：坚持立德树人思想引领　加强改进高校党建工作 [N].人民日报，2014-12-30.
② 陈涛，唐教成，韩茜.中国共产党治理高等教育的百年进路及基本逻辑 [J].重庆高教研究，2021，9 (4)：9.

二、增强政府诚信供给

从诚信生成与发展看，人们普遍认为大学相较政府具有较为优越的伦理敏感性和自觉性，大学诚信整体水平天然地高于政府。虽然这种观点具有合理性，但现行体制下大学世俗化程度与日俱增，对外界的效仿往往容易战胜其有限理性。因此，政府应坚守诚信原则，妥善处理与大学的关系，既为大学诚信精神培育和诚信行为践履创造必要的客观条件，又通过其自身诚信形象的塑造对大学诚信产生重要的引导和规范作用。简言之，政府诚信及政府公信力能极大地推动和促进大学诚信的生成和发展。

政府诚信是社会诚信生态链的源头，为社会诚信提供必要的制度保障，同时，引导和规范其他社会组织及个体的诚信行为。政府的诚信供给，对于大学诚信建设尤为重要，是孕育大学诚信精神并践行大学诚信行为最为重要的条件支撑。现代大学治理模式的形成是多种力量相互制衡的结果，它既要受到历史传统的影响，具有鲜明的历史文化传统的基因，同时，也受到所处时代政治、经济等各方面力量的影响。全世界范围内，不同国家的高等教育系统有不同的历史文化传统，有不同的政治经济环境，必然其治理模式也各不相同，我国大学的治理同样具有其自身的特点。"中国高等教育属于'后发外生型'，从近代大学产生，政府就与大学的关系紧密，这个特点一直保持至今。受此影响，大学内部治理结构及其模式的变迁一直离不开政府的影响与作用。在政府的作用和影响中，政府的政策与法律一样具有强制性，其约束力不亚于法律，它一直是引导治理变迁的主要力量。"① 政府在对大学进行宏观调控的过程中，应遵循高等教育基本规律、人才成长规律与学术发展规律来处理教育问题与学术问题，引导和规范大学组织及成员的诚信行为，同时，为大学诚信创设必要的条件。反之，若政府无视高等教育内在逻辑，强制干预大学事务，必然将大学

---

① 张德祥. 1949 年以来中国大学治理的历史变迁：基于政策变革的思考 [J]. 中国高教研究，2016 (2)：29.

推入被动失信的境地。本研究从环境层面剖析大学诚信失范的原因时已对这一问题进行了较为详细的论述。政府对大学过于强势的控制，使大学在处理与政府的关系中或是言听计从，成为政府的"奴婢"；或是"欺上瞒下"，陷入诚信失范的境地。因而，政府诚信是大学诚信建设的必然要求。

以政府为主体推动高等教育体制改革，为大学诚信创设必要的制度环境。大学诚信的生成与发展，需要发挥大学的主体性，并最大程度地实现其思想自由和精神独立，大学组织方可自觉地将外在的诚信伦理规范内化为组织德性。彰显大学主体地位，以重塑政府与大学的关系为前提，需要优化高等教育宏观管理体制。重塑政校关系是深化高等教育改革的重中之重，《加快推进教育现代化实施方案（2018—2022 年）》明确指出："深化教育领域放管服改革，深化简政放权、放管结合、优化服务改革，推进政府职能转变，构建政府、学校、社会之间的新型关系，推进学校治理现代化。"① 当前，政府正积极推进高等教育改革，为大学诚信建设创造了良好契机。

推进投资体制改革，尤其是建立健全大学拨款咨询委员会等具体举措，有利于实现教育资源分配的公正合理，为大学诚信奠定物质基础；创新办学体制，有利于挖掘大学组织的主体性、能动性和创造性，推进大学组织主体诚信动机的生成，以及诚信自觉精神的培育；优化管理体制，则为大学诚信践履创造良好条件，使诚信在大学与其他社会组织及个人的交往中蔚然成风。高等教育体制改革以宏观政治体制改革为背景，以政府职能的转变为基础。随着改革的深化，民主进程的推进，我国宏观管理逐渐由行政强制向依靠机制诱导的时代变迁。"市场经济条件下，政府对大学的管理应从过去的高度集权、大包大揽、事事干预的'划桨'式管理向以宏观调控、质量监督、全面服务的'掌舵'式管理转变，这种转变是实现大学与社会良性互动的先决条件。"② 政府职能的转变，体现了政府角色意识的逐渐明晰，是改革开放以来高等教育管理

① 学习时报编辑部. 以教育现代化助力强国建设 [M]. 北京：人民出版社，2020：133.
② 闫树涛. 大学—政府—社会的良性互动与合作 [J]. 成人教育，2009（9）：7.

经验的积累，也是对高等教育宏观管理规律的理性认识，是政府实事求是思想路线的充分体现，也是政治诚信伦理的重要表征。

政府的诚信供给不仅体现在制度环境的创造，还要求政府作为管理者在与大学的精神交往和实践交往中践履诚信，率先垂范、以身作则，不断加强政务诚信建设。《新时代公民道德建设实施纲要》明确提出要全面提高个人、政府和全社会信用水平，推进诚信建设，为经济社会发展和文化软实力提升，建设社会主义现代化文化强国营造风清气正的诚信环境。政务诚信是社会诚信建设尤为关键的环节，具体而言，就是政府及公务人员在国家治理实践中遵循诚实守信的伦理原则。政务诚信是社会诚信系统的基石，必须夯实筑牢，使之成为全社会组织诚信建设的"风向标"和"指挥棒"，起到引导社会公众培育和践行社会主义核心价值观的示范引领作用。为了加强政务诚信建设，提升政府公信力，推进国家治理体系和治理能力现代化，国务院于 2016 年 12 月颁发了《关于加强政务诚信建设的指导意见》，切实为新时代政务诚信建设提供了行动指南。以《关于加强政务诚信建设的指导意见》为依据，新时代政务诚信建设要做好如下几方面的工作。首先，要完善政务诚信规范体系。"建设政务诚信规范，需要根据政务实践的现实情况，将具有普适意义的诚信原则细化为专业而通俗的诚信伦理规则。"① 公务人员能够确定并认可政务活动中的诚信价值，能够清晰判定政务诚信与政务失信的边界。其次，切实加强制度诚信建设。"欲知平直，则必准绳；欲知方圆，则必规矩。"建章立制是政务诚信的重中之重，社会组织和个体行为都需要以制度为依据进行规范和约束。推进制度诚信建设是一项系统工程，具体表现在推进法治国家、法治政府和法治社会一体化进程中，以严明的法律规范和约束公共权力，切实保障制度确立的诚信和制度执行的诚信。只有政府及公务人员在行使公共权力的过程中实干为民、践诺履约，才能取信于民。再次，加强政务诚信教育。政府和公务员个体都是

---

① 范根平. 新时代政务诚信的价值意蕴及实现路径 [J]. 广西社会科学，2020（11）：41.

政务诚信的主体，政务诚信既表现为政府组织诚信，也表现为公务员个体诚信，公务员作为政府组织的成员主体，提高公务员诚信道德水平是加强政务诚信建设的题中应有之义。

三、建设社会信用体系

大学诚信的生成和发展受到社会诚信氛围的影响，而社会诚信氛围的孕育又以大学诚信建设为重要内容之一。21 世纪初，由于政治、经济、文化领域的失信行为频频发生，严重影响了社会发展进程，我国将社会信用体系建设提上日程。党的十八大以来，社会信用体系建设进入新的发展阶段。2012 年，党的十八大明确提出要加强政务诚信、商务诚信、社会诚信和司法公信建设，我国社会信用体系建设迈入了新的发展阶段。2014 年，国务院印发了《社会信用体系建设规划纲要（2014—2020 年）》，更是为新时代社会信用体系建设提供了具体的行动方案，取得了明显的成效。新发展阶段面临新形势新任务和新挑战，社会信用体系的完善依然任重道远，需要继续发挥政府的主导作用，不断完善法律法规，争取获得社会各界大力支持和积极配合。

自然经济条件下，社会诚信主要依靠人格诚信维系，政府辅之以必要的法律控制。进入市场经济时代，则需要政府建立法律规章保障社会组织诚信和个体诚信。虽然，建立社会信用体系是市场经济的内生性需求，但它的形成和发展也经历了长期的探索。相对而言，西方发达国家关于社会信用体系的建设已积累了较为丰富的经验。根据政府在信用体系建设中所扮演的角色不同，社会信用体系主要可分为"欧洲模式"和"美国模式"。"欧洲模式"的主要特征是政府深度参与信用体系的建设，包括建立公共征信机构征集信用信息、出资参股设立信用评级机构，此种模式带有浓厚的政府色彩。"美国模式"则施行政府督导与市场原则相统一的原则，主要由企业经营信用调查和管理业务，而政府则提供必要的法律保障和制度支持，对市场行为进行有效的调控和监督。无论是"欧洲模式"，还是"美国模式"，其形成与发展均离不开政府的参与。

相对而言，我国作为人民民主专政国家，政府代表人民行使权力，具有很强的调控功能和资源调配能力。在短时间内快速有效地建立起社会信用体系、征集信用数据，必然要求以政府权力作为基础，以提高工作效率，避免不必要的资源浪费。基于此，有学者提出最适合我国国情的社会信用体系模式是，"政府指导，公司运营。这是通过政府的力量将信用信息集合起来，再让民间投资的公司去运营"①。迈入新世纪以来，我国政府基于本国国情，汲取西方发达国家的有益经验，在我国信用体系建设中取得了开创性成就，为社会主义市场经济健康发展奠定了坚实的基础，极大地推动了社会诚信建设进程。未来进一步推进社会信用体系建设，既需要我们总结经验，继续发挥政府的作用，也需要结合新发展阶段的时代特征，在方法和途径上有新的突破。

过去 20 多年，我国社会信用体系建设初期所取得的成效可归功于政府赋能，通过政府充分调动社会信用建设各协同主体的积极性和创造性，积累了较为宝贵的经验。为了更好地开拓未来，我们从两方面总结社会信用体系建设的宝贵经验。首先，科学规划和具体部署社会信用体系建设的战略目标、战略任务和战略步骤。党的十八大召开前，我国主要是通过党的方针政策进行部署。如党的十六大、十六届三中全会具体明确了社会信用体系建设的目标和方向。2007 年，国务院结合我国具体实际，颁布了《关于社会信用体系建设的若干意见》，明确了长远目标、阶段性目标和工作重点，制定了社会信用体系建设的时间表和路线图。2011 年，国务院颁发了《关于加强和创新社会管理的意见》，明确提出要建立健全社会诚信制度。在此过程中，逐步形成了社会信用体系建设主体体系，同时也为信用体系建设提供了越来越完善的制度保障。党的十八大召开后，"诚信"成为社会主义核心价值观的重要内容之一，我国社会信用体系建设得以全面推进。2014 年，党的十八届三中全会明确提出，"建

---

① 杨秋菊. 政府诚信建设研究：基于政府与社会互动的视角 [M]. 上海：上海财经大学出版社，2009：71.

立健全社会征信体系，褒扬诚信，惩戒失信"①。紧接着，国家"十二五"规划又明确提出了"加快社会信用体系建设"的总任务和总要求。一方面，以目标为导向，国务院颁布了《社会信用体系建设规划纲要（2014—2020年）》，制定了社会信用体系建设的行动纲领。到目前为止，我国已经基本建成了社会信用基础性法律法规和标准体系，初步形成了覆盖全社会的社会征信系统。另一方面，完善信用信息共享机制。"信息是征信体系形成信用产品的核心材料，没有信用信息作为基础，信用产品就无法生产，征信体系就难以发展。"② 信用信息是社会信用体系建设的关键，信用信息共享尤为关键。党的十八大以来，我国不断推进个人信用信息共享、失信信息共享和政务信息公开，先后颁布了《征信业管理条例》《关于加强个人诚信建设的指导意见》，极大地推动了个人诚信体系建设。通过法院、政府和人民银行三大主体协同推进失信信息共享。2013 年，最高人民法院公布了《失信被执行人名单信息的若干规定》，2016 年国务院颁布了《加快推进失信被执行人的信用监督、警示和惩戒机制建设的意见》等。此外，高度重视诚信教育，不断推进诚信文化建设也是我国社会信用体系建设取得较好成效的重要经验，本章的诚信文化建设部分将会详细论述。"鉴于信用立法是社会信用体系建设的关键环节，因此将政府赋能社会信用体系建设模式，转变为以法赋能的社会信用建设模式，是新时代社会信用体系建设进一步快速发展的关键。"③ 新发展阶段，我国社会信用体系的不断完善仍然需要持之以恒地加强法治建设。

社会信用体系的完善对于推进大学诚信的建设进程具有重要意义，为增强大学组织及其成员个体的诚信内驱力和外约力提供重要支撑。从声誉理论视角看，声誉是大学组织发展的无形资源，高等教育竞争日趋激烈的形势下，任何

---

① 十八大以来重要文献选编：上 [M]. 北京：中央文献出版社，2014：517.
② 谢新水，吴芸. 新时代社会信用体系建设：从政府赋能走向法的赋能 [J]. 中国行政管理，2019（7）：33.
③ 谢新水，吴芸. 新时代社会信用体系建设：从政府赋能走向法的赋能 [J]. 中国行政管理，2019（7）：34.

大学都需要增强其公信力以吸引优质生源、师资和经济支持，而诚信则是声誉形成的前提和基础。同时，大学作为社会轴心机构，是社会诚信机制不可或缺的重要组成部分，是建构社会信用体系不可忽略的重要主体。因而，将大学组织纳入社会信用体系不仅有利于优化高等教育竞争机制，也是社会信用体系自身完善的客观要求。具体而言，这项工作包括记录、征集、调查大学组织的诚信信息，并根据这些信息对大学组织诚信进行评价和管理，其操作流程还需要进行更为专业和深入的研究、设计。

综上所述，大学诚信的生成与发展，需要以良好的政治环境为依托。中国共产党是中国特色社会主义高等教育的领导者，也是高等教育最为核心的治理主体，坚持和加强党的领导，是推进大学诚信治理现代化的必要前提。政府诚信是政治诚信的集中体现，很大程度上决定了社会诚信发展的程度和水平，在高等教育宏观管理中为大学诚信精神的孕育和诚信行为的实践提供必要的制度支持，营造良好的伦理环境。我国政府正积极推进社会信用体系建设，大学是构成社会信用体系的主体之一，也必然成为社会信用体系建立健全的受益者。

第二节　经济环境优化

大学的发展受政府、市场和学科三重力量的制约。相对而言，大学诚信建设不仅同政治环境密切相关，也受到经济环境的影响。"大学知识生产模式是内部基因与外部环境共同作用的结果。具体而言，虽然内部学术逻辑在大学知识生产中仍起主导作用，但亦不可阻挡市场逻辑的不断输入。"① 具体而言，建设大学诚信要求优化经济伦理环境，使大学在与其他经济主体的交往活动中促进诚信精神与诚信行为的发展，自觉地将外在的经济诚信道德规范内化为组织及个体的诚信品质。

---

① 朱冰莹，董维春. 学术抑或市场：大学知识生产模式变革的逻辑与路向 [J]. 科技管理研究，2017 (17)：133.

一、开展经济诚信教育

随着大学愈来愈频繁地参与社会事务，尤其是产学研一体化的不断深入，大学组织参与经济活动日益频繁。"经济伦理作为调节经济主体在经济发展、经济制度、经济行为等方面的价值诉求和伦理规范，起着客观评价、规范和约束经济主体行为的作用，可以为经济发展和社会进步提供内生动力。"① 市场经济秩序和经济伦理环境影响和制约大学组织及其成员的诚信行为。一方面，市场经济秩序为大学诚信的生成提供必要前提，只有在和谐有序的市场环境中，才能激发大学组织的诚信自觉，并自由地践履诚信道德；另一方面，其他经济主体的诚信精神和诚信行为对大学组织诚信产生促进作用。简言之，经济诚信是大学诚信不可或缺的条件支撑，建设大学诚信需要加强经济诚信教育。

经济诚信是最基本的经济道德规范，缘于市场经济对诚信的内生性需求。市场经济从本质上来说，是契约经济、法治经济、信用经济。西方著名经济学家马歇尔提出，经济人在追求物质利益的同时，若违背伦理道德和法律规范则难以实现其目标，还会损害他人与社会的利益。因此，经济活动应在伦理道德和法律规范的框架之内，方可实现交易双方的共赢。同时，他还认为，经济人并不以物质利益为唯一目标，精神利益和社会认可也是经济主体的价值追求。诚信是道德的基石，也是市场经济的灵魂，是市场主体必须遵循的基本原则。"即使是生活中最纯粹的营利关系也是讲诚实与信用的；其中有许多关系即使不讲慷慨，至少也没有卑鄙之心，并且具有每个诚实的人为了洁身自好所具有的自尊心。"② 鉴于诚信在经济活动中的重要地位，国内外学者对经济诚信进行了深入的研究。我国学者李玉琴在其博士论文《经济诚信论》中对经济诚信进行了专门研究，认为经济诚信，"是被引入经济领域作为经济活动基本原则和经济主体行为准则的诚信范畴，它既是一种经济道德规范，又是一种制度

---

① 毛强.新时代中国特色社会主义经济伦理思想的新发展［J］.新视野，2020（4）：13.
② 马歇尔.经济学原理：上卷［M］.朱志泰，译.北京：商务印书馆，1964：43.

伦理要求，也是一种在诚信原则指导下形成的经济交往方式和交往关系，具有主观性、内生性、基准性、效用性、渐成性等特点，贯注着自由自主、公平正义、平等互利、理性主义等基本价值精神"①。

建设经济诚信是优化经济环境的客观要求，也是实现市场经济可持续发展不可忽视的重要问题，而开展经济诚信教育则是建设经济诚信的必由之径。"心灵的主动只是起于正确的观念，而心灵的被动则是起于不正确的观念。"② 加强经济诚信教育，首先，要引导人们确立合理的经济诚信观，应超越道德功利主义，避免唯利是图，避免将诚信仅仅视为获取物质利益的手段；同时，也要摒除道德理想主义，特别是脱离现实、否定人们正当利益的观点。也就是说，应倡导义利合一、工具理性与价值理性相融合的经济诚信观。其次，应提升经济诚信教育的有效性。生活化是新形势下提升经济诚信教育有效性的必要选择，应在具体的经济活动中传递诚信价值理念，将社会倡导的主流诚信价值观念渗透日常生活当中；提高经济诚信教育的有效性，还有待于不断拓展经济诚信教育载体，充分利用新兴媒体进行信息的传递。再者，不断完善经济诚信监督评价机制，建立与国际接轨的客观、公正、科学的经济诚信评价体系，搭建信息共享平台，加强舆论对经济诚信主体的监督，推进经济诚信发展进程。

二、推进经济诚信实践

经济诚信不仅是主观意识的范畴，也是实践的范畴。"脱离了实践，道德品质就失去了存在的客观基础和表现方式。人们要经过自己的社会实践和接受教育，形成自己的道德意识，然后再回到社会生活实践中去，变为实际的道德实践。"③ 建设经济诚信需要引导经济主体形成正确的价值理念，更需要不断

① 李玉琴. 经济诚信论 [D]. 南京：南京师范大学，2004：24-35.
② 斯宾诺莎. 伦理学 [M]. 贺麟，译. 北京：商务印书馆，1983：104.
③ 罗国杰. 伦理学 [M]. 北京：人民出版社，2007：397-398.

推进经济诚信道德实践，唯有在实践中才能形成真正的经济诚信道德主体。

践行经济伦理就是在具体的经济活动中，追求基本的伦理价值准则，应具备如下两个基本条件。第一，现代社会市场经济秩序的维系以规则的遵守为前提，而规则的遵守则是以确立为基础。"市场规则一般是由政府或某种组织制定的、参与市场活动的各方特别是生产经营者共同遵守的市场准则。市场规则的基本构成包括市场准入、市场竞争和市场交易规则。……企业自身并不具备在经济伦理问题上的自我净化机能，只有通过政府的监管才能保证企业遵守政府制定的市场规则。"① 同时，同行业竞争者为了解决纠纷也可以在遵守基本法律法规的前提下约定共同遵守的"内部化规则"。第二，维系市场秩序，营造公平的竞争环境，推动和促进社会生产力发展。在价值规律的作用下，优胜劣汰是市场经济的必然法则，这犹如一把双刃剑，一方面能够激发市场主体的活力，另一方面也可能成为市场主体违背规则的驱动力。因此，市场秩序的维系，不仅需要市场主体具备必要的社会责任感，在追求经济效益的同时实现社会效益，也需要不断完善法律法规，约束和规范市场主体的行为。

诚信是市场主体在进入市场经济之时必须遵循的价值准则，也是市场秩序得以维系的基本原则。诚信的经济交往方式，为大学参与经济活动创造了良好的条件，有利于大学诚信的生成和发展。"大学置身于市场环境，通过培养人才、出售知识专利、为社会提供各种技术与服务从而获得经济利益，在市场竞争中为大学获取稀缺的社会资源，并按一定的市场法则进行合理的资源配置。"② 为在激烈的市场竞争中赢得优势地位，各级各类大学纷纷致力于提高自身综合素质，以形成良好的社会声誉，吸引优质师资、生源，以及更多的资金支持。虽然大学相较于其他社会组织具有较强的伦理自觉性和敏感性，但在事关组织生存与发展的关键性问题上，组织理性的有限性难以保障大学总是做

① 刘辛元，刘秀光.经济伦理：生产经营者永远坚守的信条 [J].井冈山大学学报（社会科学版），2016，37（4）：104.
② 季诚钧.大学属性与结构的组织学分析 [M].北京：人民教育出版社，2006：75.

出符合长远利益和目标的决策。在实践交往中，大学组织的观念和行为不可避免地受到市场环境的影响和冲击，混乱的市场秩序和恶劣的伦理环境容易助长大学不正之风，而公正有序的市场行为则对大学产生积极效应。因而，大学诚信的生成与发展，有待于规范市场秩序并重塑经济伦理精神，推进经济主体的道德实践，营造良好的经济环境。

企业是最重要的市场主体。随着知识经济的到来，企业与大学的合作和交往已成为新时期促进经济发展的必然举措。企业为大学发展提供资金支持，而大学弥补了企业在知识和人才方面的缺失，企业和大学可谓资源互补。当然，企业与大学的发展遵循不同的逻辑，企业以赢利为目的，而大学则以育真人、求真知为根本宗旨，两者的合作共赢建立在相互信任的基础上。企业应给予大学充分的自主权，为其创造宽容、自由和民主的创新环境，尊重大学工作的节奏和步伐；同时，大学也应在合作中以企业利益的实现为重要目标，这样才能真正建立互信、共赢、长久的合作关系。诚信是信任的前提和基础，在产学研一体化的进程中，企业和大学均需要践行经济诚信，才能营造良好的市场秩序和合作环境。对于企业而言，其诚信实践还应体现在与消费者、供应商、经销商、同行业竞争者、投资者、工商税务部门及经营监管部门等内外利益相关者的精神交往和实践交往当中。唯其如此，方可形成良好的经济诚信环境，实现市场经济可持续发展。

第三节　文化环境优化

"大学作为社会的机构，也是社会政治、经济、文化的综合反映。大学必须为社会培养人才，大学所倡导的伦理规范、道德价值也需要与社会相吻合。"[①] 大学诚信在一定程度上是大学组织及其成员对社会主流价值观念的选

---

① 季诚钧. 大学属性与结构的组织学分析 [M]. 北京：人民教育出版社，2006：80.

择、吸收和改造，虽然大学的组织特性决定其必然以审慎的态度和批判的眼光
对待社会文化，但毋庸置疑，大学诚信文化与社会诚信文化在发展方向上基本
趋同。此外，大学组织及其成员的诚信道德主要体现在围绕高深知识展开的教
学、科研等学术活动当中，组织及其成员的思想观念和行为习惯必然主动或被
动地受到国家知识创新体系的影响和制约。因此，大学诚信建设对文化环境的
优化提出两方面的需求：一是培育和践行社会主义核心价值观，加强社会主义
诚信文化建设；二是推进国家知识创新体制改革，为实现文化创新创造有利
条件。

一、繁荣社会主义诚信文化

在一定程度上说，文化是制度之母，制度则是文化的体现和表征。大学诚
信建设需要以社会诚信制度为依托，而社会诚信制度的完善则以诚信文化的繁
荣和发展为前提。大学诚信文化属于社会诚信文化子系统，其形成与发展受社
会诚信文化的影响和制约。众所周知，价值观是文化的核心，社会组织及成员
个体所秉持的诚信价值观构筑了社会诚信文化的基石。社会诚信观，是指社会
成员对诚信伦理的认同和主流价值取向，是特定国家、民族、社会和文化对什
么是诚信、为何要诚信、如何才能诚信等问题所形成的总的看法和根本观点。
建立与社会发展相匹配、并能为全体人们"共享"和"共识"的诚信价值观，
要求其核心思想与社会主流价值取向趋同。

社会主义文化的繁荣和发展是诚信文化兴盛的前提和基础。21 世纪以来，
随着经济社会发展，文化繁荣逐渐成为新的社会需求，党的十七大明确了提升
国家文化软实力的战略目标，文化强国成为党和国家面临的新任务新要求。党
的十七届六中全会旗帜鲜明地指出，"社会主义核心价值体系是兴国之魂，是
社会主义先进文化的精髓，决定着中国特色社会主义发展方向"①。党的十八

---

① 十七大以来重要文献选编：下 [M]．北京：中央文献出版社，2013：564．

大将社会主义核心价值体系凝练为社会主义核心价值观，强调："倡导富强、民主、文明、和谐，倡导自由、平等、公正、法治，倡导爱国、敬业、诚信、友善，积极培育和践行社会主义核心价值观。牢牢掌握意识形态工作领导权和主导权，坚持正确导向，提高引导能力，壮大主流思想舆论。"① 社会主义核心价值观是当代中国精神的集中体现，是社会主义意识形态的本质表征，体现了社会主义主流价值观念，发展社会主义诚信文化是培育和践行社会主义核心价值观的题中应有之义。习近平总书记在党的十九大报告中明确："要以培养担当民族复兴大任的时代新人为着眼点，强化教育引导、实践养成、制度保障，发挥社会主义核心价值观对国民教育、精神文明创建、精神文化产品创作生产传播的引领作用，把社会主义核心价值观融入社会发展各方面，转化为人们的情感认同和行为习惯。"②

社会主义核心价值观是社会主义核心价值体系的凝练和升华，诚信是社会主义核心价值观尤为重要的内容，诚信文化的繁荣发展以社会主义核心价值体系的践行为前提和基础。首先，坚持以马克思主义为理论指导。诚信作为伦理价值理念，在本质上从属于意识形态的范畴，诚信观念的形成与客观存在的社会生产关系密切相关。因而，引导人们形成与社会发展相适应的诚信价值观念，必然要求巩固社会主义的基本经济制度和民主政治制度，以实现广大人民群众的根本利益为宗旨，维护社会的公平和正义。其次，发展社会主义诚信文化要求体现和反映中国特色社会主义共同理想。理想犹如灯塔，为个体、组织及国家的发展指明航向，诚信文化建设应坚定并坚持"把我国建设成为富强、民主、文明、和谐、美丽的社会主义现代化强国"这一共同理想。以此团结民心、凝聚民力，充分发挥群众力量和集体智慧，自觉遵守诚信原则，广泛参与到诚信建设的过程当中。再次，发展社会主义诚信文化应体现以爱国主义为核心的民族精神和以改革创新为核心的时代精神。诚信文化的发展是历

① 十八大以来重要文献选编：上 [M]．北京：中央文献出版社，2014：25．
② 习近平谈治国理政：第三卷 [M]．北京：外文出版社，2020：33．

史的产物，它既是对传统文化的扬弃，也是在新的社会历史背景下对多元文化的吸收、借鉴、融合和创新。发展社会主义诚信文化，要吸收我国传承诚信文化的精华，尤其是儒家诚信伦理可资借鉴的思想、观点；同时，要结合中国改革开放的具体实际，推进已有诚信文化的创新与发展，建立符合现实社会需求的科学合理的社会主义诚信价值体系。最后，"以诚实守信为荣，以背信弃义为耻"是社会主义荣辱观的重要内容，党中央、国务院多次强调要加强以诚实守信为荣的道德建设，诚信在社会主义道德体系中居于举足轻重的地位。

　　党的十八大以来，我们高度重视以诚实守信为重点的社会公德和职业道德建设，逐渐形成了由道德和法律构成的具有层次性的诚信规则体系，覆盖全社会的信用体系也已基本形成。新发展阶段进一步繁荣和发展社会主义诚信文化，既要以社会信用体系构建和法律法规的完善为其保驾护航，也要意识到诚信文化是诚信建设的"软件"，对规范人们的行为能够起到潜移默化的作用，如果由法律来规制和救济全部诚信行为，法院等相关机构将不堪重负。而由诚信文化推动的道德自律能够有效地减轻法律规制的负担，产生良好的社会效应。[①] 社会主义核心价值观为发展社会主义诚信文化指明了正确的方向，然而，构建与社会主义市场经济相适应的层次清晰、重点突出、覆盖全面的诚信规则体系则是破解当前诚信文化建设难题的密钥。反观当前诚信文化建设现状，工具理性僭越价值理性、功利论大行其道而道义论日渐衰微依然是阻碍诚信文化蔚然成风的重要因素。因此，在新的发展阶段，应以社会公正的实现为基本价值诉求，实现诚信规则体系的创新，并以此为目标推进文化体制改革、创新文化产品，丰富人民群众的精神生活，引导人们主动地将外在的诚信道德规范内化为道德品质。长此以往，在先进文化的积累、演进和变革中，使人们的思想观念逐步实现工具理性和价值理性相融合，道义论与功利论相统一，为

---

① 熊达.论"诚信"的层次性及建设路径［J］.中国人民大学学报，2019，33（3）：119-120.

社会主义诚信文化创造良好的思想基础。

文化是大学之魂，在现代大学的社会功能中，文化渗透教学、科研和社会服务的方方面面。大学是知识分子的社区，更是孕育未来知识分子的摇篮，是文化创新的源泉。以"立德树人"为根本任务的中国特色社会主义大学，是培育和践行社会主义核心价值观的德育共同体。"社会主义核心价值观所倡导的自由、平等、公正等理念，正是社会个体所追求的价值目标的集中体现，同时社会主义核心价值观也为个体美德的形成和实现提供了良好养分。因此，只有以共同善为目标的德育共同体才能真正培育大学生的个人美德，也只有保证德育共同体的价值目标导向于共同善，才能使德育共同体内部各要素实现相对稳定和良性运转。"① "问渠那得清如许，为有源头活水来"，繁荣社会主义诚信文化必然要求加强大学自身的诚信建设，为培养更多的诚信人才奠定组织基础，同时，充分利用大学的资源优势，开展关于社会主义诚信文化的相关研究，为诚信文化建设提供可资借鉴的理论依据。当然，社会诚信文化对大学诚信文化的发展具有巨大的影响力和渗透力，大学组织并不是孤立封闭的系统，其边界在世俗化进程中不断延伸，乃至可以拥抱整个社会，大学组织及大学人在广泛的社会实践交往中生成与发展诚信精神，并践履其诚信行为。总之，发展社会诚信文化，是建设大学诚信对文化环境所提出的客观要求。

二、促进知识创新体制改革

随着知识经济的到来，创新主体朝多元化方向发展，但大学作为学术性组织，凭借其知识优势和人才优势，在国家知识创新体系中处于具有绝对优势的中心地位。国家知识创新制度是知识生产的指挥棒，大学的知识生产、高等教育的学术制度较大程度上受国家知识创新体制的影响和制约。科学合理的体制机制往往能为知识发展创造自由、宽容且充满活力的学术氛围，以激发学者创

---

① 任少波，吕成祯.德育共同体：中国特色社会主义大学的新认知［J］.浙江大学学报（人文社会科学版），2019，49（5）：7.

新能力，为实现创新主体的伦理自觉奠定坚实基础；僵化落后的体制机制则容易束缚主体创造能力的正常发挥，违背规律的制度甚至会"逼良为娼"，引发创新主体的行为失范。我国学术界至今依然频频发生的种种腐败行为、学术失范现象，与宏观层面的国家创新体系不无关系。大学是构成国家知识创新体系最为重要的社会组织，高等教育内在的学术制度与宏观背景下的国家知识创新制度可谓一脉相承。大学组织及其成员在学术活动中的伦理行为与国家知识创新体系内部的制度环境和伦理氛围密切相关。因而，建设大学诚信要求促进知识创新体制改革，为大学组织及其成员的知识活动创造有力的条件和支撑。

现代社会背景下，大学已成为知识分子栖居的场所，在国家知识创新体系中居于举足轻重的地位。大学组织及其成员能否自觉遵循学术伦理规范，虽然很大程度上取决于主体自身的道德水平和思想修养，但环境也尤为重要。制度环境是前提和基础，规范和约束主体的行为，特别是在自上而下的管理模式下，大学的学术行为受环境影响更为深远。

国家知识创新体系的健全和完善是一个长期的过程，与政治体制和经济体制密切相关。20 世纪末，我国着手推进国家创新体系改革，在 20 余年的发展进程中取得了较大的成效，极大地促进了知识创新和科技发展。但由于起步较晚，且存在诸多历史遗留问题，现有的国家创新体系与欧美等发达国家相比还存在较大的提升空间，如资源分配不公、评价机制不科学、监督管理不健全等均为亟待解决的难题。推进国家知识创新体系的改革，至少要做好如下几方面的工作：一是建立公平合理的资源分配机制，政府作为知识创新资金的最大分配主体，应秉持公开、公正和公平的原则进行资源分配，并不断探索这一目标实现的途径；同时，还要积极拓展资金来源渠道，实现科技创新资金投入主体多元化，为科技研发奠定坚实的物质基础。二是完善监督管理机制，采取自律和他律相结合的机制，引导创新主体廉洁自律、奉公守法、自觉遵守学术规范，培育主体维护学术生态的使命感和责任感。此外，还要建立健全科研经费的管理机制，采取相应措施预防并治理将科研经费挪为他用、肆意浪费等违规行为。三是优化科研评价机制，采取刚柔并济的考量机制，既要注重科研投入产出的效率，又要具体问题具体分析，提升考评方法的特殊性和有效性。知识创新体系的改革是长期的过程，且在不同的历史时期和社会背景下可能面临新的问题，需要利益相关者进行共同的探索和努力。四是规范学术出版物，为学术共同体形成营造良好环境。学术出版物既是展示最新学术成果的平台，也是获取学术信息的窗口。近年来，由于科研评价体系导向等诸多因素，导致学术出版伦理道德问题屡遭披露，要重视学术出版物伦理制度建设和学术失信惩戒制度建设，以提高学术出版物质量，对于净化学术生态，营造良好的知识创新尤为重要。值得注意的是，"双一流"建设亦应当将学术期刊建设纳入其中，唯其如此，大学作为最为重要的学术共同体，才能坚守学术本位。因此，有学者提出应将一流大学建设和一流学术期刊发展结合起来，"回归学术期刊学术共同体的内在价值导向，以学科建设为基点，打造学术期刊品牌；以学科评估为核心，将学术期刊建设纳入'双一流'建设评估指标体系，立足自身优势，提升学术期刊国际话语权等建议；以促进一流大学建设和高校学术期刊发展同向同行、同频共振"①。

综上所述，大学诚信的生成与发展受到客观环境的影响和制约，政治、经济和文化环境优化是建设大学诚信的客观需求。"在大学、政府和企业形成的组织间网络关系中，大学依赖企业的经济实力，获取科研经费和资金支持，依赖企业为其提供实验与实习基地、科技成果转化基地以及产品孵化基地。政府是社会生产与生活的组织者和领导者，大学依赖政府为其提供直接的资金支持，依赖政府为其发展提供适宜的政策环境与宏观指导，而政府和企业则希望借助大学的人才优势、科技优势和知识优势，获取优秀的人才支持、高质量的

① 高娜，江波.一流大学与一流学术期刊融合发展：基于我国42所一流大学建设高校及其主办期刊的数据［J］.教育发展研究，2020，40（21）：20.

科技成果，从而推动社会政治、经济的协调发展。"① 大学在与政府、企业的精神交往和实践交往中，孕育其诚信精神并践履诚信行为，使政府诚信、企业诚信与大学诚信互促共进、相辅相成，共同构筑良好的社会诚信机制。当然，无论社会组织诚信抑或个体诚信道德的养成，均要受到文化环境的影响和熏陶，优化文化环境能积极地推动和促进大学诚信建设进程。

---

① 马永斌，王孙禺.浅谈大学、政府和企业三者间关系研究 [J].清华大学教育研究，2007（5）：28.

主要参考文献

一、中文参考文献

［1］马克思恩格斯选集［M］.北京：人民出版社，2012.

［2］马克思恩格斯全集［M］.北京：人民出版社，2006.

［3］马克思恩格斯文集［M］.北京：人民出版社，2009.

［4］列宁选集［M］.北京：人民出版社，2012.

［5］列宁全集［M］.北京：人民出版社，2017.

［6］马克思.1844年经济学哲学手稿［M］.北京：人民出版社，2000：58.

［7］毛泽东选集［M］.北京：人民出版社，1991.

［8］邓小平文选：第三卷［M］.北京：人民出版社，1993.

［9］江泽民文选［M］.北京：人民出版社，2006.

［10］中共中央文献研究室.邓小平思想年谱［M］.北京：中央文献出版社，1998.

［11］胡锦涛文选［M］.北京：人民出版社，2016.

［12］习近平.习近平谈治国理政［M］.北京：外文出版社，2014.

［13］习近平.习近平谈治国理政：第二卷［M］.北京：外文出版社，2017.

［14］习近平.习近平谈治国理政：第三卷［M］.北京：外文出版社，2020.

［15］中共中央文献研究室.十八大以来重要文献选编：上［M］.北京：中央文献出版社，2014.

［16］中共中央文献研究室.十八大以来重要文献选编：中［M］.北京：中央文献出版

社，2016.

[17] 中共中央文献研究室. 十八大以来重要文献选编：下 ［M］. 北京：中央文献出版社，2018.

[18] 中共中央宣传部. 习近平总书记系列重要讲话读本：2016 年版 ［M］. 北京：人民出版社，2016.

[19] 习近平. 关于《中共中央关于全面推进依法治国若干重大问题的决定》的说明 ［N］. 人民日报，2014-10-29.

[20] 中共中央文献研究室. 习近平关于全面深化改革论述摘编 ［M］. 北京：中央文献出版社，2014.

[21] 人民日报社理论部. 深入领会习近平总书记重要讲话精神 ［M］. 北京：人民出版社，2014.

[22] 教育部课题组. 深入学习习近平关于教育的重要论述 ［M］. 北京：人民出版社，2019.

[23] 新时代公民道德建设实施纲要 ［M］. 北京：人民出版社，2019.

[24] 学习时报编辑部. 以教育现代化助力强国建设 ［M］. 北京：人民出版社，2020.

[25] 习近平. 在北京大学师生座谈会上的讲话 ［N］. 人民日报，2018-05-03.

[26] 中共中央关于深化文化体制改革推动社会主义文化大发展大繁荣若干重大问题的决定 ［M］. 北京：人民出版社，2011.

[27] 黑格尔. 法哲学原理 ［M］. 范扬，张企泰，译. 北京：商务印书馆，1961.

[28] 弗兰西斯·福山. 信任：社会道德与繁荣的创造 ［M］. 李宛蓉，译. 呼和浩特：远方出版社，1998.

[29] 安东尼·吉登斯. 现代性的后果 ［M］. 田禾，译. 南京：译林出版社，2003.

[30] 伯纳德·巴伯. 信任：信任的逻辑和局限 ［M］. 牟斌，李红，范瑞平，译. 福州：福建人民出版社，1989.

[31] 德里克·博克. 走出象牙塔：现代大学的社会责任 ［M］. 徐小洲，陈军，译. 杭州：浙江教育出版社，2001.

[32] 雅罗斯拉夫·帕利坎. 大学理念重审：与纽曼对话 ［M］. 杨德友，译. 北京：北京

大学出版社，2008.

［33］爱德华·希尔斯. 教师的道与德［M］.徐弢，李思凡，姚丹，译. 北京：北京大学
出版社，2010.

［34］马克斯·韦伯. 儒教与道教［M］.洪天富，译. 南京：江苏人民出版社，2003.

［35］张维迎. 信息、信任与法律［M］.北京：生活·读书·新知三联书店，2003.

［36］伯顿·克拉克. 高等教育新论：多学科的研究［M］.王承绪，徐辉，郑继伟，等，
译. 杭州：浙江教育出版社，2001.

［37］查尔斯·霍默·哈斯金斯. 大学的兴起［M］.王建妮，译. 上海：上海人民出版
社，2007.

［38］克拉克·克尔. 大学之用［M］.高铦，高戈，汐汐，译. 北京：北京大学出版
社，2008.

［39］阿什比. 科技发达时代的大学教育［M］.滕大春，滕大生，译. 北京：人民教育出
版社，1983.

［40］亚伯拉罕·弗莱克斯纳. 现代大学论：美英德大学研究［M］.徐辉，陈晓菲，译.
杭州：浙江教育出版社，2001.

［41］费希特. 论学者的使命 人的使命［M］.梁志学，沈真，译. 北京：商务印书
馆，2008.

［42］卡尔·雅斯贝尔斯. 大学之理念［M］.邱立波，译. 上海：上海人民出版社，2007.

［43］约翰·S. 布鲁贝克. 高等教育哲学［M］.王承绪，郑继伟，张维平，译. 杭州：浙
江教育出版社，2001.

［44］伯顿·R. 克拉克. 高等教育系统：学术组织的跨国研究［M］.王承绪，徐辉，殷
企平，等，译. 杭州：杭州大学出版社，1994.

［45］罗伯特·伯恩鲍姆. 大学运行模式：大学组织与领导的控制系统［M］.别敦荣，
译. 青岛：中国海洋大学出版社，2003.

［46］亚里士多德全集：第七卷［M］.苗力田，译. 北京：中国人民大学出版社，1993.

［47］巴甫洛夫全集：第一卷［M］.张纫华，王曰宏，傅聪远，等，译. 北京：人民卫
生出版社，1959.

［48］美国医学科学院，美国科学三院国家科研委员会. 科研道德：倡导负责行为［M］. 苗德岁，译. 北京：北京大学出版社，2007.

［49］亚里士多德. 尼各马科伦理学［M］. 苗力田，译. 北京：中国社会科学出版社，1990.

［50］约翰·罗尔斯. 正义论［M］. 何怀宏，何包钢，廖申白，译. 北京：中国社会科学出版社，1988.

［51］詹姆斯·杜德斯达. 21 世纪的大学［M］. 刘彤，屈书杰，刘向荣，译. 北京：北京大学出版社，2005.

［52］爱德华·希尔斯. 学术的秩序：当代大学论文集［M］. 李家永，译. 北京：商务印书馆，2007.

［53］欧内斯特·L. 博耶. 关于美国教育改革的演讲［M］. 涂艳国，方彤，译. 北京：教育科学出版社，2002.

［54］卡尔·雅斯贝尔斯. 什么是教育［M］. 邹进，译. 北京：生活·读书·新知三联书店，1991.

［55］瞿菊农. 康德教育论［M］. 北京：商务印书馆，1930.

［56］罗伯特·欧文斯. 教育组织行为学［M］. 孙绵涛，等，译. 武汉：华中师范大学出版社，1987.

［57］马克斯·舍勒. 资本主义的未来［M］. 罗悌伦，等，译. 北京：生活·读书·新知三联书店，1997.

［58］怀特海. 教育的目的［M］. 徐汝舟，译. 北京：生活·读书·新知三联书店，2002.

［59］许良英，赵中立，张宣三. 爱因斯坦文集：第三卷［M］. 北京：商务印书馆，1979.

［60］威廉·F. 斯通. 政治心理学［M］. 胡杰，译. 哈尔滨：黑龙江人民出版社，1997.

［61］凡勃伦. 有闲阶级论：关于制度的经济研究［M］. 蔡受百，译. 北京：商务印书馆，1964.

［62］塞缪尔·P. 亨廷顿. 变化社会中的政治秩序［M］. 王冠华，刘为，等，译. 北京：生活·读书·新知三联书店，1989.

[63] 康芒斯. 制度经济学：上册 [M]. 于树生，译. 北京：商务印书馆，1962.

[64] 道格拉斯·C. 诺斯. 制度、制度变迁与经济绩效 [M]. 刘守英，译. 上海：上海三联书店，1994.

[65] 柯武刚，史漫飞. 制度经济学：社会秩序与公共政策 [M]. 韩朝华，译. 北京：商务印书馆，2000.

[66] 布鲁纳教育论著选 [M]. 邵瑞珍，张渭城，等，译. 北京：人民教育出版社，1989.

[67] 约瑟夫·奈. 软力量：世界政坛成功之道 [M]. 吴晓辉，钱程，译. 北京：东方出版社，2005.

[68] 哈瑞·刘易斯. 失去灵魂的卓越：哈佛是如何忘记教育宗旨的 [M]. 侯定凯，译. 上海：华东师范大学出版社，2007.

[69] 黑格尔. 精神现象学：下卷 [M]. 贺麟，王玖兴，译. 北京：商务印书馆，1979.

[70] 黑格尔. 历史哲学 [M]. 王造时，译. 上海：上海书店出版社，2006.

[71] 柯尔伯格. 道德教育的哲学 [M]. 魏贤超，柯森，等，译. 杭州：浙江教育出版社，2000.

[72] 布罗姆利. 经济利益与经济制度：公共政策的理论基础 [M]. 陈郁，郭宇峰，汪春，译. 上海：上海三联书店，2006.

[73] 罗尔斯. 政治自由主义 [M]. 万俊人，译. 南京：译林出版社，2000.

[74] 马克斯·范梅南. 教学机智：教育智慧的意蕴 [M]. 李树英，译. 北京：教育科学出版社，2001.

[75] 沃特·梅兹格. 美国大学时代的学术自由 [M]. 李子江，罗慧芳，译. 北京：北京大学出版社，2010.

[76] 联合国教科文组织. 教育：财富蕴藏其中 [M]. 联合国教科文组织总部中文科，译. 北京：教育科学出版社，1996.

[77] 马歇尔. 经济学原理：上卷 [M]. 朱志泰，译. 北京：商务印书馆，1964.

[78] 斯宾诺莎. 伦理学 [M]. 贺麟，译. 北京：商务印书馆，1983.

[79] 克拉克·克尔. 高等教育不能回避历史：21世纪的问题 [M]. 王承绪，译. 杭州：

浙江教育出版社，2001.

［80］联合国教科文组织国际教育发展委员会. 学会生存：教育世界的今天和明天 ［M］.

华东师范大学比较教育研究所，译. 北京：教育科学出版社，1996.

［81］崔延强. 中外大学生诚信教育比较研究 ［M］. 北京：中央文献出版社，2009.

［82］王良. 社会诚信论 ［M］. 北京：中共中央党校出版社，2003.

［83］刘莘. 诚信政府研究 ［M］. 北京：北京大学出版社，2007.

［84］杨秋菊. 政府诚信建设研究：基于政府与社会互动的视角 ［M］. 上海：上海财经

大学出版社，2009.

［85］赵爱玲. 当代中国政府诚信建设 ［M］. 济南：山东人民出版社，2007.

［86］潘东旭，周德群. 现代企业诚信：理论与实证研究 ［M］. 北京：经济管理出版

社，2006.

［87］唐凯麟，张怀承. 成人与成圣：儒家伦理道德精粹 ［M］. 长沙：湖南大学出版

社，1999.

［88］黄福涛. 外国高等教育史 ［M］. 上海：上海教育出版社，2003.

［89］季诚钧. 大学属性与结构的组织学分析 ［M］. 北京：人民教育出版社，2006.

［90］郑也夫. 信任论 ［M］. 北京：中国广播电视出版社，2001.

［91］谢安邦. 比较高等教育 ［M］. 桂林：广西师范大学出版社，2002.

［92］王珏. 组织伦理：现代性文明的道德哲学悖论及其转向 ［M］. 北京：中国社会科

学出版社，2008.

［93］欧阳康. 大学・文化・人生 ［M］. 武汉：华中科技大学出版社，2008.

［94］刘琅. 大学的精神 ［M］. 北京：中国友谊出版公司，2004.

［95］阎光才. 识读大学：组织文化的视角 ［M］. 北京：教育科学出版社，2002.

［96］金耀基. 大学之理念：增订版 ［M］. 北京：生活・读书・新知三联书店，2008.

［97］钱焕琦. 教育伦理学 ［M］. 南京：南京师范大学出版社，2009.

［98］吴大猷文录 ［M］. 杭州：浙江文艺出版社，1999.

［99］谢维和. 教育活动的社会学分析：一种教育社会学的研究 ［M］. 北京：教育科学

出版社，2000.

[100] 葛兆光. 中国思想史：导论　思想史的写法 [M]. 上海：复旦大学出版社，2001.

[101] 薛天祥. 高等教育学 [M]. 桂林：广西师范大学出版社，2001.

[102] 张耀灿，等. 思想政治教育学前沿 [M]. 北京：人民出版社，2006.

[103] 方展画. 罗杰斯"学生为中心"教学理论述评 [M]. 北京：教育科学出版社，1990.

[104] 陈秉公. 思想政治教育学原理 [M]. 北京：高等教育出版社，2006.

[105] 丁学良. 什么是世界一流大学 [M]. 北京：北京大学出版社，2004.

[106] 张应强. 文化视野中的高等教育 [M]. 南京：南京师范大学出版社，1999.

[107] 周其凤，王战军，郭樑，等. 研究型大学与高等教育强国 [M]. 北京：科学出版社，2009.

[108] 周辅成. 西方伦理学名著选辑 [M]. 北京：商务印书馆，1987.

[109] 渠敬东. 缺席与断裂：有关失范的社会学研究 [M]. 上海：上海人民出版社，1999.

[110] 赵中建. 全球教育发展的研究热点：90 年代来自联合国教科文组织的报告 [M]. 北京：教育科学出版社，1999.

[111] 刘献君. 高等学校战略管理 [M]. 北京：人民出版社，2008.

[112] 张汝伦. 思考与批判 [M]. 上海：上海三联书店，1999.

[113] 高兆明. 制度公正论：变革时期道德失范研究 [M]. 上海：上海文艺出版社，2001.

[114] 陈平原. 大学何为 [M]. 北京：北京大学出版社，2006.

[115] 龙献忠. 治理理论视野下的政府与大学关系研究 [M]. 长沙：湖南大学出版社，2007.

[116] 李德顺，孙伟平. 道德价值论 [M]. 昆明：云南人民出版社，2005.

[117] 扈中平. 教育目的论 [M]. 武汉：湖北教育出版社，2004.

[118] 欧阳康. 社会认识论导论 [M]. 北京：中国社会科学出版社，1990.

[119] 中共中央宣传部. 毛泽东　邓小平　江泽民论思想政治工作 [M]. 北京：学习出版社，2000.

［120］沈壮海. 思想政治教育有效性研究：第二版［M］. 武汉：武汉大学出版社，2008.

［121］王建华. 思想政治教育的理论与实践［M］. 北京：中央文献出版社，2001.

［122］罗国杰. 伦理学［M］. 北京：人民出版社，2007.

［123］张新民. 当代大学生诚信制度体系研究［M］. 北京：中央文献出版社，2009.

［124］吴继霞. 诚信品格的养成［M］. 合肥：安徽教育出版社，2009.

［125］姚利民. 有效教学论：理论与策略［M］. 长沙：湖南大学出版社，2005.

［126］倪愫襄. 伦理学导论［M］. 武汉：武汉大学出版社，2002.

［127］辛鸣. 制度论：关于制度哲学的理论建构［M］. 北京：人民出版社，2005.

［128］肖群忠. 传统道德与中华人文精神［M］. 北京：中国人民大学出版社，2019.

［129］张德. 组织行为学：第二版［M］. 北京：高等教育出版社，2004.

［130］郭金鸿. 道德责任论［M］. 北京：人民出版社，2008.

［131］黄向阳. 德育原理［M］. 上海：华东师范大学出版社，2000.

［132］潘懋元. 新编高等教育学［M］. 北京：北京师范大学出版社，2009.

［133］张红峰. 大学组织变革中的博弈分析：利益、选择与均衡［M］. 北京：教育科学出版社，2015.

［134］王淑芹，曹义孙. 德性与制度：迈向诚信社会［M］. 北京：人民出版社，2016.

［135］檀传宝. 制度缺失与制度伦理：兼议教育制度建设［J］. 中国教育学刊，2005（10）：14-15.

［136］吴继霞，黄希庭. 诚信心理学研究的理论思考［J］. 西南大学学报（社会科学版），2010（6）：7-12.

［137］涂又光. 文明本土化与大学［J］. 中国哲学史，1999（2）：10-13.

［138］樊浩. 教育的伦理本性与伦理精神前提［J］. 教育研究，2001，22（1）：20-25.

［139］陈洪捷. 论高深知识与高等教育［J］. 北京大学教育评论，2006，4（4）：1-8.

［140］一凡. 学术伦理与社会科学研究：记中韩"学术伦理与人文社会科学的发展"学术研讨会［J］. 国外社会科学，2008（1）：115-117.

［141］范碧鸿. 思想政治教育主客体信任关系初探［J］. 理论探讨，2006（6）：162-166.

[142] 扈中平."人的全面发展"内涵新析 [J]. 教育研究, 2005, 26 (5): 3-8.

[143] 蒋凯. 跨越知识与道德的鸿沟：关于大学培养目标的思考 [J]. 现代大学教育, 2003 (3): 12-16.

[144] 章仁彪. 走出"象牙塔"之后：大学的功能与责任 [J]. 中国高教研究, 2008 (1): 16-18.

[145] 冯军. 论大学教学学术的培育 [J]. 教育发展研究, 2010 (7): 34-38.

[146] 侯志军. 资源和信任：大学组织发展的关键性要素 [J]. 黑龙江高教研究, 2009 (3): 6-8.

[147] 熊丙奇."破""立"并举　治理学术不端 [J]. 中国高等教育, 2009 (9): 25-27.

[148] 魏玲, 赵卫平. 美国大学的道德教育：博克的道德教育观浅析 [J]. 外国教育研究, 2005, 32 (8): 61-64.

[149] 高兆明. 信任危机的现代性解释 [J]. 学术研究, 2002 (4): 5-15.

[150] 张彭松. 现代性道德之隐忧及其哲学反思 [J]. 天津社会科学, 2009 (4): 38-42.

[151] 刘尧. 大学去行政化是梦？非梦？[J]. 高校教育管理, 2011 (4).

[152] 宣勇. 外儒内道：大学去行政化的策略 [J]. 教育研究, 2010 (6): 62-66.

[153] 朴雪涛. 学术分工视野中的大学教师角色分析 [J]. 复印报刊资料 (高等教育), 2004 (11): 92-96.

[154] 黄达人. 教授就是大学　师德最关质量 [J]. 中国高等教育, 2008 (7): 18-20.

[155] 张耀灿, 曹清燕. 思想政治教育研究的人学取向探析 [J]. 思想理论教育导刊, 2006 (12): 38-41.

[156] 曹清燕, 张耀灿. 思想政治教育发生的人学探源 [J]. 学校党建与思想教育 (上半月), 2008 (5): 9-12.

[157] 张耀灿, 曹清燕. 思想政治教育目的的人学思考 [J]. 广西教育学院学报, 2008 (2): 1-7.

[158] 张应强. 大学教师的社会角色及责任与使命 [J]. 清华大学教育研究, 2009 (1):

8-16.

[159] 柳礼泉，黄艳.加强教学研究与提高思想政治理论课教学实效性［J］.思想理论教育导刊，2010（6）：19-22.

[160] 柳礼泉，黄艳，张红明.论思想政治理论课教学设计的基本环节与着力点［J］.思想理论教育导刊，2009（4）：96-99.

[161] 吴国娟.大学制度伦理反思［J］.教育学术月刊，2009（3）：30-36.

[162] 邬大光.现代大学制度的根基［J］.现代大学教育，2001（1）：30-32.

[163] 张应强.把大学作为学术组织来建设［J］.中国高等教育，2006（19）：16-18.

[164] 张俊宗.现代大学制度：内涵、主题及主要内容［J］.江苏高教，2004（4）：14-16.

[165] 郭代军.高等教育法律信仰缺失的原因及对策探析［J］.现代教育科学，2009（3）：76-79.

[166] 冯爱玲.法律信仰：大学依法治校的内驱力［J］.现代教育科学，2009（1）：98.

[167] 朱平.高等教育制度合法化的实现［J］.现代教育管理，2010（4）：5-7.

[168] 王东.诚信观培养：诚信教育的有效途径［J］.教育科学，2008（1）：82-85.

[169] 王建华.道德危机中的中国大学［J］.大学教育科学，2010（2）：8-15.

[170] 刘静.大学生诚信教育生态链的形成机理分析［J］.江苏高教，2011，1（5）：116-117.

[171] 马廷奇.论大学教师的教学责任［J］.高等教育研究，2008，29（5）：20-25.

[172] 刘恩允，薄存旭.高校教师社会服务伦理失范的剖析与对策［J］.高等教育研究，2011（1）：70-73.

[173] 王建华.大学道德危机［J］.华东师范大学学报（教育科学版），2009（1）：23-32.

[174] 高德胜.论大学德性的遗失［J］.全球教育展望，2009（12）：32-41.

[175] 侯志军，黄燕.大学发展的信任基础解析［J］.现代教育管理，2010（8）：34-37.

[176] 闫树涛.大学—政府—社会的良性互动与合作［J］.成人教育，2009（9）：7-9.

[177] 慕彦瑾，段晓芳. 大学组织的文化性及其基本功能 [J]. 国家教育行政学院学报，2015 (4)：22-26.

[178] 余卫东，龚天平. 组织伦理略论 [J]. 伦理学研究，2005 (3)：17-21.

[179] 赵彦志，周守亮. 网络视域下的大学组织特征与治理机制 [J]. 教育研究，2013，34 (12)：84-90.

[180] 高德胜. 道德教育的"群体课题" [J]. 教育研究与实验，2019 (1)：1-10.

[181] 王淑芹. 探索与创新：社会诚信建设的中国特色 [J]. 马克思主义与现实，2020 (3)：175-180.

[182] 高义吉，王夫艳. 大学教学的道德性：消解与回归 [J]. 思想理论教育，2021 (2)：68-73.

[183] 姚菁菁，张澍军. 论立德树人之"德"的内在规定与外在张力 [J]. 思想教育研究，2021 (5)：127-133.

[184] 田鹏颖，崔菁颖. 中国特色社会主义大学制度的显著优势、发展空间与效能转化 [J]. 现代教育管理，2021 (2)：1-8.

[185] 陈涛，唐教成，韩茜. 中国共产党治理高等教育的百年进路及基本逻辑 [J]. 重庆高教研究，2021，9 (4)：3-15.

[186] 张德祥. 1949 年以来中国大学治理的历史变迁：基于政策变革的思考 [J]. 中国高教研究，2016 (2)：29-36.

[187] 范根平. 新时代政务诚信的价值意蕴及实现路径 [J]. 广西社会科学，2020 (11)：39-43.

[188] 朱冰莹，董维春. 学术抑或市场：大学知识生产模式变革的逻辑与路向 [J]. 科技管理研究，2017 (17)：131-138.

[189] 毛强. 新时代中国特色社会主义经济伦理思想的新发展 [J]. 新视野，2020 (4)：13-18.

[190] 熊达. 论"诚信"的层次性及建设路径 [J]. 中国人民大学学报，2019，33 (3)：112-121.

[191] 高娜，江波. 一流大学与一流学术期刊融合发展：基于我国 42 所一流大学建设高

校及其主办期刊的数据［J］. 教育发展研究, 2020, 40（21）：20-27.

[192] 林杰, 苏永建. 高深知识是高等教育特殊性的来源［J］. 高等教育研究, 2015, 36（12）：23-25.

[193] 李枭鹰. 从高深知识到大学课程：一个学术性的生成过程［J］. 大学教育科学, 2018（2）：38-42.

[194] 王学俭, 杨昌华. 思想政治教育过程中的信任因素研究［J］. 教学与研究, 2017 （6）：86-92.

[195] 郭秋平. 大学精神与大学责任［J］. 国家教育行政学院学报, 2014（9）：47-51.

[196] 别敦荣. 大学组织文化的内涵与建设路径［J］. 现代教育管理, 2020（1）：1-7.

[197] 王向华. 论大学的道德责任［J］. 教育研究, 2018, 39（1）：50-58.

[198] 任少波, 吕成祯. 德育共同体：中国特色社会主义大学的新认知［J］. 浙江大学 学报（人文社会科学版）, 2019, 49（5）：5-12.

[199] 孙颖. 大学声誉因素：构成、特点、问题及建议［J］. 黑龙江高教研究, 2017 （10）：21-25

[200] 付洪, 舒高磊. 现代性道德秩序治理研究的回顾与前瞻［J］. 学习与实践, 2020 （3）：119-129.

[201] 刘佳, 王佩璐.“去行政化”与建设“双一流”大学的联动协同［J］. 高校发展与 评估, 2017, 33（6）：9-15.

[202] 康乐, 李福林. 我国大学自治的循证逻辑、应然样态与平衡要义［J］. 湖北社会 科学, 2018（8）：160-165.

[203] 许纪霖. 回归学术共同体的内在价值尺度［J］. 清华大学学报（哲学社会科学 版）, 2014, 29（4）：78-82.

[204] 武晓伟, 吴枋泠, 牛宙. 学术“锦标赛”制下高校“女青椒”的制度认同与生存 选择：一个“女青椒”的个案研究［J］. 教师教育研究, 2019, 31（6）：64-69.

[205] 仲彦鹏. 学术锦标赛制下大学教师学术身份的异化与纠偏［J］. 重庆高教研究, 2018, 6（4）：109-118.

[206] 史静寰. 现代大学制度建设需要“根”“魂”及“骨架”［J］. 中国高教研究,

2014（4）：1-6.

[207] 邓传淮. 推动中国特色现代大学制度建设 [J]. 中国高教研究，2020（2）：6-8.

[208] 关保英. 依法治校：价值、内容与实现路径 [J]. 华东师范大学学报（教育科学版），2018，36（2）：38-45.

[209] 别敦荣. 我国建设现代大学制度的实践探索与时代使命 [J]. 高等工程教育研究，2017（5）：83-89.

[210] 谢新水，吴芸. 新时代社会信用体系建设：从政府赋能走向法的赋能 [J]. 中国行政管理，2019（7）：31-35.

[211] 吴国盛. 科学精神的起源 [J]. 科学与社会，2011，1（1）：94-103.

[212] 刘大椿. 科学伦理：从规范研究到价值反思 [J]. 南昌大学学报（人文社会科学版），2001（2）：1-10.

[213] 魏英敏. 功利论、道义论与马克思主义伦理学 [J]. 东南学术，2002（1）：140-145.

[214] 郑磊. 高校科研诚信建设主体责任的法治建构 [J]. 高校教育管理，2020，14（5）：58-67.

二、外文参考文献

[1] McCabe, D. L., Trevino L. K. & Butterfield. K. D. Cheating in Academic Institutions: A Decade of Research [J]. ETHICS & BEHAVIOR, 2001, 11 (3): 219-232.

[2] Hinman L. M. How to Fight College Cheating [J]. The Washington Post, 2004 (23): 74-78.

[3] Hinman L. M. Academic Integrity and the World Wide Web [J]. Computers and Society, 2002, 32 (1): 33-42.

[4] Kezar A, Lester J, Anderson G. Challenging Stereotypes That Interfere With Effective Governance [J]. Thought & Action, 2006, 22 (2): 121-134.

[5] Elizabeth Higgs. College for Sale: A Critique of the Commodification of Higher Education [J]. College & Research Libraries, 1998, 59 (4): 392-394.

［6］ Ernest L. Boyer. Scholarship Reconsidered: Priorities of the Professoriate ［M］. New Jersey: Princeton University Press, 1990.

［7］ John Locke. An Essay Concerning Human Understanding ［M］. New York: Dover Pub. Inc, 1959.

后 记

　　诚信为古今中外研究者共同关注，又是一个常谈常新的话题。近年来，诚信危机在社会各领域肆意蔓延，甚至波及被誉为"正义守望者"的大学，教学评估造假、招生腐败、学术不端等诚信失范现象屡遭披露且贻害无穷。大学是实施高等教育的社会组织，诚信是大学在高等教育实践活动中必须遵循的最基本的伦理原则，大学诚信与学术发展、人的自由而全面发展及社会可持续发展休戚相关。它不仅是实现创新驱动发展战略的客观要求，也是坚定中国特色社会主义文化自信的应有之义，对建设社会主义现代化强国意义重大而深远。本书以马克思主义基本原理为指导，运用理论归纳与实际分析相结合的方法，基于中国特色社会主义大学的组织特征和组织属性，深入探讨何为大学诚信，大学诚信有何本质和特征，大学诚信如何发生和发展，大学诚信有何价值等相关理论问题。进而在研究中探寻新时代我国大学诚信建设的具体路径，尝试解决如何实现大学诚信这一实践难题。

　　综观已有研究，宏观视域下的社会诚信和微观视野中的个体诚信深受学界关注，组织诚信的相关研究则主要集中于政府诚信和企业诚信。在已有研究的基础上，本文将大学组织纳入诚信批判和建设视域，进行了一些新的探索。提炼大学诚信的内涵，包括实事求是的思想品格和行为方式、言行一致的行为准则和行为规范、诚信大学的目标指向和价值追求三方面的内容。从大学组织的属性和职能出发，结合中国特色社会主义大学"立德树人"的根本任务，提出大学诚信"求真知""育真人"的双重本质，这一本质又内在地规定着大学诚信在生成动机上的超功利性、作用机制中的重自律性、运行过程中的易遮蔽性、影响范围上的强辐射性。提出大学诚信的生成与发展遵循与个体诚信不同的逻辑路径，大学组织以诚信理念为指导，进行制度的选择和设计，并在高等教育实践活动中践行诚信道德。遵循大学组织总体运行逻辑，我国大学诚信通过理念、制度和实践三方面得以体现。

根据我国大学诚信与组织自身、个人和社会的价值关系，透视大学诚信的三维价值，是进一步明确大学诚信必要性与重要性的客观要求。对于大学组织而言，大学工作以高深知识为基本材料，而诚信是智性活动的首要原则，唯有大学诚信方可实现组织自身的可持续发展；对于个体而言，培养人是教育的本质，也是大学最基本的职能，育人以大学诚信为伦理前提，大学诚信不仅有利于培养大学生诚信品格、提升个体思想政治素养，也是实现人的自由而全面发展之客观要求；对于社会而言，大学诚信是实现社会发展的必要的道德资源。基于大学诚信的必要性与重要性，理性审视大学诚信实然，梳理并总结大学诚信失范的主要表现、危害及成因是探寻我国大学诚信建设路径的必要准备。从组织伦理的视角考察，目前大学诚信失范的主要表现有教学诚信失范、科研诚信失范和社会服务诚信失范。结合高等教育学相关理论分析可知，我国大学诚信失范的严重危害包括大学诚信失范危及大学本体，阻碍大学教师自我实现，抑制大学生德性完善与智性增长；同时，大学诚信失范制约大学职能的履行，削减社会发展动力。系统剖析当前我国大学诚信失范的成因，主要有宏观层面的诚信文化发展滞后、政府诚信供给不足、市场经济负面效应；中观层面的现代大学制度缺位和价值观念偏移；微观层面的大学人德性的迷失。

突破传统的道德哲学研究范式，从组织伦理视角探寻大学诚信建设的具体路径。大学诚信是理念、制度与行为的有机统一，建设大学诚信需要从精神、制度和环境三重维度着手努力。首先，道德教化是培育大学诚信精神的逻辑基石。组织诚信精神是行为实践的动力源泉，而精神则是观念与意识的提升，以大学人诚信道德的养成为前提，诚信教育因此成为孕育大学诚信精神的基础。

　　然而，柔性的教育并不能使大学完全摆脱失信困境，还需要以刚性的制度作为保障，通过设置制度规则体系，规范和约束组织及其成员个体的行为，为诚信精神培育和诚信行为实践创造良好的制度伦理环境。合理的制度安排引导、激励和规范大学组织及其成员的行为，并为大学诚信道德的养成创设良好的制度环境和伦理氛围。然而，大学是开放的系统，大学的生存发展需要与外界环境进行持续不断的物质及能量交换，大学的伦理思想和道德行为受到社会大环境的影响和制约。道德教化、制度安排与环境优化相互作用、相互影响且相互制约，共同构筑我国大学诚信建设的系统工程，需要组织成员个体、组织自身乃至全社会达成诚信共识并付诸实践。

　　从组织伦理视角观察和分析我国大学诚信是一项崭新的课题，可直接借鉴的成果有限，需要基于马克思主义基本立场和观点，鉴别、提炼并吸收伦理学、高等教育学、组织行为学等诸多学科的相关理论资源；从实践上，大学诚信是一个具有深厚现实关怀的课题，需要用批判的眼光对社会现实进行理性的观察、分析和归纳，找到理论与实践的最佳结合点，这对课题组而言具有较大的挑战性。因受研究视域、理论功底及文章篇幅的局限，还有诸多与大学诚信密切相关的问题未能在文中一一涉及，如我国大学诚信能否形成客观、具体且精确的评价标准？如何实现我国大学组织诚信的自我管理？政府和社会如何对我国大学诚信进行监督与调控？能否建立可操作性强的大学诚信信息平台？如何构建我国大学组织诚信与组织成员个体诚信的联动机制？这一系列问题的解决需要借鉴先进的研究方法，也需要研究者具备多学科的理论背景，实现知识的融合与创新，还有待在后续研究中继续深入。同时，大学诚信具有历史性和时代性，随着社会环境的变迁和大学组织自身的发展演变必然面临不同的问题，我国大学诚信及其建设研究也需要密切联系实际，在继承和创新中不断发展完善。

　　本书是我所主持的教育部人文社会科学研究项目的最终成果。在项目研究过程中，得到了我的硕士生导师唐亚阳教授和博士生导师柳礼泉教授一如既往的教导和扶持。多年来，他们不仅在学习上给予我耐心的指导和帮助，而且在生活上也给了我无微不至的关心和照顾。两位老师为学严谨、为人坦荡、为事公正，学习上耐心指导学生，一丝不苟，倾囊相授，为我释疑解惑；思想上正确引导学生，乐观向上，积极进取，为我树立良好的榜样；生活上细心关照学生，体察、体恤和体谅，为我排忧解难。同时，在本书的写作过程中，湖南大学彭福扬教授、龙佳解教授、龙献忠教授进行了热心指导。广西大学吴家庆教授、中南大学曾长秋教授和湖南师范大学王泽应教授三位知名专家学者，在本书的选题和构思方面提出了诸多有启发性的中肯意见。长沙学院蒋晓东教授、湖南工程学院邓学源教授、湖南师范大学焦晓云副教授、湖南科技大学肖冬梅副教授也给予了我许多启迪和帮助。在此，谨向给予我支持、鼓励和帮助的师长、同事和朋友致以崇高的敬意和由衷的感谢。

黄　艳